부동산·주식 생활 세법

세무법인 성진
대표세무사 **남 상 현** 편저

- 부동산·주식 관련 세금에 대한 일반 상식
- 소득세·부가가치세
- 상속세·증여세
- 재산세·종합부동산세
- 양도소득세
- 주택임대사업자의 세금
- 취득세
- 주식 관련 세금

교육의 길잡이·학생의 동반자
(주)**교학사**

부동산과 주식 관련 세금에는 어떤 종류가 있을까?

이 책은 국세청 재직 시의 조사업무 경험과 세무법인 개업 후 부동산·주식과 관련된 세금 상담 내용을 바탕으로 일반인들이 실생활에서 빈번히 발생하고 궁금해 하는 양도소득세 상속세 증여세 소득세 부가가치세 취득세 재산세 종합부동산세 증권거래세에 대하여 복잡한 세법을 알기 쉽게 설명하고자 정리한 것이다. 처음 책을 낸지는 16년이 지났다.

경제활동을 영위함에 있어 부동산·주식에 밀접하게 관련되어 있는 세금은 기초 생활보장, 부동산투기 억제, 조세정책적 목적 등의 측면에서 같은 소득이라도 세금의 크기가 달라질 수 있다. 따라서 부동산·주식의 효율적인 운용과 투자 등을 위해서는 관련된 세금을 잘 아는 것이 중요하며 이는 실질소득에 중대한 영향을 미치게 될 뿐만 아니라 장기적인 측면에서 부를 형성하게 되는 수단으로서 절대적으로 기여한다는 사실을 부인할 수 없을 것이다.

지난 부동산 정책을 살펴보게 되면 문재인 정부에서는 폭등하고 있는 주택가격 안정을 위해 실수요자 중심의 시장을 유도하고자 투기지역지정, 대출규제, 공시가격 인상, 양도소득세 제도보완 등 수많은 규제정책을 실시하였음에도 과열된 부동산의 시장조절에는 부정적 평가를 받은 것으로 해석하였고 윤석열 정부가 2022. 5. 출범 후에는 부동산시장과 직접 연관된 금리인상, 건축비 급등, 경기위축 등의 영향으로 건설 시장은 급격히 반응하여 부동산 규제를 전면적으로 완화한다고 발표하였으나 오히려 위축되고 있는 실정이다.

주요정책으로는 2022. 6. 21. 부동산대책 발표를 통해 과도한 세부담 완화를 추진하고자 그동안 다주택자, 실수요자 등에도 과도하고 징벌적인 규제를 완화하여 부동산 세제를 정상화하고 대출 규제 정상화를 통한 주택 금융제도 개선, 주거복지 지원 정책으로 종합부동산세 지방 저가주택 수 제외를 적용하기 위한 요건을 구체화하고 생애 최초 주택 구입 시 취득세 면제 규정, 실수요자를 위한 다양한 금융지원을 발표했다.

또한 일시적 2주택 특례 요건 종전주택 처분기한을 신규 주택 취득일부터 3년 이내로 연장시키는 개정은 금리 인상, 주택시장 전반의 거래량 감소, 급매 등 시장충격을 최소화하는 정책이다.

2023. 1. 3. 투기지역(지정지역) 해제를 통해 강남 3구 및 용산구를 제외한 모든 지역을 투기과열지구 및 조정대상지역에서 해제했다. 주택 가격 지속 하락, 거래량 감소 등에 대한 주택 투기지역 필요성이 낮아지고 시장 연착륙 지원을 위한 정책으로 볼 수 있다.

이 책에서는 현장에서 세법 개정의 여파를 누구보다 먼저 몸소 경험하고 있는 자로서 일반인들의 답답한 마음을 잘 알기에 복잡한 세법 중에서 실생활에 필요한 부동산·주식에 대한 세금을 이전시와 취득시, 보유시로 구분하여 요약 정리하고자 노력하였다.

2024년 개정판에서는 2024년 3월까지 개정된 세법을 반영하여 집필하였으며, 부동산·주식에 관심이 있는 사람들에게 관련 세제 개편내용을 정리하여 한꺼번에 잘 알 수 있도록 하였다. 또한, 세목별로 절세 가능한 부분에 대해서도 간략히 소개하였다.

부동산·주식에 관하여는 이 책을 한 번쯤 읽어 본 분이라면 세금에 관한 일반적인 사항이 파악 가능할 것으로 보인다. 이 책을 읽는 모든 분께 훌륭한 도움서가 되었으면 하는 바람이다.

2024년 3월

세무사 남 상 현

제 6 장 취득세

제 7 장 재산세 · 종합부동산세

제 8 장 주식 관련 세금

☞ 이 책에서 2024년 개정된 세법을 반영함에 있어 이해를 돕기 위해 청색 글씨로 표기해 두었다.

1

부동산 · 주식 관련
세금에 대한 일반 상식

부동산·주식과 관련된 세금에는 어떤 것이 있나?

부동산과 주식 거래를 생각하고 있다면 이와 관련된 세금을 미리 염두에 두어야 한다. 부동산과 주식(이하 부동산 등) 취득·보유·양도 시마다 각각 내는 세금이 다른데 간략히 살펴보면 다음과 같다.

【부동산·주식의 양도·취득·보유 시 세 부담 흐름표】

양 도

보유하던 부동산 등을 처분하게 되면 국세인 양도소득세를 납부해야 한다. 이때 납부해야 할 양도소득세액에 대하여 10%의 지방세로서 지방소득세가 추가적으로 발생한다.

취 득

부동산 등을 취득하는 방법에는 매매를 통한 유상취득, 신축 등을 통한 원시취득, 마지막으로 상속·증여를 통한 무상취득까지 세 가지 방법이 존재한다. 유상취득과 원시취득의 경우에는 지방세인 취득세가 발생하지만 무상취득의 경우에는 지방세인 취득세와 더불어 그 원인에 따라 국세인 상속세 또는 증여세도 발생한다.

취득원인	납부세액
유상취득	취득세[1]
원시취득	취득세
무상취득(상속·증여)	상속·증여세 및 취득세

---

[1] 2011년부터 취득세와 등록세(취득 관련분)가 취득세로 통합되었으며, 현행 신고기한은 잔금지급일로부터 60일 이내이다.

부동산 취득 후 보유기간 중에 발생하는 세금에는 재산세와 종합부동산세가 있다. 먼저 시·군(또는 구)에서 재산세를 부과하고, 일정 기준금액을 초과하는 주택과 토지에 대하여는 추가로 국가가 종합부동산세를 부과한다.

구분	과세대상	납부세액
1차	① 토지 ② 주택 (부수 토지 포함) ③ 건축물·선박·항공기	재산세 (지방세)
2차	① 토지 ② 주택 (부수 토지 포함)	종합부동산세 (국세)

2 기한 내 신고·납부하지 않으면 어떤 불이익이 있나?

> 각 세목마다 신고기한과 납부기한이 있다. 그 기한 내에 신고 또는 납부를 하지 아니하거나, 납세고지서를 받은 후에도 납부하지 않으면 납부지연 가산세가 부과된다.
> 그렇다면 이러한 납부지연 가산세는 어떻게 산정하며, 이 밖에 어떤 불이익이 있는지 살펴보기로 한다.

가산세는 어떻게 산정하는가?

가산세는 납세의무자들이 세법에 규정된 각종 의무를 성실하게 이행하도록 하기 위해 국가가 징수하는 행정벌 성격의 세금이다.

신고기한 내에 신고하지 않는 경우에는 신고하지 않은 세액의 20%가 **무신고 가산세**로 부과되며, 납부할 세액을 적게 신고하거나 환급받을 세액을 과다하게 신고한 경우에는 과소신고세액·초과신고환급세액의 10%가 과소신고·초과환급신고 가산세로 부과된다. 또한, 납부할 세액을 신고는 하였으나 납부기한 내에 납부하지 않은 경우에는 **납부지연 가산세**가 부과된다.

구분	계산 방법
무신고 가산세	무신고 세액 × 20% (부당한 무신고: 40%[2])
과소신고·초과환급 신고가산세	과소신고세액·초과신고환급세액 × 10% (부당한 과소 신고: 40%[3])
납부지연 가산세	미납부 세액 × 0.022%[4] × 경과일수

한편, 납세고지서를 받은 납세의무자가 고지서상의 납부기한까지 세액을 납부하지 않는 경우에는 고지세액의 일정액을 가산하여 징수하는 납부지연 가산세가 추가로 부과된다.

---

2), 3) 역외거래가 수반되는 부정행위: 60%
4) 0.025%에서 인하되었으며 개정규정은 2022.2.15. 이후부터 적용한다.

납세고지서를 받고도 세금을 납부하지 않으면 체납세액의 3%가 추가로 부과되며, 체납세액이 100만 원 이상인 경우에는 경과일수만큼 1일 0.022%의 가산세가 최대 5년 동안 부과된다.[5]

그 밖의 행정적인 불이익은 무엇이 있는가?

(1) 허가 사업의 제한

정부의 인·허가를 받아 사업을 하는 자가 3회 이상 국세를 체납한 경우로서 그 체납액이 500만 원 이상인 때에는 허가 관서에서 사업정지 또는 제한을 요구할 수 있다.

(2) 체납 또는 결손처분 자료의 신용정보기관 제공

다음에 해당하는 자에 대하여 세무서장은 신용정보기관에 체납 자료를 제공할 수 있다.

> ① 체납일이 1년 이상 경과한 경우로서 체납액이 500만 원 이상인 자
> ② 1년에 3회 이상 체납한 경우로서 체납액이 500만 원 이상인 자

(3) 출국 규제

5천만 원 이상 국세를 체납한 자에 대하여는 출국금지 또는 여권 제한의 조치를 요구할 수 있다.

(4) 고액 상습체납자 명단 공개

국세체납액이 2억 원 이상인 자로서 체납일이 1년 이상 경과한 경우 체납자의 인적사항과 체납액을 공개할 수 있다.

---

5) 2020년부터 「국세징수법」에 따른 가산금과 「국세기본법」에 따른 납부불성실 가산세를 납부지연 가산세로 통합하고 가산금 제도를 폐지하기로 함에 따라 관련 규정이 정비되었다.

가산세 면제 사유인 '정당한 사유'의 예시적 규정 신설

 가산세율의 일률적 적용과 관련하여, 납세의무자의 신고의무 불이행에 정당한 사유가 인정되는 경우에는 가산세를 면제받을 수 있는 길이 열려 있다 (「국세기본법」 제48조제1항제2호, 「지방세기본법」 제57조제1항).

 그런데 실제로 정당한 사유의 해석과 관련한 공적견해의 주체와 정도, 그리고 관계법령 위반의 명백성 판단이 어렵다는 문제가 있었다. 이에 납세자들의 예측가능성을 제고하기 위해 가산세 면제사유의 구체적 내용에 대한 위임 근거를 신설하는 것이 입법되었다.

가산세 면제의 '정당한 사유' 예시적 규정(「국세기본법 시행령」 제28조제1항)
  – 세법해석(국세청장 및 기획재정부장관 등)에 관한 질의회신 등에 따라 신고납부하였으나, 이후 다른 과세처분을 하는 경우
  – 수용, 도시계획 결정, 기타 법률 규정 등으로 인해 세법상 의무이행을 할 수 없게 된 경우

3 억울한 세금은 어떻게 구제받을 수 있는가?

고지서상 세액이 실질과 다르게 고지된 경우, 세법은 부당하게 고지된 세금에 대하여 구제받을 수 있는 장치를 규정하고 있다.

억울한 세금을 고지 받은 경우, 이를 구제받으려면 어떤 절차를 밟아야 하는가? 이에 해당하는 구제 방법과 절차에 대하여 구체적으로 살펴보기로 한다.

세액이 고지되기 전에 구제받을 수 있는 방법

과세전 적부심사란 과세관청이 과세할 내용을 사전에 통지한 경우 그 내용에 대해 이의를 제기할 수 있는 사전 구제제도이다. 납세자는 세무조사 결과통지서 또는 과세 예고통지서를 받은 날로부터 30일 이내에 관할세무서장이나 지방 국세청장 또는 국세청장에게 과세전 적부심사를 청구할 수 있다.

세액이 고지된 후에 구제받을 수 있는 방법

세무서로부터 억울한 세금을 고지받게 되면 그 처분을 받은 날로부터 90일 이내에 소관세무서장 또는 지방 국세청장에게 **이의신청**을 제기하거나, 국세청장 또는 감사원장에게 **심사청구** 또는 조세심판원장에게 **심판청구**를 제기해야 한다.

여기서 구제받지 못하면 처분청의 결정통지를 받은 날부터 90일 이내에 법원에 **행정소송**을 제기할 수 있다.

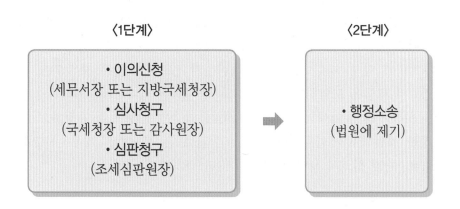

〈1단계〉

- 이의신청
  (세무서장 또는 지방국세청장)
- 심사청구
  (국세청장 또는 감사원장)
- 심판청구
  (조세심판원장)

〈2단계〉

- 행정소송
  (법원에 제기)

이때 알아두어야 할 것은 이의신청을 한 자가 권리구제를 받지 못한 경우에는 다음 단계로서 심사청구 및 심판청구를 제기할 수 있으며, 이 중 심사청구를 제기한 자는 심판청구를 제기할 수 없으므로 청구기관을 어디로 정해야 할지를 결정하여야 하고, 1단계 청구 제기 후 다음 단계로서 행정소송을 제기할 수 있다.

또한, 신청 또는 청구기간 기준일인 90일은 법정 청구기간으로서 청구기간이 경과한 후에는 권리를 구제받을 수 없기 때문에 해당기간 내에 반드시 청구서를 제출하여야만 권리를 구제받을 수 있게 된다.

🏠 경정청구란 무엇이며 신청사유는 어떻게 될까?

경정청구란 세법에 의하여 과세표준신고서를 법정 신고기한까지 제출하였지만, 그 과세표준과 세액이 실제보다 과다하게 신고되었을 경우 과세관청으로 하여금 이를 결정 또는 경정하여 줄 것을 요청하는 제도이다. 결손금액 또는 환급세액이 과소하게 신고되었을 경우에도 경정청구를 신청할 수 있다.

이러한 경정청구는 법정 신고기한이 지난 후 5년 이내에 할 수 있으며, 과세관청의 결정 또는 경정으로 인하여 증가된 과세표준과 세액에 대해서는 해당 처분이 있음을 안 날로부터 90일 이내에 청구할 수 있다.

또한 일정한 후발적 사유의 발생으로 인해 과세표준 및 세액의 산정 기초에 변동이 생긴 경우에도 그 사실을 증명하여 감액을 청구할 수 있는데, 이를 후발적 사유에 의한 경정청구라고 한다. 법령 상 명시되어 있는 일정한 후발적 사유가 발생하는 경우에는 해당 사유가 발생한 것을 안 날부터 3개월 이내에 청구할 수 있다.

🏠 부과 제척 기간이란?

부과 제척 기간이란 어떠한 권리가 존속하는 기간을 말하며 이 기간이 지나면 과세를 할 수 없다는 것을 의미한다. 현행 「국세기본법」 제26조의 2에서 국세를 부과할 수 있는 기간은 국세를 부과할 수 있는 날로부터 5년으로 한다고 규정하고 있다. 다만, 법정 신고기한까지 신고하지 않은 경우 7년, 부정한 방법으로 세금을 포탈하거나 환급 또는 공제받은 경우 10년이다.

한편, 상속세와 증여세의 경우 부과 제척 기간은 10년으로 규정하고 있으며 부정한 방법으로 세금을 포탈하거나 환급 또는 공제받은 경우, 신고하지 않은 경우, 거짓 신고나 누락한 경우는 15년으로 한다.

2

양도소득세
부동산 관련 세금

양도소득세는 신고하기 전 전문가와 상담하자

양도세는 부동산 처분 시 과세되는 세금으로 비과세와 감면, 중과세 제도 등 다양한 규정들이 복잡하게 얽혀 있다.

따라서 자칫 섣부른 판단으로 잘못 신고하게 되면 과중한 가산세가 부과될 수도 있고 다양한 세금 혜택을 받지 못하여 세금을 더 낼 수도 있다. 신고하기 전에는 반드시 전문가와 상담하는 것이 좋다.

양도와 관련한 전반적인 사항을 검토하여 세법 내용을 정확하게 이해하고 대책을 세운 다음 신중하게 신고·납부하는 것이 절세 전략의 기본이 되는 것이다.

양도소득의 범위

현행 소득세법에서 양도소득세는 과세대상으로 열거된 자산의 양도에 대해서만 과세하고 있다. 따라서 개인이 소유한 특정자산을 양도하였다면 그 자산이 양도소득세 과세대상에 해당하는지부터 판단하여야 한다.

또한 부동산 양도 시 양도자의 사업자 여부에 따라 다음과 같이 분류될 수 있다.

① 사업 활동인 경우: 사업소득

② 사업 활동이 아닌 경우: 양도소득

[참고] 세목별 과세 단위

세 목	과세 단위
종합소득세	개인 단위
양도소득세	세대 단위(1세대 구성은 혼인을 전제)
취득세	개인 단위
재산세	개인 단위(개인별, 물건별 과세)
종합부동산세	개인 단위
상속세 및 증여세	개인 단위

2 양도소득세 과세대상 자산과 신고납부기한

양도세 과세대상 자산

구분	과세 대상
1그룹	(1) 토지와 건물 (2) 부동산에 관한 권리 　① 지상권·전세권 및 등기된 부동산임차권 　② 부동산을 취득할 수 있는 권리 (3) 기타 자산 　① 사업에 사용하는 (1), (2)와 함께 양도하는 영업권 　② 특정시설물이용권 (골프회원권 등) 　③ 특정주식 A 　④ 특정주식 B
2그룹	(4) 주식 　① 주권상장주식 중 대주주 양도분과 장외 양도분 　② 비상장주식 　③ 외국법인이 발행 또는 외국시장에 상장된 주식 등
3그룹	파생상품

부동산·양도소득세 신고납부기한

(1) 1그룹(부동산 등)

　1그룹에 속하는 자산을 신고, 납부하는 경우 그 기한은 양도일이 속하는 달의 말일부터 2개월 이내이다. 같은 과세기간에 2차례 이상 양도하는 경우 종합소득세 신고기간까지 확정신고해야 한다.

(2) 2그룹(주식)

　2그룹에 속하는 자산을 신고, 납부하는 경우 그 기한은 양도일이 속하는 반기의 말일부터 2개월 이내이므로 상반기 양도분은 8월 말일까지, 하반기 양도분은 다음 연도 2월 말까지 신고하면 된다. 단, 외국법인 발행 등 주식은 제외한다.

(3) 양도시기

양도시기는 대금을 청산한 날로 한다. 단, 다음에 해당하는 경우에는 해당규정에 따른다.

① 대금을 청산한 날이 분명하지 아니한 경우: 등기접수일 또는 명의개서일
② 대금 청산 전에 소유권 이전등기한 경우: 등기접수일
③ 장기할부조건의 경우: 소유권이전등기 접수일, 인도일, 사용수익일 중 빠른 날
④ 상속 또는 증여에 의해 취득한 자산: 그 상속 개시된 날 또는 증여받은 날

🔑🏠 **양도소득세의 분할납부**

양도소득세의 납부는 그 신고기한까지 일시에 납부하는 것을 원칙으로 한다.

단, 납부할 세액이 1천만 원을 초과하는 경우에는 세액의 일부를 납부기한이 지난 후 2개월 이내에 분할하여 납부할 수 있는 분할납부제도[6]를 두고 있다.

🔑🏠 **양도소득세 신고하는 경우, 지방소득세의 신고 및 납부의무**

양도소득세 과세표준 예정신고를 하는 경우에는 해당 신고기한에 2개월을 더한 날(확정 신고기한)까지 양도소득에 대한 개인지방소득세 과세표준과 세액을 대통령령으로 정하는 바에 따라 납세지 관할 지방자치단체의 장에게 신고[7]·납부해야 한다.

단, 지방자체단체의 장이 거주자에게 지방소득세 과세표준과 세액을 기재한 납부서를 발송하여 받은 자가 기재된 세액을 확정 신고기한까지 납부한 경우에는 확정신고를 하고 납부한 것으로 본다.

---

6) 분납할 수 있는 세액은 다음과 같다.
  ① 납부할 세액이 2천만 원 이하인 때에는 1천만 원을 초과하는 금액
  ② 납부할 세액이 2천만 원을 초과하는 때에는 그 세액의 100분의 50 이하의 금액
7) 거주자가 양도소득에 대한 개인지방소득세 과세표준과 세액을 납세지 관할 지방자치단체의 장 외의 지방자치단체의 장에게 신고한 경우에도 그 신고의 효력에는 영향이 없다.

3 이런 경우에도 양도세 과세된다

다수의 사람들은 금전수수에 의한 '매매' 만이 양도에 해당하는 것으로 알고 있다. 그러나 소득세법에서 말하는 '양도' 란 자산에 대한 등기 또는 등록에 관계없이 매도·교환·현물출자·대물변제 등으로 인하여 과세대상 자산이 사실상 유상으로 이전되는 것을 말한다.

따라서 다음에 해당하는 경우에도 양도소득세를 신고·납부하여야 한다.

자산의 교환

가치가 동등한 자산 간의 교환인 경우 자산 교환으로 인한 금전거래를 수반하지 않는다. 그러나 이때에도 교환한 자산이 양도소득세 과세대상 자산에 해당되는 경우 교환 자산 전체에 대하여 각각의 양도소득세를 계산하고 신고·납부하여야 한다.

현물출자

법인의 설립 또는 신주발행 시 현물출자하고 그 대가로 주식 또는 출자지분을 취득하는 경우에도 사실상 유상으로 이전되는 것이므로 양도소득세가 과세된다.

대물변제

채무 또는 손해배상금을 금전이 아닌 부동산으로 변제를 한 경우에 채무 또는 손해배상금의 소멸이라는 경제적 이익이 부동산 소유자에게 귀속되는 것으로 보아 이를 유상양도로 본다.

수용 및 협의양도

이는 타의에 의하여 양도하는 경우인데, 이 경우에도 대가를 받고 소유권을 사실상 이전하는 것이므로 양도로 본다.

단, 「공익사업을 위한 토지 등의 취득 및 보상에 관한 법률」에 의한 수용에 해당하는 경우에는 양도소득세의 10%(토지 등의 양도대금을 대통령령으로 정하는 채권으로 받는 부분에 대해서는 15%로 하되, 「공공주택 특별법」 등 대통령령으로 정하는 법률에 따라 협의매수 또는 수용됨으로써 발생하는 소득으로서 대통령령으로 정하는 방법으로 해당 채권을 3년 이상의 만기까지 보유하기로 특약을 체결하는 경우에는 30%(만기가 5년 이상인 경우에는 40%))를 감면해 주고 있다.

경매 및 공매

경매는 민사집행법상 강제·임의경매를 말하고 공매라 함은 국세체납 처분절차에 의해 강제환가가 이루어지는 것을 말한다. 이는 유상으로 소유권이 이전되는 것이므로 양도에 해당한다.

부담부 증여

부담부 증여란 말 그대로 '부담'을 지는 '증여'라는 뜻이다. 종종 주택이나 부동산을 증여받을 때 그 주택이나 부동산에 대한 담보 대출금에 대하여 채무를 지는 경우가 있는데 이러한 경우 부담부 증여로 볼 수 있다. 부담부 증여의 경우 수증자가 승계받는 채무액만큼은 유상양도에 해당하므로 증여자에게 양도소득세가 과세된다.

🏠 이혼 시 양도세

민법에 규정된 재산분할제도는 공유물 분할에 지나지 않는다. 따라서 이혼 시 재산분할은 양도로 보지 아니한다. 그러나 이혼 위자료와 자녀 양육비의 대가로 부동산 등의 소유권을 이전하는 경우에는 위자료 등 지급할 채무가 소멸하는 경제적 이익을 얻게 되는 것이므로 대물변제로 보아 양도소득세가 과세된다.

구분	이혼 시 부동산 이전	이전 후 양도 시
위자료로 부동산 등 소유권 이전	대물변제이므로 양도세 과세	이혼 시 취득일을 취득시기로 보아 과세
재산분할 청구권 행사에 의한 부동산 등의 소유권 이전	공동소유재산의 분할이므로 양도세 과세 않음. (이월과세)	이혼 전 배우자의 취득일을 취득시기로 보아 양도세 과세

① 환지처분 및 체비지 충당(단, 면적 증감된 경우 제외)

② 담보를 목적으로 소유권을 이전한 경우

③ 신탁법에 따라 신탁등기 또는 신탁해지 등기하는 경우

④ 공유물 분할·이혼 시 재산분할

⑤ 원인무효로 소유권 환원된 경우, 상속등기 후 상속인 간 지분변경, 가등기, 신탁등기하는 경우

4 부동산 실거래가격 신고의무제도

이중계약서를 작성하는 등 부동산 양도 시 잘못된 관행을 없애고 부동산 거래를 투명하게 하기 위하여 정부는 부동산 실거래가액 신고의무 제도를 2006. 1. 1.부터 도입하여 시행하고 있다.

따라서 부동산을 매매한 경우 계약체결일로부터 30일 이내에 실거래가액을 부동산 소재지 관할 시·군·구청에 신고하여야 하며, 신고된 금액은 등기부등본에 기재된다.

신고의무를 위반하면 매도·매수인 및 중개업자는 취득세 3배 이하의 과태료를 물어야 하며, 중개업자가 거짓 기재 또는 이중계약서를 작성한 경우에는 중개업 등록 취소 또는 6개월 이내의 자격정지 처분을 받게 된다.

과태료 및 최고 40%의 양도소득세 신고불성실 가산세를 고려하여 볼 때 본세보다 더 과중한 부담이 될 수 있으므로 양도소득세를 신고할 때는 실제 매매금액으로 신고하여야 한다.

위반행위	과태료 부과기준
실제 거래가격과 허위신고 가격의 차액이 실제 거래가격의 10% 미만	취득가액의 2%
실제 거래가격과 허위신고 가격의 차액이 실제 거래가격의 10% 이상 20% 미만	취득가액의 4%
실제 거래가격과 허위신고 가격의 차액이 실제 거래가격의 20% 이상	취득가액의 5%

* 2017.1.20. 이후 신고분부터 적용한다. (「부동산 거래 신고 등에 관한 법률 시행령」 제20조 별표)

5 비과세 양도소득

세법은 국민주택생활의 안정을 위하여 양도 당시 국내에 2년 이상 보유한 고가주택이 아닌 1세대 1주택의 양도에 대하여는 양도세를 면제해 주고 있다. 또한, 파산선고에 의한 처분으로 인하여 발생하는 소득이나 농지의 교환 또는 분합으로 인하여 발생하는 소득에 대해서도 양도세를 과세하지 아니한다.

아래에서는 이러한 양도세 비과세 요건 및 예외규정에 대해 알아보도록 한다.

☞ 2024년 경제정책 방향

기존 1주택자가 인구 감소 지역 주택 1채를 신규 취득하는 경우 1주택자로 간주하여 주택 보유·거래 유인책을 확대하는 '세컨드 홈 활성화' 정책을 발표하였다. 발표에 따르면 재산세, 종합부동산세 그리고 양도소득세에서 1세대 1주택 특례가 적용되며 자세한 가액과 적용 지역은 추후에 발표될 예정이다.

양도자산별 비과세

양도자산	비과세 관련 규정	혜택
주택	1세대 1주택 및 대통령령이 정하는 1세대 1주택	비과세
농지	농지의 교환·분합	
과세대상 자산	파산선고에 의한 처분	
주식	중소기업창업투자회사, 벤처기업 등에 출자한 주식	

1세대 1주택 비과세 요건

⑴ 1세대가 보유

1세대란 거주자 및 배우자가 그들과 동일한 주소 또는 거소에서 생계를 같이하는 가족과 함께 구성하는 1세대를 말하며, 여기서 가족은 부부의 직계 존·비속과 형제자매를 말한다.

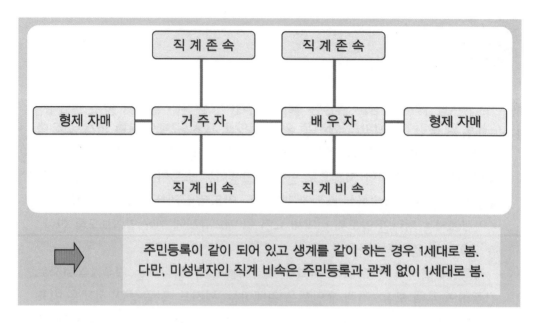

직계존속 · · · 직계존속

형제 자매 — 거 주 자 — 배 우 자 — 형제 자매

직계비속 · · · 직계비속

주민등록이 같이 되어 있고 생계를 같이 하는 경우 1세대로 봄.
다만, 미성년자인 직계 비속은 주민등록과 관계 없이 1세대로 봄.

단, 다음의 경우에는 배우자가 없어도 1세대로 본다.

① 30세 이상 또는 30세 미만이더라도 ㉠ 동거가족이 있거나 ㉡ 독립하여 별도로 생활하고 일정 소득이 있는 경우 별도의 1세대로 볼 수 있다.

② 1세대를 구성하고 있다가 배우자가 사망 또는 이혼한 경우에도 1세대로 볼 수 있다.

③ 거주자의 소득이 최저생계비[8] 수준 이상으로서 소유하고 있는 주택 또는 토지를 관리·유지하면서 독립된 생계를 유지할 수 있는 경우(단, 미성년자는 제외)에도 1세대로 볼 수 있다.

(2) 주택 양도일 현재 국내에 1주택 보유

주택의 판단 여부는 실질 용도에 따르고 있으며, 일시적인 사유 등에 의한 2주택의 경우에는 1세대가 1주택을 양도하기 전에 다른 주택을 대체 취득하거나 상속, 동거 봉양, 혼인 등으로 인하여 2주택을 보유하는 경우에는 1세대 1주택 비과세를 적용한다.

(3) 보유기간이 2년 이상

일반적으로 비과세 받으려면 2년 이상 보유해야 한다. 이때 보유기간은 그 주택의 취득일부터 양도일까지의 기간을 말하는 것이며 등기부등본을 통하여 확인이 가능하다. 다만 사실과 다른 경우에는 입증에 의해 사실상 보유기간으로 판단한다.

---

8) 12개월간 사업소득, 근로소득, 인적 용역의 기타 소득 등이 「국민기초생활 보장법」에 따른 기준 중위소득을 12개월로 환산한 금액의 40%로 2024년 금액은 다음과 같다.(월소득 기준; 원)

구분	1인 가구	2인 가구	3인 가구	4인 가구	5인 가구	6인 가구
기준 중위소득	2,228,445	3,682,609	4,714,657	5,729,913	6,695,735	7,618,369

(4) 거주기간 2년 이상

취득 당시 조정대상지역에 있는 주택의 경우 보유기간 요건 이외에도 그 보유기간 중 거주기간이 2년 이상이어야 비과세를 적용받을 수 있다. 이때 거주기간은 주민등록표 등본에 따른 전입일부터 전출일까지의 기간으로 계산한다.

(5) 실지양도가액이 12억 원(2021.12.8. 이전 9억 원) 이하에 해당할 것

주택의 실거래가가 12억 원을 초과하는 고가주택은 양도가액 중 12억 원까지만 비과세하고 그 초과분은 과세한다.

🏠 보유기간 및 거주기간 요건의 예외

1세대 1주택자가 양도일 현재 ①~③의 어느 하나에 해당하는 경우 보유기간 및 거주기간의 제한을 받지 않으며, ④에 해당하는 경우에는 거주기간의 제한을 받지 않는다.

① 「민간임대주택에 관한 특별법」, 「공공주택 특별법」에 따른 건설임대주택을 취득하여 양도하는 경우로서 해당 건설임대주택의 임차일부터 양도일까지의 기간 중 세대전원이 거주한 기간이 5년 이상인 경우

② 다음 어느 하나에 해당하는 경우

  ㉮ 주택 및 그 부수토지(사업인정고시일 전에 취득한 것에 한정)의 전부 또는 일부가 관련 법령에 의한 협의매수·수용 및 그 밖의 법률에 의하여 수용되는 경우

  ㉯ 「해외이주법」에 따른 해외이주로 세대전원이 출국하는 경우. 다만, 출국일 현재 1주택을 보유하고 있는 경우로서 출국일부터 2년 이내에 양도하는 경우에 한함.

  ㉰ 1년 이상 계속하여 국외거주를 필요로 하는 취득 또는 근무상의 형편으로 세대원 전원이 출국하는 경우. 다만, 출국일 현재 1주택을 보유하고 있는 경우로서 출국일부터 2년 이내에 양도하는 경우에 한함.

③ 1년 이상 거주한 주택을 기획재정부령으로 정하는 취학, 근무상의 형편, 질병의 요양, 그 밖에 부득이한 사유로 양도하는 경우

④ 거주자가 조정대상지역의 공고가 있은 날 이전에 매매계약을 체결하고 계약금을 지급한 사실이 증빙서류에 의하여 확인되는 경우로서 해당 거주자가 속한 1세대가 계약금 지급일 현재 주택을 보유하지 아니한 경우

⌂ 공동상속주택의 소유자와 거주기간의 판단

   공동상속주택 외의 다른 주택을 양도하는 때에는 해당 공동상속주택의 소유자는 다음의 순서에 따르는 것이며, 공동상속주택의 거주기간은 해당 주택에 거주한 공동상속인의 거주기간 중 가장 긴 기간으로 판단한다.

   ① 상속지분이 가장 큰 상속인 → ② 당해주택 거주자 → ③ 최연장자

⌂ 관련 예규

   비록 청구인이 해외에 출국하기 이전에 국내에 있으면서 쟁점 아파트를 양도하였으나, 현실적으로 일단 출국하게 되면 매각하기는 어렵다 할 것이므로, 1세대 1주택 비과세 적용대상이다. (조심 2010서1357, 2010.12.13.)

⌂ 관련 예규

   주민등록상 부모와 동일세대로 등재되어 있다 하더라도 쟁점외주택 내외부 모습 사진에 의하면, 청구인과 부모가 2층에 거주하고 있을 뿐, 별도의 세대가 독립적인 생활을 유지하였다는 주장에 신빙성이 있으므로 부모와 자녀세대는 각각 독립된 세대로서 생계를 달리하였다고 봄이 타당하다. (조심 2019부2865, 2020.1.10.)

일시적인 2주택의 경우 등

(1) 대체취득을 위한 일시적인 2주택 비과세 특례

   주택의 소유자는 일반적으로 가족이 거주할 다른 주택을 먼저 매입한 후 기존 주택을 양도한다. 이런 경우 2주택이 되어 1세대 1주택 비과세를 적용받을 수 없게 되는 문제가 발생한다.

   따라서 기존의 주택을 취득한 날부터 1년 이상이 지난 후 새로운 주택을 취득하고, 새로 취득한 주택 매입일로부터 **3년 이내 기존 주택을 양도**하는 경우에는 1세대 1주택 비과세가 적용되는 예외 규정을 두고 있다. 종전 규정에서는 조정대상지역내 일시적 2주택자의 경우 종전 주택을 2년 이내 양도하는 경우에 한하여 적용되었지만, 올해 시행령 개정을 통하여 지역에 상관없이 3년 이내 양도하는 경우 비과세 혜택을 받을 수 있다.

(2) 상속으로 인한 1세대 2주택 비과세 특례

1주택을 보유하던 중 1주택[9]을 상속받아 2주택이 된 경우로서 **상속개시 당시 보유한 주택에 한하여** 1세대 1주택 비과세 규정을 적용받게 된다. 상속개시일 당시 보유한 주택에는 상속개시 당시 보유한 조합원입주권이나 분양권에 의하여 사업시행 완료 후 취득한 신축주택이 포함되며, 상속개시일부터 소급하여 2년 이내 피상속인으로부터 증여받은 주택 또는 증여받은 조합원입주권이나 분양권에 의하여 사업시행 완료 후 취득한 신축주택은 제외한다.

(3) 합가로 인한 일시적 1세대 2주택 비과세 특례

결혼을 하거나 부모님을 모시기 위해 세대를 합침으로써 일시적으로 2주택이 되는 경우에는 **혼인한 날로부터 5년 이내 또는 동거봉양일로부터 10년 이내 먼저 양도하는 주택**은 1세대 1주택 비과세를 적용받을 수 있다.[10]

또한, 주택을 소유한 직계존속(60세 이상)과 거주 중인 무주택자가 1주택자와 혼인하여 1세대 2주택이 된 경우도 혼인한 날부터 5년 이내 먼저 양도하는 주택은 1세대 1주택으로 보아 특례를 적용받게 된다.

(4) 조합원입주권을 양도하는 경우 비과세 특례

조합원입주권은 본래 "부동산을 취득할 수 있는 권리"로 주택이 아니기 때문에 1세대 1주택 비과세 규정을 적용받을 수 없다.

그러나 관리처분계획의 인가일(인가일 전에 주택이 철거되는 경우는 철거일) 현재 1세대 1주택 비과세 요건을 충족한 경우에는 입주권 양도를 주택 양도로 보아 1세대 1주택 비과세를 적용받을 수 있다. 다만, 양도일 현재 1주택이 있는 경우 주택 취득일로부터 3년 이내에 입주권을 양도하여야 한다.

(5) 농어촌주택(이농, 귀농)으로 인한 2주택 비과세 특례

농어촌주택과 일반주택을 국내에 각각 1개씩 소유하고 있는 1세대가 일반주택을 양도하는 때에는 농어촌주택은 없는 것으로 보아 일반주택의 1세대 1주택 비과세여부를 판정한다. 여기서 농어촌주택이란 수도권 밖의 지역 중 읍·면지역에 소재하는 주택으로서 일정한 요건을 충족하는 상속주택, 이농주택, 귀농주택 세가지를 말한다.

1) 상속주택이란 피상속인이 취득 후 5년 이상 거주한 사실이 있는 주택을 말한다.

---

9) 조합원입주권 또는 분양권을 상속받아 사업시행 완료 후 취득한 신축 주택을 포함한다.

10) 동거봉양 합가의 경우 기존에는 부모 중 1인이 60세 이상인 경우에만 적용하였으나, '19. 2월 개정으로 중증질환자, 희귀성 난치성질환자에 해당하는 60세 미만 직계존속과 합가하는 경우가 추가되었다.

2) 이농주택이란 취득 후 5년 이상 거주한 사실이 있는 주택으로 영농 또는 영어에 종사하던 자가 전업으로 인하여 다른 시·구·읍·면으로 전출함에 따라 세대원의 전부 또는 일부가 거주하지 못하게 되는 주택을 말한다.

3) 귀농주택이란 귀농일로부터 3년 이상 계속하여 영농 또는 영어에 종사하며 거주하기 위하여 취득한 주택을 말한다.

(6) 지정문화재 등으로 인한 2주택 비과세 특례

지정문화재 및 국가등록문화재에 해당하는 주택과 일반주택을 국내에 각각 1개씩 소유하고 있는 1세대가 일반주택을 양도하는 경우에는 국내에 1개의 주택을 소유하고 있는 것으로 보아 비과세규정을 적용한다.

(7) 취학 등으로 인한 대체취득의 경우

취학, 근무상의 형편 등 부득이한 사유로 취득한 수도권 밖에 소재하는 주택과 일반주택을 국내에 각각 1개씩 소유하고 있는 1세대가 일반주택을 양도하는 경우에는 국내에 1개의 주택을 소유하고 있는 것으로 보아 비과세규정을 적용한다. 또한, 비과세적용 일반주택은 실수요 목적의 주택 취득사유가 소멸한 날부터 3년 이내로 양도하여야 특례를 적용받을 수 있다.

(8) 장기임대주택 등과 그밖의 1주택을 소유하고 있는 경우

장기임대주택 또는 장기 가정어린이집과 그 밖의 1주택을 국내에 소유하고 있는 1세대가 요건을 충족하고 해당 1주택(거주주택)을 양도하는 경우11) 국내에 1개의 주택을 소유하고 있는 것으로 보아 1세대 1주택 비과세를 적용한다.

이 경우 해당 거주주택이 민간임대주택으로 등록하였거나 가정어린이집으로 사용한 사실이 있고 그 보유기간 중에 양도한 다른 거주주택이 있는 경우 직전 거주주택의 양도일 후의 기간분에 대해서만 국내에 1개의 주택을 소유하고 있는 것으로 보아 1세대 1주택 비과세 규정을 적용한다.

(9) 조합원입주권 또는 분양권을 보유하고 주택을 양도하는 경우

1주택을 소유한 1세대가 그 주택을 양도하기 전에 조합원입주권 또는 분양권을 취득하여 일시적으로 1주택과 1조합원입주권 또는 1분양권을 소유하게 된 경우 주택을 취득한 날부터 1년 이상이 지난 후에 조합원입주권 또는 분양권을 취득하고, 그 조합원입주권 또는 분양권을 취득한 날부터 3년 이내에 주택을 양도하는 경우에는

---

11) 장기임대주택을 보유하고 있는 경우에는 생애 한 차례만 거주주택을 최초로 양도하는 경우에 한정한다.

1세대 1주택으로 보아 비과세를 적용한다.

---

12) 1. 「국토의 계획 및 이용에 관한 법률」 제6조제1호에 따른 도시지역 내의 토지: 5배
    2. 그 밖의 토지: 10배

사례 1

Q. 성진 씨(氏)는 본인 명의의 주택 한 채와 별거하고 있는 배우자 명의의 주택 한 채를 가지고 있다. 성진 씨 보유 주택 양도 시 양도소득세는?

A. 1세대 2주택이므로 양도소득세가 과세된다.

사례 2

Q. 성진 씨는 1세대 1주택 비과세 요건을 갖춘 주택을 양도하기 위해 새 주택을 취득한 후 이사를 하였다. 이사 후 기존 주택을 양도하는 경우 양도소득세는?

A. 새 주택 취득일로부터 3년 이내에 기존 주택을 양도하는 경우 1세대 1주택 비과세를 적용받을 수 있다.

사례 3

Q. 과천시에 근무하고 있는 1주택자인 성진 씨는 2년간 주택을 보유하고 있다. 그런데 충청남도 소재 지점으로 발령받아 과천시에 있는 주택을 양도하고 충청남도에서 주택을 구입하여 가족 전체가 이사하려고 한다. 이 경우 과천시 소재 주택을 양도 시 양도소득세는?

A. 이 경우 근무 등의 부득이한 사유에 해당하므로 1년 이상 거주한 주택에서 근무상의 형편으로 다른 시·군·구로 이전하는 것은 1세대 1주택 비과세 규정을 적용받을 수 있다.

사례 4

Q. 아파트 한 채를 소유하고 있는 성진 씨는 1주택을 소유하고 있는 세무 양과 결혼하게 되었다. 결혼 후 성진 씨 소유 아파트를 양도하려 하는데 이 경우 양도소득세는?

A. 세대 합가로 인하여 1세대 2주택에 해당되나, 혼인일로부터 5년 이내 성진 씨 소유 아파트를 양도하는 경우 1세대 1주택 비과세요건을 갖추었다면 비과세를 적용받을 수 있다.

사례 5

Q. 성진 씨는 주택과 상가 겸용주택을 가지고 있는데, 1세대 1주택 비과세 요건을 갖추었다. 성진 씨가 이 겸용주택을 양도하는 경우 양도소득세는?

(주택 면적 80m², 상가 면적 75m²인 경우)

A. 종전에는 주택 면적이 상가면적보다 크므로 전체를 주택으로 보아 1세대 1주택 비과세를 적용받을 수 있었으나, 2022년부터 실지거래가액이 12억 원을 초과하는 경우에는 주택부분만 비과세되고 주택 이외의 건물(상가)은 비과세가 배제된다.

🏠 사례 6

Q. 성진 씨는 오피스텔 1채와 아파트 1채(1세대 1주택 비과세 요건은 갖춤)를 소유하고 있던 중 아파트를 양도할 경우 양도소득세는?

A. 오피스텔을 사무용으로 사용하는 경우에는 1세대 1주택에 해당되어 비과세를 적용받을 수 있으나, 오피스텔을 주거용으로 사용하는 경우에는 1세대 2주택에 해당되어 양도소득세가 과세된다.

🏠 주민등록상 동일세대라도 '생계'를 따로 하면 양도세 비과세

최근 조세심판원은 독립된 세대구성 여부를 주민등록지가 아니라 실제 생계를 따로 했는지 여부에 따라 판단하고 있다. 주민등록상 세대원이라도 독립되어 생계를 유지하는 경우에는 독립세대로 보는 것이다.

이에 따라 국세청이 가족 구성원을 동일세대로 판단하여 1세대 1주택 비과세 적용을 배제하고 과세에 나섰으나 양도세가 취소된 심판청구가 2018년 상반기에만 13건에 달했다.

양도세를 추징당한 납세자들이 은행 통장, 신용카드 거래내역, 관리비, 의료보험증, 자동차등록증 등 관련 증빙을 잘 갖춰 둔 경우 독립세대 또는 독립 생활 사실이 입증되어 '취소' 결정에 결정적인 도움이 됐다.

🏠 거짓계약서 작성 시, 불이익

① 양도자가 실지거래 가액을 거짓으로 신고하는 경우에는 1세대 1주택 요건을 충족하더라도 비과세 혜택에서 배제되어 양도소득세를 추징받는다.

② 거짓계약서 작성으로 양도소득세를 무(과소)신고하는 경우에는 신고납부 불성실가산세가 부과된다.

성진 씨는 3층짜리 겸용 주택을 소유하고 있는데, 올해 말 이 겸용 주택을 양도할 예정이다. 이 중 2, 3층은 실제 주거용으로 사용하고 1층과 지하층만 사업용으로 임대하였는데 실제 주거용으로 사용한 2, 3층 부분에 대하여는 비과세를 받을 수 있을 것이 확신되나, 나머지 사업용으로 사용한 부분에 대해서는 양도소득세를 내야 하는지가 의문이다.

성진 씨의 경우, 겸용 주택 양도 시 어느 부분까지 비과세가 적용될 수 있을까?

(1) 주택이란, **실제 주택으로 사용하는 건축물**을 말한다.

따라서 주택용 건물이 아닐지라도 실제 주택으로 사용하고 있다면, 이는 주택에 해당되어 1세대 1주택 비과세를 적용받을 수 있다.

예를 들어, 오피스텔이나 상가용 건물도 실제 주택으로 사용하는 경우에는 1세대 1주택 비과세를 적용받을 수 있지만, 주택을 상가 등 점포로 사용하는 경우에는 공부상 주택이라도 1세대 1주택 비과세를 적용받을 수 없다.

(2) 12억 원 이하 겸용 주택(하나의 건물을 주택과 상가로 나누어 사용하는 주택)은 주택면적과 상가면적을 비교하여 주택부분에 해당되는 부분은 1세대 1주택 비과세를 적용받을 수 있다.

구분	건물	부수토지*
주택면적 〉 주택 이외의 면적	전부를 주택으로 봄.	전부 주택의 토지임.
주택면적 ≤ 주택 이외의 면적	주택 면적 부분만 주택	건물면적에 따라 토지 면적을 안분 계산

* 주택 부수토지는 주택 정착면적의 5배(도시지역 외 10배)를 한도로 한다.

다만, 2022년부터 12억 원을 초과하는 겸용주택을 양도하는 경우 주택면적이 주택 이외의 면적보다 더 크더라도 주택부분에 대해서만 비과세를 적용하고, 상가 부분에 대해서는 과세된다.

(3) 고가 주택(양도 시 실거래가액이 12억 원을 초과하는 주택)의 경우 양도가액 중

12억 원에 해당하는 비율만큼은 1세대 1주택 비과세를 적용받을 수 있으나, 12억 원 초과분은 요건을 충족하였다 하더라도 1세대 1주택 비과세를 적용받을 수 없다.

🏠 경우 1

겸용 주택의 지하실은 실제 사용하는 용도에 따라 판단하는 것이며, 사용 용도가 명확하지 않은 경우에는 주택의 면적과 주택 이외의 면적의 비율로 안분하여 계산한다.

🏠 경우 2

2층 겸용 주택으로서 2층 주택을 올라가기 위한 2층 전용계단이 1층에 설치된 경우 그 계단 부분은 주택으로 판단하게 된다.

🏠 경우 3

겸용 주택에 부설된 계단 등 시설물은 사실상의 용도에 따라 구분하며 용도가 불분명한 경우에는 주택면적과 주택 외 면적의 비율로 안분계산한다.

6 양도소득세 계산구조

세액 산정 방법

계 산 구 조	비 고
양 도 가 액	실지양도가액
(−) 취 득 가 액 (−) 기 타 필 요 경 비	실지취득가액 자본적 지출·양도비용
(=) 양 도 차 익	
(−) 장 기 보 유 특 별 공 제	등기되고 보유기간 3년 이상인 토지·건물·조합원 입주권에 대하여만 적용
(=) 양 도 소 득 금 액	그룹별로 구분 계산
(−) 양 도 소 득 기 본 공 제	그룹별로 250만 원(미등기 자산은 배제)
(=) 양 도 소 득 과 세 표 준	
(×) 세 율	자산별·보유기간별·등기여부에 따른 구분
(=) 양 도 소 득 산 출 세 액	
(−) 세 액 공 제 (−) 세 액 감 면	외국납부세액 공제 조세특례제한법상 감면세액
(=) 양 도 소 득 결 정 세 액	
(+) 가 산 세	신고·납부지연·기장 불성실 가산세
(=) 양 도 소 득 총 결 정 세 액	
(−) 기 납 부 세 액	예정신고 납부세액·수시부과 세액
(=) 차 감 납 부 할 세 액	1천만 원 초과 시 분납 가능

> 🏠 **예정신고 세액 공제**
>
> 2011.1.1. 이후 양도분부터는 예정신고 세액 공제를 폐지하고, 예정신고하지 않는 경우에 가산세를 부과하도록 하였다.

7 양도차익 산정

자산의 양도차익은 양도가액에서 취득가액 등 필요경비를 공제하여 산정한다. 이러한 자산의 양도차익 계산은 원칙적으로 실지거래가액을 따른다.

자산의 양도차익을 계산함에 있어서 양도가액을 실지거래가액에 따르는 경우에는 취득가액도 실지거래가액에 따르고, 양도가액을 기준시가에 따르는 경우에는 취득가액도 기준시가에 따른다.

양도가액과 취득가액

양도가액과 취득가액은 실지거래가액으로 계산하나, 그 가액의 확인을 위하여 필요한 장부 및 증명서류가 없는 경우 다음의 가액을 순차로 적용하여 산정한 가액에 따른다. 만약 양도가액으로 감정가액을 사용한 경우 취득가액은 감정가액을 적용하는 것이 아니라 아래의 순서에 의하는 것이다.

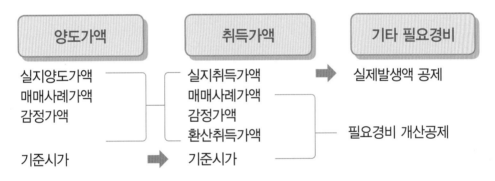

이때 사업자가 사업소득금액 계산 시 감가상각비를 필요경비에 산입하였거나 산입할 경우에는 해당 감가상각비는 취득가액에서 공제한다.

(1) 매매사례 가액
양도일 또는 취득일 전후 3월 이내에 당해 자산과 동일성 또는 유사성이 있는 자산의 매매사례가 있는 경우 그 가액

(2) 감정평가액
양도일 또는 취득일 전후 3월 이내에 당해 자산에 대하여 둘 이상의 감정평가업자

가 평가한 것으로서 신뢰성이 있는 것으로 인정되는 감정가액

　단, 기준시가 10억 원 이하 부동산에 대하여는 하나의 감정기관 감정가액도 인정한다.

(3) 환산취득가액[13]

　양도가액의 실거래가격을 기준으로 하여 취득·양도당시 기준시가 비율로 환산한 가액

$$양도\ 시\ 실지거래가액 \cdot 매매사례가액 \cdot 감정가액 \times \frac{취득당시\ 기준시가}{양도당시\ 기준시가}$$

취득에 소요된 비용

(1) 자산의 취득가액
(2) 소유권 확보를 위해 소요된 경비
　ⅰ. 제세공과금(취득세 및 인지세 등)
　ⅱ. 소송비용
　ⅲ. 대항력 있는 임차보증금
　ⅳ. 취득관련 수수료(중개수수료, 취득 컨설팅비용 등)
(3) 금융비용
　ⅰ. 대금지급 방법으로 발생한 이자
　ⅱ. 건설자금의 이자
　ⅲ. 금융비용 중 필요경비에 산입되지 않은 것
　단순히 자산의 취득 목적으로 대출받아 지급하는 경우 또는 거래대금의 납부 지연에 따른 연체료 등은 양도차익을 산정함에 있어서 필요경비로 인정받을 수 없다.

🏠 양수인이 부담한 양도자의 연체료에 대한 취득가액

　아파트 분양권 등을 취득함에 있어서 양도자가 분양대금 지연납부로 발생한 연체이자를 양수인이 부담하기로 약정하여 실제 납부하였다면 취득한 자산의 취득원가에 산입된다.

---

13) 감정가액 또는 환산취득가액 적용에 따른 가산세 (2017.12.19 신설)
　　건물을 신축 또는 증축하고 그 건물의 취득일 또는 증축일 부터 5년 이내에 해당 건물을 양도하는 경우로서 감정가액 또는 환산취득가액을 그 취득가액으로 하는 경우에는 해당 건물 감정가액 또는 환산취득가액의 100분의 5에 해당하는 금액을 양도소득 결정세액에 더한다. 양도소득 산출세액이 없는 경우에도 적용한다.

(4) 자산을 취득하기 위한 전제로 취득한 자산의 취득가액

ⅰ. 무허가 주택 보상차액

ⅱ. 이축권 취득비용

ⅲ. 올림픽기부금 납부액

ⅳ. 철거아파트의 취득가액

ⅴ. 주택조합이 토지를 도로로 기부하는 경우

ⅵ. 보훈성금

ⅶ. 채권입찰제 아파트의 주택채권 매입비

(5) 기타 취득가액에 포함되는 것

ⅰ. 법률에 의해 납부한 금액 또는 부득이한 사유로 지출된 경우

ⅱ. 매수자부담의 양도세 등 필요경비 산입

🏠 **증빙서류 등14)**

– 취득 시 매매계약서(인감증명서·인감도장 날인된 계약서 첨부)

– 대금수수 영수증

– 건물을 신축한 경우 도급계약서, 대금지급영수증, 세금계산서 등

– 기타 경비지출 사실을 인정할 수 있는 서류

자본적 지출 등

(1) 자본적 지출액

자본적 지출액은 자산의 내용연수를 연장시키거나 당해 자산의 가치를 증가시키기 위하여 지출한 비용을 말한다. 따라서 단순히 본래의 가치를 복구하기 위한 수선비(수익적 지출)는 경비로 공제받을 수 없다.15)

ⅰ. 본래 용도를 변경하기 위한 개조비용

ⅱ. 엘리베이터 또는 냉난방장치 설치비용

ⅲ. 빌딩 등 피난시설 설치비용

ⅳ. 재해 등으로 멸실되거나 훼손되어 본래 용도로 이용가치가 없어진 것의 복구비용

ⅴ. 기타 개량·확장·증설 등 유사한 비용

---

14) '18.4.1. 이후 양도분부터는 청구서나 은행계좌 송금 내역 등 실제 지출 내용이 확인되면 필요 경비로 인정해 주고 있다.

15) 벽지 또는 장판 교체비용, 주방기구 교체비용, 외벽 도색작업 비용, 문 또는 조명 교체비용, 보일러 수리비용은 필요경비로 공제되지 않는다.

🏠 자본적 지출 예시

① 발코니 새시
② 확장공사비
③ 난방시설 교체비
④ 토지조성비
⑤ 산림복구 설계비

🏠 증빙서류 등

− 공사도급계약서, 세금계산서, 공사대금지급 영수증
− 기타 비용지출 사실을 입증할 수 있는 서류

(2) 소송비용·화해비용 등의 금액

자산을 취득한 후 그 소유권을 확보하기 위한 쟁송이 있는 경우이거나 법률에 따라 토지 등이 협의 매수 또는 수용되는 과정에서 보상금증액을 위한 쟁송 등이 있는 경우에는 그와 관련하여 직접 소요된 소송비용·화해비용 등의 금액은 필요경비로 공제한다. 다만, 그 지출한 연도의 사업소득 필요경비로 산입된 금액은 제외하는 것이며, 보상금증액과 관련된 비용은 증액된 보상금을 한도로 한다.

(3) 그 밖의 지출한 비용

양도자산의 용도변경·개량 또는 이용편의를 위하여 지출한 비용(재해·노후화 등 부득이한 사유로 인하여 건물을 재건축한 경우 그 철거비용을 포함한다)이나 관련 법률에 따른 개발부담금 또는 재건축부담금의 경우에도 필요경비로 공제한다.

양도비용

양도비용은 자산을 양도하기 위하여 직접 지출한 비용을 말하는데 그 내용을 살펴보면 다음과 같다.

(1) 자산을 양도하기 위해 직접 지출한 비용

계약서 작성비용, 공증비용, 인지대, 소개비, 명도비용16) 등

---

16) 매매계약에 따른 인도의무를 이행하기 위하여 양도자가 지출하는 명도비용

(2) 증권거래세

(3) 국민주택채권 등을 만기 전에 금융기관 등에 양도함으로써 발생하는 매각차손

(4) 철거되는 건물의 필요경비

토지와 건물을 함께 취득한 후 토지의 이용 편의를 위하여 당해 건물을 철거하고 토지만을 양도하는 경우에는 철거된 건물의 취득가액과 철거비용의 합계액에서 잔존 처분가액을 차감한 금액을 양도자산의 필요경비로 산입한다.

🍳 증빙서류 등

– 양도비용 지급 영수증
– 인지세 납부 영수증
– 국민주택채권 등 매각영수증
– 기타 비용지출 사실을 입증할 수 있는 서류

※ 다음의 지출액은 비용으로 인정되지 않으므로 공제받지 않도록 주의하여야 한다.
• 부동산 매매계약의 해약으로 지급하는 위약금
• 시가보다 높은 가액으로 취득한 자산으로서 시가를 초과하는 가액
• 종합소득금액 중 필요경비로 이미 산입된 경비
• 자산을 증여받은 경우 취득 시 납부한 증여세[17]

필요경비 개산공제 [18]

실거래가격으로 계산 시 실제 지출한 비용과 자본적 지출을 필요경비로 공제받는다.

세법에서는 과세 형평을 고려하여 취득가액이 위의 실지거래가액이 아닌 경우에도 부동산 기준시가의 일정비율로 계산하는 '필요경비 개산공제'를 적용하여 필요경비로 공제받을 수 있게 하고 있다.

---

17) 배우자 또는 직계존비속 간 5년 이내 증여로 필요경비 계산특례를 적용받을 경우에 한하여 비용인정 가능하다.

18) 2011.1.1. 이후 신고분부터는 납세자가 선택하는 경우 필요경비를 [환산가액 + 개산공제금액] 대신 [자본적지출액 + 양도비용]으로 계산할 수 있다.

※ 필요경비 개산공제

구분	필요경비 개산공제액
토지	3% (미등기자산 : 0.3%)
건물	3% (미등기자산 : 0.3%)
지상권·전세권과 등기된 부동산임차권	7%
위 외의 자산	1%

※ 자산별 기준시가 산정방법

자산의 종류		기준시가
토지		개별공시지가
건물	일반건물	국세청장이 고시한 산정방법으로 평가한 가액
	오피스텔·상업용 건물	국세청장이 토지·건물을 함께 일괄하여 평가 고시한 가액
	공동·개별주택	「부동산가격 공시 및 감정평가에 관한 법률」에 의하여 시장·군수·구청장이 토지·건물을 일괄 고시한 가액
상장주식		양도일·취득일 이전 1월간 공표된 매일의 기준가격의 평균액
비상장주식		순손익가치와 순자산가치를 가중 평균한 가액

> 🏠 기준시가
>
> 토지뿐만 아니라, 건물·오피스텔·상업용 건물 또는 주택에 대해서도 새로운 기준시가가 고시되기 전에 취득·양도하는 경우에는 직전연도 기준시가를 적용한다.

🏠 양도소득세 필요경비 계산 특례

■ 양도일부터 소급하여 5년 이내에 배우자 또는 직계존·비속으로부터 증여받은 자산의 취득가액 = (1)+(2)

  (1) 배우자 또는 직계존·비속의 취득 당시 가액

    (실지거래가액, 매매사례가액, 감정가액, 환산가액 등)

  (2) 납부 또는 납부 예정인 증여세

■ 가업상속재산에 대한 취득가액 = (1)+(2)

  (1) 피상속인의 취득가액 × 가업상속공제 적용률

  (2) 상속개시일 현재 자산 가액 × (1 - 가업상속공제 적용률)

* 예외: 다음 중 어느 하나에 해당하는 경우에는 필요경비 계산 특례를 적용하지 않는다.

> ① 사업인정 고시일부터 소급하여 2년 이전에 증여받은 경우로서 협의매
> 수 또는 수용된 경우
> ② 1세대 1주택 또는 일시적 2주택인 경우
> ③ 필요경비 계산 특례를 적용한 결정세액이 적용하지 않은 경우의 결정
> 세액보다 적은 경우

장기보유 특별공제는 다년간 발생한 양도소득을 일시에 누진세율로 과세함에 따른 과도한 세부담을 완화하고 물가상승분을 조정하려는 차원에서 도입된 제도이다.

그러나 모든 자산의 양도에 대하여 장기보유 특별공제를 적용받을 수 있는 것은 아님을 알아두어야 한다. 이하에서는 장기보유 특별공제의 적용대상과 장기보유 특별공제율에 대하여 알아보도록 하겠다.

장기보유 특별공제 적용대상

① **토지·건물**로서 보유기간이 **3년 이상**인 것

* 비사업용 토지의 경우 2017. 1. 1. 이후 양도분부터 장기보유 특별공제를 적용한다.

② 부동산을 취득할 수 있는 권리 중 **조합원입주권**(조합원으로부터 취득한 것은 제외)에 대하여 그 자산의 양도차익(조합원입주권을 양도하는 경우에는 관리처분계획인가 전 토지분 또는 건물분의 양도차익으로 한정함)[19]

장기보유 특별공제 적용대상 제외 [20]

① 미등기 양도자산
② 조정대상 지역에 있는 주택으로서 1세대 2주택에 해당하는 주택
③ 조정대상지역에 있는 주택으로서 1세대가 1주택과 조합원입주권 또는 분양권을 1개 보유한 경우의 해당 주택. 다만, 장기임대주택 등은 제외한다.
④ 조정대상 지역에 있는 주택으로서 1세대 3주택 이상에 해당하는 주택
⑤ 조정대상 지역에 있는 주택으로서 1세대가 주택과 조합원입주권 또는 분양권을 보유한 경우로서 그 수의 합이 3 이상인 경우 해당 주택. 다만, 장기임대주택 등은 제외한다.

---

19) 재개발·재건축 사업시행에 따른 권리변환 과정에서 조합원입주권으로 전환되기 전 종전 토지·건물인 기간에 발생한 양도차익에 대하여도 일반적인 토지·건물과 동일하게 장기보유 특별공제를 적용한다.
20) ②③④⑤의 경우 2018.4.1. 이후 양도하는 경우 장기보유 특별공제 적용대상에서 제외된다. 한편, 조정대상지역 내 10년 이상 보유한 주택을 2020.6.30.까지 양도하는 경우에는 한시적으로 장기보유 특별공제를 적용한다.

장기보유 특별공제액

장기보유 특별공제액 = 양도차익 × 보유기간별 장기보유 특별공제율

장기보유 특별공제율

보유기간[21]	공제율		
	일반적	1세대 1주택[22]	
		보유기간	거주기간
2년이상 3년 미만	–	–	8%*
3년 이상 4년 미만	6%	12%	12%
4년 이상 5년 미만	8%	16%	16%
5년 이상 6년 미만	10%	20%	20%
6년 이상 7년 미만	12%	24%	24%
7년 이상 8년 미만	14%	28%	28%
8년 이상 9년 미만	16%	32%	32%
9년 이상 10년 미만	18%	36%	36%
10년 이상 11년 미만	20%	40%	40%
11년 이상 12년 미만	22%		
12년 이상 13년 미만	24%		
13년 이상 14년 미만	26%		
14년 이상 15년 미만	28%		
15년 이상	30%		

* 보유기간 3년 이상에 한정

---

21) 보유기간
  ① 일반적인 경우: 자산을 취득한 날부터 양도한 날까지의 기간
  ② 배우자·직계존비속으로부터 증여받은 재산에 대한 이월과세가 적용되는 경우: 증여한 배우자·직계존비속이 자산을 취득한 날부터 양도한 날까지의 기간
  ③ 가업상속공제 재산에 대한 양도소득세 이월과세 규정에 따라 가업상속공제가 적용된 비율에 해당하는 자산의 경우: 피상속인이 해당 자산을 취득한 날부터 양도한 날까지의 기간
22) **비과세 요건을 갖추지 못한 1세대 1주택**: 실지거래가액이 12억 원을 초과하는 고가주택 또는 조합원 입주권으로 거주기간이 2년 이상인 경우

🏠 장기임대주택 장기보유 특별공제율(「조세특례제한법」 제97조의4)

1) 장기임대주택이란?

　– 「민간임대주택에 관한 특별법」에 따른 민간건설 임대주택, 민간매입 임대주택, 「공공주택 특별법」에 따른 공공건설 임대주택 또는 공공매입 임대주택으로서 6년 이상 임대하는 주택

　　* 주거용 오피스텔(전용면적 85㎡ 이하)도 포함

2) 장기보유 특별공제율

　– 일반 부동산과 동일한 공제율*에 6년 이상 임대한 임대주택의 경우 다음 표에 따른 추가공제율을 더하여 최대 40%까지 적용함.

　　* 3년 이상 보유한 부동산에 대해 최대 30%까지 공제

임대 기간	추가공제율
6년 이상 7년 미만	2%
7년 이상 8년 미만	4%
8년 이상 9년 미만	6%
9년 이상 10년 미만	8%
10년 이상	10%

🏠 장기일반 민간임대주택에 관한 세제혜택

① 양도소득세 과세특례(「조세특례제한법」 제97조의3): **장기일반 민간임대주택을 10년 이상** 임대 후 양도하는 경우 및 장기일반 민간임대주택을 **8년 이상** 계속하여 임대한 후 양도하는 경우(단, 2020. 12. 31.까지 장기일반 민간임대주택으로 등록한 경우에 한하며, 장기보유 특별공제 특례는 임대사업자 등록 이후의 임대 기간으로 한정)
- **최대 70% 장기보유 특별공제 적용 (10년 이상)[23]**
- **50% 장기보유 특별공제 적용 (8년 이상)**

② 양도소득세 감면(「조세특례제한법」 제97조의5): 거주자가 2015.1.1.~2018.12.31.까지 취득하고 3개월 이내 임대주택법에 따른 장기일반 민간임대주택으로 등록 후 10년 이상 계속하여 임대 후 양도하는 경우 임대기간 중 발생한 양도소득에 대한 **양도소득세의 100%**를 감면한다.
다만, 이 경우 위 ① 또는 6년 이상 임대한 임대주택의 경우 장기보유공제율 2%~10% 추가로 공제하는 규정을 중복적용하지 않는다.

🏠 장기일반 민간임대주택이란?

1) 장기일반 민간임대주택이란 임대사업자가 공공지원 민간임대주택이 아닌 주택을 8년 이상 임대할 목적으로 취득하여 임대하는 민간임대주택을 말한다.
2) 장기일반 민간임대주택의 요건
   - 세제혜택을 받는 장기일반 민간임대주택 요건은 아래와 같음.
   ① 전용면적 85㎡ 이하일 것
   ② 8년 이상 의무임대할 것
   ③ 임대료 인상률이 연 5% 이내일 것(임대료 증액 제한 요건)
   ④ 매입임대주택 및 건설임대주택일 것(임대주택법에 의한 임대사업자 등록)
   ⑤ 임대개시 시 공시가격 수도권 6억 원, 비수도권 3억 원 이하인 주택에 한해 적용(2018. 9. 14. 이후 새로이 취득하는 주택부터)

---

23) 6년 이상 임대한 경우 적용하는 추가공제율과 중복 적용하지 않는다.

9 양도소득세율

양도소득세율은 기본세율(6%~45%)과 중과세율(40%~72%)이 있으며, 자산별·보유기간별·등기 여부에 따라 세율이 다르게 적용된다. 이하에서는 양도소득 일반세율 및 중과세율에 대해 자세히 알아보도록 하겠다.

양도소득 기본세율

과세표준	세 율
1,400만 원 이하	과세표준의 6%
1,400만 원 초과 5,000만 원 이하	72만 원 + (1,200만 원을 초과하는 금액의 15%)
5,000만 원 초과 8,800만 원 이하	582만 원 + (4,600만 원을 초과하는 금액의 24%)
8,800만 원 초과 1.5억 원 이하	1,590만 원 + (8,800만 원을 초과하는 금액의 35%)
1.5억 원 초과 3억 원 이하	3,760만 원 + (1억 5천만 원을 초과하는 금액의 38%)
3억 원 초과 5억 원 이하	9,460만 원 + (3억 원을 초과하는 금액의 40%)
5억 원 초과 10억 원 이하	1억 7,460만 원 + (5억 원을 초과하는 금액의 42%)
10억 원 초과	3억 8,460만 원 + (10억 원을 초과하는 금액의 45%)

양도소득 세율

(1) 토지·건물·부동산에 관한 권리·기타 자산

구　분			세　율
토지·건물· 부동산에 관한 권리	원칙		기본세율
	보유기간이 1년 미만인 등기자산	① 주택(부수토지 포함)· 조합원 입주권 및 분 양권	70%
		② ① 외의 자산	50%
	보유기간이 1년 이상 2년 미만인 등기자산	① 주택(부수토지 포함)· 조합원 입주권 및 분 양권	60%
		② ① 외의 자산	40%
	보유기간 2년 이상		기본세율 (단, 분양권은 60%)
	1세대 2주택자(조합원입주건·분양권 포함)가 양 도하는 조정대상지역 소재 주택		기본세율+20%
	1세대 3주택자(조합원입주건·분양권 포함)가 양 도하는 조정대상지역 소재 주택		기본세율+30%
	비사업용토지[24]		기본세율+10%
	비사업용토지 과다보유법인의 주식		기본세율+10%
	미등기양도자산		70%
기타 자산			기본세율
신탁의 이익을 받을 권리의 양도로 발생하는 소득			3억 원 이하 20% 3억 원 초과 25%
파생상품[25]			10% 탄력세율

---

24) 2009.3.16.~2012.12.31. 기간 중 취득한 토지는 비사업용토지에 해당되더라도 2년 이상 보유 시 10%를 추가과세
　　하지 아니하고 일반세율을 적용함(개정 법률 제9270호 부칙 제14조).

25) 파생상품의 양도소득세의 세율은 그 세율의 75%의 범위에서 대통령령으로 정하는 바에 따라 인하할 수 있음. 현
　　재 법률에서는 세율을 20%로 하고 있으나 대통령령에서는 10%로 정함.

(2) 비교산출세액

〈둘 이상의 세율에 해당〉

양도한 하나의 자산이 두 가지 이상의 세율에 해당되는 경우 둘 중 더 큰 산출세액이 계산되는 세율을 적용한다.

→ 다주택자(3주택)가 양도한 주택의 보유기간이 1년 이상 2년 미만인 경우 적용받게 되는 세율은 **"기본세율+30%"**과 **"60%"** 두 가지이다. 이 경우 두 가지 세율을 모두 적용하여 더 큰 산출세액이 계산되는 세율을 적용받게 된다.

〈둘 이상의 자산을 양도〉

해당 과세기간에 토지·건물·부동산에 관한 권리 및 기타자산 중 둘 이상의 자산을 양도하는 경우 양도소득 산출세액은 다음의 금액 중 큰 것(감면세액을 차감한 세액이 더 큰 경우의 산출세액을 말함)으로 한다.

① 과세표준 합계액에 대하여 기본세율을 적용하여 계산한 양도소득 산출세액
② 소득세법의 규정에 따라 계산한 각 자산별 양도소득 산출세액의 합계액

→ 동일한 연도에 비사업용토지(세율:기본세율+10%)와 분양권(세율:60%)을 양도한 경우 **"① 두 자산의 과세표준 합계액에 기본세율을 적용하여 계산한 양도소득 산출세액"**과 **"② 각 자산별 양도소득 산출세액의 합계액"** 중 큰 금액이 부담할 산출세액이 되는 것이다.

＊ 규제지역 지정 현황 ('23.1.5. 이후)[주1]

구분	투기과열지구	조정대상지역(4개)
서울	용산구, 서초구, 강남구, 송파구	용산구, 서초구, 강남구, 송파구

주1) 2023년 1월 5일 강남 3구 및 용산구를 제외한 모든 지역을 투기 과열지구 및 조정대상 지역에서 해제하였다.

🏠 규제지역 지정 효과

　정부의 부동산 정책을 통해 투기과열지구와 조정대상지역의 지정 및 해제가 이루어졌다. 규제지역의 지정 효과에는 어떤 것들이 있는지 알아보자.

		투기지역·투기과열지구	조정대상지역
금융	가계 대출	• LTV: 무주택·1주택 세대 50% ＊ 서민·실수요자: 9억 원 이하 70%〈20%p 우대〉	• LTV: 무주택·1주택세대 50% ＊ 서민·실수요자: 8억 원 이하 70%〈20%p 우대〉
		• DTI: 40% ＊ 서민·실수요자: 60% (20%p 우대)	• DTI: 50% ＊ 서민·실수요자: 60% (10%p 우대)
	사업자 대출	• 주택임대업 개인사업자대출 RTI(= 임대소득/이자비용) → 1.5배 이상	• 주택임대업 개인사업자대출 RTI → 1.25배 이상
세제		－	2주택 이상자 취득세 중과
			다주택자 양도소득세 중과·장기보유특별공제배제
			양도세 비과세 위한 일시적 2주택자의 종전주택 양도기간 강화 (조정지역: 2년,비조정지역: 3년)
			'18.9월 이후 신규 등록한 매입임대사업자에게 양도세 중과배제, 종부세 합산배제 혜택 미적용
전매 제한		주택 분양권 전매 제한 (소유권 이전 등기일까지,최대 5년)	주택 분양권 전매 제한 (소유권 이전 등기일까지, 최대 3년)
		오피스텔 분양권 전매 제한 (소유권 이전 등기일 or 사용 승인일로부터 1년 중 짧은 기간)	

🏠 중과세 대상 주택 수에 포함된 조합원입주권 중과 여부

주택을 소유한 자가 조합원입주권도 소유하고 있는 경우 조합원입주권도 주택 수에 포함하는 것에 유의하여야 한다.

단, 주택을 소유하지 않으면서 조합원입주권만 여러 개 소유하는 경우에는 다주택자의 범위에 포함되지 않으며, 주택을 소유한 자가 조합원입주권을 소유하여 다주택자로 판정되어도 조합원입주권을 양도하는 경우에는 중과세되지 않는다.

즉, 주택을 양도하는 경우에만 중과세되는 것이다.

🏠 분양권은 주택수에 포함되는지 여부

2021. 1. 1.이후 취득하는 분양권은 주택 수에 포함되는 것으로 개정되었다.

🏠 비사업용 토지에 대한 양도세 중과제도 완화

비사업용 토지에 대한 60%의 중과세율을 폐지하고, 2014년 1월 1일 이후 거래분에 대하여는 기본세율(6%~42%)을 적용하고, 2016년 1월 1일 이후 양도분부터는 **기본세율에 10%를 더한 세율**을 적용한다.

다주택자에 대한 중과세에서 유의해야 할 사항은 다음과 같다.
① 세대별로 주택 수를 계산한다.
② 주택 수를 계산할 때 제외되는 주택이 있다.
③ 중과세에서 제외되는 주택이 있다.
1세대 2주택자인 경우 중과세에서 제외되는 주택과 1세대 3주택 이상인 경우 중과세에서 제외되는 주택은 일부 차이가 있다.
위 내용에 따라 적용되는 세율이 다르므로 다음에 해당하는지 꼭 확인하여야 한다.

일반적 주택 수 계산

다음을 기준으로 2주택 이상 해당 여부를 판정한다. 다음 각 항목 중 하나에 해당하는 경우 주택 수 계산에 포함되는 주택이 된다.
① 주택 소재 기준: 수도권 기타 5대 광역시 및 세종특별자치시 소재 주택.
다만, 인천광역시의 군지역, 경기도의 군지역, 경기도 내 도농복합형태의 시의 읍·면지역, 기타 5대 광역시의 군지역, 세종특별자치시의 읍·면지역 소재 주택은 제외한다.
② 주택 가액 기준(양도 당시 기준시가): 기준시가 3억 원 초과 주택

중과배제 주택

위의 사항에 의해 주택 수를 계산한 결과 2주택 이상에 해당하더라도 중과하지 않는 주택이 있다. 중과배제 주택에 해당하면 중과세율을 적용받지 아니한다.

(1) 2주택자 보유주택 중 중과 제외 주택 범위
  1) 수도권 및 광역시·특별자치시 외의 지역에 소재하는 주택으로서 해당 주택 및 이에 부수되는 토지의 기준시가의 합계액이 해당 주택 또는 그 밖의 주택의 양도 당시 3억 원을 초과하지 아니하는 주택
  2) 2주택 이상자의 중과 제외대상 주택(장기임대주택 등)

3) 취학, 근무상의 형편, 질병의 요양, 그 밖에 부득이한 사유로 인하여 다른 시·군으로 주거를 이전하기 위하여 1주택(취득 당시 기준시가의 합계액이 3억 원 이하)을 취득함으로써 1세대 2주택이 된 경우의 해당 주택(취득 후 1년 이상 거주하고 해당 사유가 해소된 날부터 3년이 경과하지 아니한 경우에 한정)

4) 「소득세법 시행령」 제155조 제8항에 따른 수도권 밖에 소재하는 주택

5) 60세 이상의 직계존속을 동거봉양하기 위하여 세대를 합침으로써 1세대가 2주택을 소유하게 되는 경우의 해당 주택[26]

6) 1주택을 소유하는 사람이 1주택을 소유하는 다른 사람과 혼인함으로써 1세대가 2주택을 소유하게 되는 경우의 해당 주택[27]

7) 주택의 소유권에 관한 소송이 진행중이거나 해당 소송결과로 취득한 주택(소송으로 인한 확정판결일부터 3년이 경과하지 않은 경우에 한정)

8) 1주택을 소유한 1세대가 그 주택을 양도하기 전에 다른 주택을 취득(자기가 건설하여 취득한 경우를 포함한다)함으로써 일시적으로 2주택을 소유하게 되는 경우의 종전의 주택[28]

9) 양도 당시 기준시가가 1억 원 이하인 주택(「도시 및 주거환경정비법」, 「빈집 및 소규모주택 정비에 관한 특례법」상 정비구역 내 주택 제외)

10) 1세대가 1)~7)의 주택 외 1개의 주택만을 소유하고 있는 경우 그 해당 주택

11) 소형 신축주택(아파트 제외)[29]

12) 비수도권에 위치한 준공 후 미분양 주택[30]

(2) 3주택 이상자 보유주택 중 중과 제외 주택 범위

1) 수도권 및 광역시·특별자치시 외의 지역에 소재하는 주택으로서 해당 주택 및 이에 부수되는 토지의 기준시가의 합계액이 해당 주택 또는 그 밖의 주택의 양도 당시 3억 원을 초과하지 아니하는 주택

2) 「소득세법」에 따른 사업자 등록과 「민간임대주택에 관한 특별법」에 따른 임대사업자 등록을 한 거주자가 민간임대주택으로 등록하여 임대하는 주택(민간매

---

26) 합가일로부터 10년이 경과하지 아니한 것
27) 혼인일로부터 5년이 경과하지 아니한 것
28) 다른 주택을 취득한 날로부터 3년이 경과하지 아니한 경우에 한한다.
    단, '18.9.14. 이후 취득분부터는 조정대상지역 일시적 2주택자의 경우 2년 이내에 양도해야 하며, '19.12.17. 이후 조정대상 지역내 종전주택이 있는 상태에서 신규 취득하는 경우 이로부터 1년 이내 전입하고 1년 이내에 종전주택을 양도해야 한다.
29) '24. 1.10.~'25. 12.31.에 취득한 전용면적 60㎡ 이하이고 취득가액이 수도권의 경우 6억 원, 지방의 경우 3억 원 이하인 '24. 1.10.~'25. 12.31.에 준공한 신축주택으로 아파트는 제외한다.
30) '24. 1.10.~'25. 12.31.에 취득한 전용면적 85㎡ 이하이고 취득가액 6억 원 이하인 비수도권에 위치한 준공 후 미분양 주택을 말한다.

입 임대주택 등으로서 임대율 상한, 임대개시일 기준시가, 임대 기간 등 법령에 따른 요건을 만족해야 함.)

3) 「조세특례제한법」 제97조·제97조의2 및 제98조에 따라 양도소득세가 감면되는 임대주택으로서 5년 이상 임대한 국민주택(감면대상 장기임대주택)

4) 종업원(특수관계인을 제외한다)에게 무상으로 제공하는 사용자 소유의 주택으로서 당해 무상제공기간이 10년 이상인 주택(장기사원용 주택)

5) 「조세특례제한법」 제77조, 제98조의2, 제98조의3, 제98조의5부터 제98조의8까지 및 제99조, 제99조의2 및 제99조의3까지에 따라 양도소득세가 감면되는 주택

6) 문화재 주택

7) 상속받은 주택[31]

8) 저당권의 실행으로 인하여 취득하거나 채권변제를 대신하여 취득한 주택으로서 취득일부터 3년이 경과하지 아니한 주택

9) 1세대의 구성원이 「영유아보육법」에 따라 특별자치도지사·시장·군수·구청장의 인가를 받고 사업자등록을 한 후 5년 이상 가정어린이집으로 사용하고, 가정어린이집으로 사용하지 아니하게 된 날부터 6월이 경과하지 아니한 주택

10) 1세대가 1)~9)에 해당하는 주택을 제외하고 1개의 주택만을 소유하고 있는 경우의 해당 주택

11) 조정대상 지역의 공고가 있은 날 이전에 해당 지역의 주택을 양도하기 위하여 매매계약을 체결하고 계약금을 지급받은 사실이 증빙서류에 의하여 확인되는 주택

12) 1세대 1주택 비과세 특례 대상 주택이 대체 주택 취득으로 일시적으로 3주택 이상이 된 경우 해당 특례 주택

13) 소형 신축주택(아파트 제외)[32]

14) 비수도권에 위치한 준공 후 미분양 주택[33]

(3) 1주택·1조합원입주권 보유자 및 1주택·1분양권 보유자의 중과 제외 주택[34]

1) 2주택자의 중과 제외 주택으로서 1)~7) 및 9)에 해당하는 주택

---

31) 상속받은 날부터 5년이 경과하지 아니한 경우에 한정한다. 상속받은 1주택이 재개발 등으로 2주택 이상이 된 경우 1주택에 대해서만 적용된다.

32) '24. 1.10.~'25. 12.31.에 취득한 전용면적 60m² 이하이고 취득가액이 수도권의 경우 6억 원, 지방의 경우 3억 원 이하인 '24. 1.10.~'25. 12.31.에 준공한 신축주택으로 아파트는 제외한다.

33) '24. 1.10.~'25. 12.31.에 취득한 전용면적 85m² 이하이고 취득가액 6억 원 이하인 비수도권에 위치한 준공 후 미분양 주택을 말한다.

34) 수도권 외 지역(광역시 소속 군 및 읍·면 지역은 포함)의 주택 및 조합원입주권으로서 3억 원 이하인 경우는 주택·조합원입주권 수 계산시 산입하지 않음.

2) 1주택자의 주택 취득일부터 1년 경과 후 1조합원입주권을 취득하고 3년 이내 종전주택 양도 시 해당 주택

3) 1주택자가 1조합원입주권을 취득하고 3년이 경과하여 종전 주택을 양도하는 경우로서 다음의 요건을 충족하는 주택

① 재건축·재개발로 취득하는 주택의 완공 후 2년 이내 세대 전원이 해당 주택으로 이사하여 1년 이상 거주

② 주택 완공 후 2년 이내 종전주택 양도

4) 1주택자가 해당 주택의 재개발·재건축으로 대체주택을 취득하였다가 양도하는 경우로서 다음의 요건을 충족하는 주택

① 사업시행 인가일 이후 대체주택을 취득하여 1년 이상 거주

② 재개발·재건축사업으로 취득하는 주택의 완공 후 2년 이내 세대 전원이 해당주택으로 이사하여 1년 이상 거주

③ 주택 완공 후 2년 이내 대체주택 양도

(4) 주택·조합원입주권·분양권 수의 합이 3 이상인 1세대 중과 제외 주택

1) 수도권 및 광역시·특별자치시 외의 지역에 소재하는 주택으로서 해당 주택 및 이에 부수되는 토지의 기준시가의 합계액이 해당 주택 또는 그 밖의 주택의 양도 당시 3억 원을 초과하지 아니하는 주택

2) 「소득세법」에 따른 사업자 등록과 「민간임대주택에 관한 특별법」에 따른 임대사업자 등록을 한 거주자가 민간임대주택으로 등록하여 임대하는 주택(민간매입 임대주택 등으로서 임대율 상한, 임대개시일 기준시가, 임대 기간 등 법령에 따른 요건을 만족해야 함.)

3) 위 주택 외 1주택만 있는 경우 해당 주택

> 🏠 **2주택자 이상자가 조정대상지역 내 주택 양도 시 한시적 중과 제외**
>
> 보유기간이 2년 이상인 주택을 2024. 5. 9.까지 양도하는 경우에 한하여 중과대상에서 제외한다.

다주택자 양도소득세 중과 내용

(1) 중과대상 주택[35] 양도 시 장기보유 특별공제 적용 배제

---

35) 2주택자 혹은 3주택자가 양도하는 조정대상지역 내 주택

(2) 다주택자가 조정대상지역 내 주택 양도 시 양도소득세 중과

① 2주택자 또는 1주택 1조합원입주권 보유자 또는 1주택 1분양권 보유자가 조정대상지역 내 주택 양도 시에는 기본세율에 20% 가산하여 적용한다.

② 3주택 이상 보유자 또는 주택과 조합원입주권 및 분양권의 수가 총 3개 이상인 자가 주택 양도 시에는 기본세율에 30% 가산하여 적용한다.

🏠 이런 주택은 어떻게 취급하나?

(1) 다가구 주택

한 가구가 독립하여 거주할 수 있도록 구획된 부분을 각각 하나의 주택으로 보되, 다가구 주택을 구획된 부분별로 양도하지 아니하고 하나의 매매단위로 양도 등을 한 경우는 단독주택으로 본다.

(2) 공동상속 주택

상속지분이 가장 큰 상속인의 주택 수로 계산한다. 다만, 지분이 가장 큰 사람이 2인 이상인 경우에는 상속 주택에 거주하는 자, 최연장자 순에 의한다.

(3) 부동산매매업자의 재고 주택

주택 수 계산에 포함된다.

(4) 주택신축 판매업자의 재고 주택

주택 수 계산에서 제외된다.

다주택자 양도소득세 한시적 중과배제

윤석열 대통령 취임 이후 조정대상지역 내 다주택자에 대한 세부담을 한시적으로 완화하여 주택매매의 활성화를 유도하고자 양도소득세 중과를 한시적으로 배제하기로 하였다. 이에 따라, 조정대상지역 내 다주택자가 보유기간이 2년 이상인 주택을 2022년 5월 10일부터 2025년 5월 9일까지 양도하는 경우에는 양도소득세 중과 대상에서 제외하여 기본세율이 적용된다.

※ 주택 2년 이상 보유 다주택자는 1년간 양도세 중과 배제

현행	변경
다주택자의 경우 중과세율 적용 -2주택자: 기본세율(6~45%)+ 20% -3주택 이상: 기본세율(6~45%)+ 30%	주택을 2년 이상 보유한 다주택자에 대해서는 중과세율이 아닌 기본세율(6~45%)을 적용

🏠 주택 보유기간 2년 미만인 다주택자의 경우

「소득세법 시행령」을 개정하여 다주택 중과 제외 대상에 '보유기간 2년 이상인 주택 양도'를 추가하게 되면, 다주택자도 한시적으로 양도소득세 중과세를 면할 수 있게 된다. 다만, 법률에서 2년 미만 단기 보유 주택 양도에 대한 세율 중과를 규정하고 있으므로 2년 미만 보유자는 중과 배제 혜택을 받을 수 없는 것이다.

🏠 한시적 중과 배제를 적용받기 위해서는 잔금일이 중요

중과 배제 규정을 적용받기 위해서는 양도일(잔금청산일과 소유권이전등기 접수일 중 빠른날)이 중요하다. 양도계획이 있거나 이미 매도절차를 진행 중인 다주택자의 경우 잔금일 등을 법시행일 이후로 조정하여 혜택을 받는데 지장이 없도록 유의하여야 한다.

소득세법에서는 양도가액이 일정 금액 이상인 경우에는 '고가주택'이라고 하여 1세대 1주택이더라도 그 초과분에 대해서 양도소득세를 과세하고 있다. 이러한 고가주택의 정의는 무엇인지, 양도소득세는 어떻게 계산하는지에 대해서 살펴보도록 한다.

고가주택이란 ?

고가주택은 주택 및 이에 부수되는 토지 전체의 양도 당시에 실지거래가 합계액이 **12억 원을 초과하는 주택**을 말한다. 1세대 1주택으로 비과세대상인 경우에도 양도가액 중 12억 원까지만 비과세된다.

🏠 1주택 일부를 양도하는 경우

1주택의 일부를 양도하는 경우에는 실지거래가액 합계액에 양도하는 부분의 면적이 전체 주택면적에서 차지하는 비율을 나누어 계산한 금액으로 고가주택 여부를 판단한다.

🏠 단독주택으로 보는 다가구 주택

그 전체를 하나의 주택으로 보아 고가주택 규정을 적용한다.

양도차익의 산정

고가주택 양도차익
= 전체 주택의 양도차익 × (양도가액 − 12억 원)/양도가액

장기보유 특별공제 산정

고가주택 장기보유 특별공제
= 전체 장기보유 특별공제액 × (양도가액 − 12억 원)/양도가액

양도소득 기본공제

양도소득 기본공제는 안분계산하지 않고 그룹별로 250만 원을 공제한다.

일반주택과의 차이점

(1) 일반주택과는 달리 고가주택은 1세대 1주택 비과세 요건을 갖추더라도 양도가액의 12억 원 초과비율 만큼은 과세된다.
(2) 일반주택의 장기보유 특별공제율이 최대 30%인 것에 반해 1세대 1주택 비과세 요건을 갖춘 고가주택의 경우 최대 80%까지 공제율을 적용한다.

12 배우자 등으로부터 증여받은 자산에 대한 이월과세

배우자와 직계존·비속의 증여공제액이 10년간 각각 6억 원, 5천만 원이 인정되고 있는 점을 악용하여 먼저 배우자 등에게 증여한 후 단기간 내에 이를 제3자에게 양도하게 되면 양도소득세의 회피를 가져올 수 있다. 따라서 세법은 이를 방지하기 위한 규정을 두고 있다.

배우자 또는 직계존·비속으로부터 증여받은 자산에 대한 이월과세

부동산을 증여로 취득하면 증여 당시 부동산 시가가 취득가액이 된다. 그리고 증여받은 사람이 양도할 때 해당 취득가액과 양도가액의 차이에 대해 양도소득세를 계산한다. 그러나 배우자나 직계존·비속에게 증여받아 10년 이내 양도하면, 양도소득세를 계산할 때 증여한 사람의 당초 취득가액을 적용한다.

가령 1억 원을 주고 취득한 부동산이 2억 원이 되었다고 하자. 이때 배우자 증여공제 6억 원(10년 합산 기준)을 활용하면 증여세 없이 배우자에게 증여할 수 있다. 증여받은 배우자는 증여시점 가격인 2억 원으로 부동산을 취득했으므로 향후 양도할 때 2억 원보다 높은 금액으로 매매할 때만 양도소득세를 납부한다.

그러나 증여받은 후 10년 이내 양도하면, 당초 증여자의 취득가격인 1억 원에 취득한 것으로 본다(이를 '이월과세'라고 한다). 이런 이월과세에도 최근 비교과세 규정이 추가되었다. 이월과세를 적용했을 때와 적용하지 않았을 때(증여당시 가액을 취득가액으로 인정할 때)를 비교해 이월과세로 인해 오히려 세금이 줄어드는 경우는 적용하지 않도록 하고 있다.

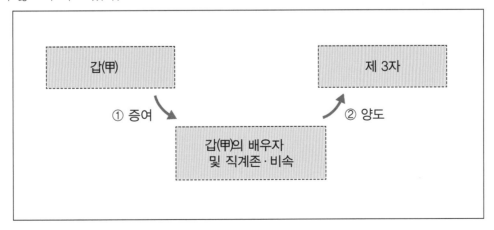

■ 적용 요건

> ㉠ 거주자가 그 배우자, 직계존·비속으로부터 증여받은 경우일 것
> ㉡ 적용대상 자산:
> 증여받은 자산이 토지·건물, 부동산을 취득할 수 있는 권리[36] 또는 특정시설물 이용권일 것
> ㉢ 거주자가 배우자, 직계존·비속으로부터 증여받은 자산을 그 증여일로 부터 10년 이내[37]에 제3자에게 양도한 경우일 것

■ 적용제외 대상

> ㉠ 양도 당시 배우자 사망으로 혼인관계가 소멸된 경우
> ㉡ 사업인정 고시일부터 소급하여 2년 이전에 증여받은 경우로서 관련 법률에 따라 협의매수 또는 수용된 경우
> ㉢ 이월과세를 적용할 경우 1세대 1주택 비과세를 적용받는 경우
> ㉣ 이월과세를 적용하여 계산한 양도소득 결정세액이 이월과세를 적용하지 아니하고 계산한 양도소득 결정세액보다 적은 경우

■ 이월과세 내용

① 거주자가 배우자, 직계존·비속으로부터 토지·건물, 부동산을 취득할 수 있는 권리 및 특정시설물 이용권을 증여받은 후 10년 이내에 양도하는 경우 양도차익을 계산함에 있어 양도가액에서 공제할 취득가액은 **당해 배우자, 직계존·비속의 취득당시 금액**으로 한다.

② 수증자가 납부한 증여세 상당액은 필요경비에 산입한다.

③ 장기보유 특별공제 및 세율의 적용에 있어 보유기간은 증여한 배우자, 직계존·비속이 당해 자산을 취득한 날부터 기산한다.

---

36) 이월과세에 부동산을 취득할 수 있는 권리(분양권, 조합원입주권)가 추가되었다.
37) 배우자 등 증여를 통한 양도세 회피 방지를 강화하기 위해 5년에서 10년으로 확대하였다.

🏠 배우자관계 소멸

양도 당시 배우자관계가 소멸된 경우라도 당초 증여일 현재 증여자의 배우자인 경우 배우자 이월과세가 적용된다(단, 사망으로 인하여 배우자관계가 소멸된 경우는 제외한다).

🏠 제도의 문제점 및 보완

배우자 등 이월과세제도는 단순히 조세의 부당한 감소가 이루어질 수 있다는 개연성에 비추어 실제로 조세의 부당한 감소를 기도한 것이 아닌 경우에도 획일적으로 적용되므로 헌법상 재산권 보장과 평등의 원칙에 위배될 소지가 있는 문제점을 지니고 있었으나, 2017.7.1. 이후 양도분부터는 비교과세를 도입하여 문제점을 보완하였다.

양도소득의 부당행위계산 부인이란,

「납세자가 특수관계인과 양도소득 과세대상자산의 거래에 있어 양도소득에 대한 소득세를 부당하게 감소시키는 결과를 가져오는 일정한 행위·계산을 한 경우에 이를 부인하고 소득세법이 정하는 방법에 의하여 양도소득세를 과세하는 것을 말한다.」

특수관계 있는 자로부터 시가보다 높은 가격으로 자산을 매입하거나 시가보다 낮은 가격으로 자산을 양도하는 경우 등이 부당행위계산 부인의 유형이다.

→ 다만, 중요성 기준38)을 충족한 경우에 부당행위계산 부인 규정을 적용한다.

부당행위계산 규정에 해당하면 추가적인 양도소득세가 부과되며, 신고불성실·납부지연 가산세가 적용되어 세 부담이 커질 수 있으므로 친족 간 부동산 증여·양도 시 추후 세금부담을 고려하여야 한다.

증여 후 우회양도에 대한 양도행위 부인

앞서 이월과세와 마찬가지로, 가까운 친척 등에게 증여 후 10년 이내 양도할 때 '부당행위 부인' 규정을 주의해야 한다. 증여와 단시일 내 양도를 통해 부당하게 세금을 줄인 것으로 보기 때문이다.

이때 증여받은 사람이 내는 세금(증여세와 양도소득세의 합계금액)과 증여한 사람이 직접 양도하는 것으로 계산한 세금(양도소득세)을 비교한다. 그 결과 증여받은 사람이 내는 세금이 증여자가 낼 세금보다 적다면 증여가 없던 것으로 보고 증여한 사람이 직접 양도한 것으로 세금을 내야 한다.

다만, 이 경우는 예외가 있다.

실질적으로 해당 자산의 양도소득이 증여받은 사람에게 귀속된 경우에는 인정받을 수 있다. 즉, 세금이 비록 적게 계산되더라도 부당하게 세금을 회피한 것이 아닌 정상 거래라면 비교과세로 인한 추가 세금 부담은 피할 수 있다.

---

38) 시가와 거래가액의 차액이 3억 원 이상이거나 시가의 5% 이상인 경우

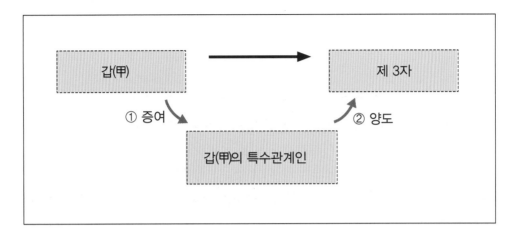

■ 적용 요건

> ㉠ 양도소득세를 부당하게 감소시킬 목적일 것:
>   수증자의 증여세 + 양도소득세 < 증여자의 양도소득세인 경우
> ㉡ 특수관계자에게 자산을 증여하고, 수증자가 10년 이내[39]에 제 3자에게 양도할 것
> ㉢ 배우자 등에 대한 이월과세가 적용되는 경우가 아닐 것(즉, 중복 적용 시 배우자 등에 대한 이월과세만 적용)

■ 증여 후 양도행위 부인 내용

　증여 후 양도행위 부인 적용요건을 모두 충족하는 경우 **증여자(甲)가 직접 양도한 것으로 간주한다.**

　① 증여자(甲)가 양도소득세 납세의무자[40]가 되며 당초 증여세는 환급함.

　　단, 증여자는 양도소득세를 무신고한 것으로 보아 신고불성실 가산세 및 납부지연 가산세가 부과된다.

　② 증여자의 취득시기를 기준으로 취득가액, 장기보유 특별공제, 세율을 판단한다.

---

39) 특수관계자간 증여를 통한 양도세 회피 방지를 강화하기 위해 5년에서 10년으로 확대하였다.
40) 수증자와 연대하여 납세의무를 진다.

14 양도소득세 계산특례

양도 시 취득가액은 당해 양도자산의 양도가액에 직접 대응되는 비용으로서 당해자산의 취득에 소요된 실지거래 가액을 말한다.

그러나 다음의 경우는 현소유자의 취득가액을 경비로 하지 않고 전소유자의 취득가액을 경비로 산입하여야 한다는 규정을 두고 있는데 이에 대해서 살펴보기로 하겠다.

이혼 시 재산분할로 취득한 자산

이혼 시 재산분할로 소유권 이전되는 경우는 양도로 보지 않으므로 양도 시 취득가액은 재산분할 당시에 평가한 취득가액이 아니라 전 소유자가 취득한 취득가액을 적용한다.

배우자 이월과세대상 자산의 취득가액

양도차익을 계산함에 있어 양도가액에서 공제할 취득가액은 **당해 배우자, 직계존·비속의 취득당시 금액**으로 한다.

수증자가 납부한 증여세 상당액은 필요경비에 산입하며, 장기보유 특별공제 및 세율의 적용에 있어 보유기간은 증여한 배우자, 직계존·비속이 당해 자산을 취득한 날부터 기산한다.

부당행위계산 부인대상 증여자산

증여자의 취득시기를 기준으로 취득가액, 장기보유 특별공제, 세율을 판단하며 증여자가 양도소득세 납세의무자가 된다. 당초 증여세는 환급하며 증여자와 수증자가 연대납세 의무를 진다.

구분	이월과세	증여 후 양도행위의 부인
양도소득세 납세의무자	증여받은 배우자 등	당초 증여자
증여세 납부액	필요경비 산입	부과 취소 및 환급
취득가액 및 필요경비 적용	취득가액은 증여자의 취득 당시 금액	취득가액 및 필요경비는 증여자가 취득하는 때의 금액
적용대상 자산	토지, 건물, 부동산을 취득할 수 있는 권리, 특정시설물 이용권	과세대상 자산 전체
적용기간	증여 후 10년 이내에 양도	증여 후 10년 이내에 양도
조세회피 목적	규정을 적용한 결정세액이 적용하지 않은 경우의 결정세액보다 적은 경우	증여자 기준으로 계산한 양도세가 수증자 부담 시보다 큰 경우
세율 적용 및 보유기간 등	당초 증여자 취득일 기준	당초 증여자 취득일 기준
연대납세 의무	없음	있음

🏠 절세 TIP

 이 규정들은 모두 양도소득세를 부당하게 회피하기 위한 거래를 방지하고자 하는 것으로, 당초 취득가액은 현소유자의 취득가액보다 보통 낮은 것이 일반적이다. 따라서 양도소득세의 부담이 커질 수 있으므로 가족 혹은 특수관계자 간 자산 증여·양도 시 위 사항을 바탕으로 추후 세 부담 문제까지 고려하여 거래해야 한다.

미등기 부동산 양도 시 어떤 불이익이 있는가?

> 부동산 취득 시 등기하지 아니하고 양도하는 경우에는 다음과 같은 불이익이 있다.

양도소득세의 최고세율

양도소득세의 최고 중과세율인 70%를 적용받게 되므로, 지방소득세(7%)까지 합하면 약 77%를 세금으로 납부해야 한다.

장기보유 특별공제 적용의 배제

일반적으로 3년 이상 보유하면 양도차익의 6%(최소)~80%(최대)까지의 장기보유 특별공제를 적용받을 수 있지만, 미등기자산의 경우에는 보유기간에 관계없이 장기보유 특별공제를 적용받을 수 없다.

양도소득 기본공제 적용의 배제

양도소득 기본공제 금액은 다음의 그룹별로 해당연도의 양도소득금액에서 각각 연 250만 원을 공제하도록 하고 있으나 미등기 양도자산에 대해서는 양도소득 기본공제를 적용받을 수 없다.

> [1그룹] 토지·건물·부동산에 관한 권리·기타 자산의 양도소득
> [2그룹] 주식·출자지분의 양도소득
> [3그룹] 파생상품

비과세·감면 적용 배제

미등기 부동산의 경우 해당자산이 1세대 1주택에 해당한다 하더라도 비과세를 적용받지 못하며 기타 조세 감면혜택도 적용받을 수 없다. 또한, 필요경비 개산공제는 등기된 자산의 1/10 수준인 0.3%를 적용한다.

16 비사업용 토지

> 비사업용 토지에 대해 중과세하는 취지는 토지의 투기수요를 억제하고 비효율적으로 이용되고 있는 토지에 대해서는 중과세함으로써 과세의 형평성을 제고하기 위함이다. 이러한 입법취지에서 비사업용 토지는 생산 활동이나 생활에 직접 사용되지 아니하는 토지로 한정하고 있다.
>
> 비사업용 토지인지의 여부는 토지의 이용 현황에 따라 6종류의 지목으로 구분하고 각 지목별로 사용기준과 지역기준, 면적기준과 기간기준을 충족하는지 여부를 기준으로 판단하고 있다.

비사업용 토지 판단의 '기간기준'

비사업용으로 사용한 기간이 보유기간별 구분의 기간에 모두 해당하는 경우 비사업용 토지로 본다. 5년 이상 보유한 경우 비사업용으로 사용한 기간이 아래 5년 이상 보유 구분의 ①, ②, ③을 모두 만족하는 경우 비사업용으로 판단하는 것이다.

보유기간별	비사업용으로 사용한 기간
5년 이상 보유	① 양도일 직전 5년 중 2년을 초과하는 기간
	② 양도일 직전 3년 중 1년을 초과하는 기간
	③ 토지 소유기간의 2/5 이상의 기간을 초과하는 기간
3년 이상 5년 미만 보유	① (토지 소유기간 − 3년) 기간을 초과하는 기간
	② 양도일 직전 3년 중 1년을 초과하는 기간
	③ 토지 소유기간의 2/5 이상의 기간을 초과하는 기간
3년 미만 보유	① (토지 소유기간 − 2년) 기간을 초과하는 기간[41]
	② 토지 소유기간의 2/5 이상의 기간을 초과하는 기간

---

41) 소유기간이 2년 미만인 경우에는 ①을 적용하지 않음.

비사업용 토지의 용도기준

아래의 비사업용으로 보는 토지를 규정된 기간 동안 소유한 경우로서 당해 토지를 양도하는 경우에는 비사업용으로 보아 양도소득세가 중과된다.

(1) 전·답·과수원(농지라 함.)

① 소유자가 농지소재지에 거주하지 않거나 경작[42]하지 않는 농지

② 특별시·광역시·특별자치시·도 및 시 지역 중 도시지역 안의 농지.

다만, 소유자가 농지소재지에 거주하며 경작하던 농지로서 특별시·광역시·특별자치시·특별자치도 및 시 지역 중 도시지역에 편입된 날부터 3년이 지나지 아니한 농지는 제외한다.

(2) 임야

다음의 어느 하나에 해당하는 것은 제외

① 관련 법령에 따른 산림유전자원 보호림·보안림·채종림 등의 임야

② 임야소재지에 거주자가 소유하는 임야

③ 사업과 직접 관련이 있다고 인정할만한 상당한 이유가 있는 임야

(3) 목장용지

다음의 어느 하나에 해당하는 것. 다만, 거주 또는 사업과 직접 관련이 있다고 인정할 만한 상당한 이유가 있는 것은 제외

① 축산업을 영위하는 자가 소유하는 목장용지 중 기준 면적을 초과하거나 특별시·광역시·특별자치시·특별자치도 및 시 지역 중 도시지역에 있는 것(도시지역에 편입된 날부터 3년이 지나지 아니한 경우는 제외)

② 축산업을 영위하지 않는 자가 소유하는 목장용지

(4) 농지, 임야, 목장용지 외의 토지

다음의 어느 하나에 해당하는 것은 제외

① 재산세가 비과세되거나 면세되는 토지

② 재산세 별도합산대상 또는 분리과세대상이 되는 토지

③ 사업과 직접 관련이 있다고 인정할 만한 이유가 있는 토지

---

42) 경작이란 다음의 요건을 모두 충족한 경우를 의미한다.

① 재촌요건: 농지의 소재지와 동일한 시·군·구, 연접한 시·군·구 또는 농지로부터 직선거리 30km 이내에 있는 지역에 사실상 거주

② 자경요건: 상시 농작업에 종사하거나 농작업의 1/2 이상을 자기의 노동력에 의하여 경작
(단, 총급여 및 사업소득〈농업,임업,축산업 및 부동산임대소득 제외〉의 합계액이 연간 3,700만 원 이상인 경우 해당 연도는 자경기간에서 제외 −2016.2.17. 이후 양도분부터 적용)

(5) 주택 부수토지 중 일정 면적을 초과하는 토지

  ① 수도권 내의 토지 중 주거·상업·공업지역 내의 토지: 3배

  ② 수도권 내의 토지 중 녹지지역, 수도권 밖의 토지: 5배

  ③ 그 밖의 토지: 10배

(6) 별장43)과 그 부속 토지

  별장에 부속된 토지의 경계가 명확하지 아니한 경우에는 그 건축물 바닥면적의 10배에 해당하는 토지를 부속토지로 본다. 다만, 읍 또는 면에 소재하는 일정한 농어촌주택의 부속토지는 제외

(7) 위와 유사한 토지로서 거주 또는 사업과 직접 관련이 없다고 인정할 만한 상당한 이유가 있는 토지

사업용 토지로 보는 경우

  위에서 말한 요건에 해당되는 경우 비사업용 토지로 보게 되나, 다음의 토지는 사업용 토지로 본다(사업용 토지 의제).

(1) 상속·증여받은 토지

  직계존속 또는 배우자가 8년 이상 토지 소재지에 거주하면서 직접 경작한 농지, 임야 및 목장용지로서 이를 해당 직계존속 또는 해당 배우자로부터 상속·증여받은 토지. 다만, 양도 당시 도시지역 안의 토지는 제외

(2) 공익사업 목적 수용토지

  관련법률에 따라 협의매수 또는 수용되는 토지로 다음 중 어느 하나에 해당하는 토지

  ① 사업인정 고시일이 2006년 12월 31일 이전인 토지

  ② 취득일이 사업인정 고시일부터 5년 이전인 토지

(3) 그 밖의 부득이한 사유에 해당되는 토지

  공장의 가동에 따른 소음·분진·악취 등으로 인하여 생활환경의 오염피해가 발생되는 지역 안의 토지로서 그 토지소유자의 요구에 따라 취득한 공장용 부속토지의 인접 토지 등

(4) 2009년 3월 16일부터 2013년 12월 31일까지 취득한 토지

  기간기준 또는 용도기준에 충족하지 못하여 비사업용토지에 해당하는 것이지만 2009년 3월 16일부터 2013년 12월 31일까지 취득한 토지의 경우 관련 부칙에 따라 중과세율을 적용하지 아니하고 일부 누진세율을 적용

---

43) 주거용 건축물로서 상시주거용으로 사용하지 아니하고 휴양, 피서, 위락 등의 용도로 사용하는 건축물

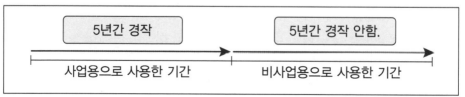

사례 1

Q. 10년 간 소유한 농지를 양도하는 경우로 5년 간 경작을 하였으나, 양도일로부터 소급하여 5년 간 경작을 하지 않은 경우 비사업용토지 여부에 대해 알아본다(도시지역 밖 소재).
- 사업용으로 사용한 기간: 5년
- 비사업용으로 사용한 기간: 5년

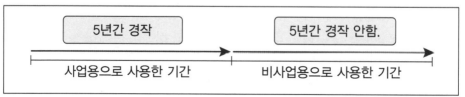

A. ① 양도일 직전 5년 중 2년을 <u>초과하여</u> 비사업용으로 사용 → **비사업용**
　② 양도일 직전 3년 중 1년을 <u>초과하여</u> 비사업용으로 사용 → **비사업용**
　③ 전체 소유기간의 2/5(4년)를 <u>초과하여</u> 비사업용으로 사용 → **비사업용**
　5년 이상 보유한 토지로서 ① ② ③항에서 모두 비사업용 토지에 해당되어 위 토지는 비사업용토지로 보아 과세한다.

사례 2

Q. 기타의 토지(농지·임야·목장용지 외 토지)를 10년간 보유함.
① 이 보유기간 동안 처음 [3년간은 재산세 종합합산]
② 다음 [6년간은 재산세 별도합산]
③ 마지막 [1년간 재산세 종합합산]된 경우 비사업용토지인지 판단해 보자.

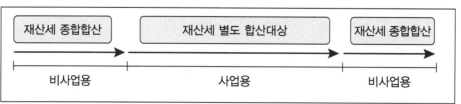

A. ① 양도일 직전 5년 중 2년 <u>이하</u> 비사업용으로 사용 → **사업용**
　② 양도일 직전 3년 중 1년 <u>이하</u> 비사업용으로 사용 → **사업용**
　③ 전체 소유기간의 2/5(4년)를 <u>초과</u>(총 5년)하여 비사업용으로 사용
　　→ **비사업용**
　5년 이상 보유한 토지로서 ①, ② 항은 비사업용 토지에 해당되지 않으므로, 위 토지는 사업용 토지로 보아 과세한다.

17 법인의 특정부동산 양도 시 과세특례

종전에는 법인이 부동산 양도 시 법인세와 특별부가세를 부과하였지만, 2002.1.1.부터 특별부가세가 폐지됨에 따라 법인의 부동산 투기수요를 억제하고자 '토지 등 양도소득의 과세특례'를 신설하였다. 이는 법인의 부동산 투기를 방지하기 위하여 각 사업연도 소득에 대한 법인세에 추가하여 과세하는 소득이다.

과세대상 부동산

① 국내에 소재하는 주택(부수되는 토지를 포함) 및 별장(주거용 건축물로서 상시 주거용으로 사용하지 아니하고 휴양·피서·위락 등의 용도로 사용하는 건축물)
② 비사업용 토지
③ 조합원입주권 및 분양권

주　택

주택이란 국내에 소재하는 주택(부수토지 포함)으로, 실질용도가 상시 주거용인 경우에 한하며, 실제 용도가 불분명한 경우는 공부상 용도에 따라 판단한다.

단, 다음의 주택은 과세대상에서 제외된다.
① 장기임대주택(국민주택 5호 이상 10년 이상 임대, 건설임대주택 2호 이상 5년 이상 임대44), 매입임대주택 5호 이상 5년 이상 임대45))
② 장기사택(무상제공하는 것으로서 제공기간이 10년 이상인 주택)
③ 채권변제를 대신하여 취득한 주택으로서 취득일부터 3년이 경과하지 아니한 주택

> 🏠 관련 예규
> 기숙사로 공부상 등기되어 실제 종업원의 기숙사 용도로 쓰이는 건물은 과세대상에 해당하지 아니한다(서면2팀-666, 2007.4.13.).

---

44), 45) 사업자등록 등을 한 주택으로 한정함.

비사업용 토지

(1) 기간기준
소득세법상 비사업용 토지의 기간기준과 동일

(2) 용도기준
다음의 용도에 사용되는 경우는 비사업용에 해당한다.

① **농지** - 전·답·과수원으로서 다음의 어느 하나에 해당하는 경우

ⓐ 농업을 주업으로 하지 않는 법인이 소유하는 토지

ⓑ 특별시·광역시 및 시 지역 중 「국토의 계획 및 이용에 관한 법률」 제6조 1호의 규정에 의한 도시지역 안의 농지

② **임야** - 임야 중 다음 어느 하나에 해당하지 않는 경우

ⓐ 산림유전자원 보호림·보안림·시험림 및 공익상 필요한 임야 등

ⓑ 임업을 주업으로 하는 법인 또는 독림가인 법인 소유임야

ⓒ 토지소유 정황 등으로 법인의 업무에 직접 관련이 있는 경우

③ **목장용지** - 다음 어느 하나에 해당하는 목장용지

ⓐ 축산업을 주업으로 하는 법인이 소유하는 목장용지로서 「법인세법 시행령」 별표1 에 규정된 가축별 기준면적과 가축 두수를 적용 계산한 축산용 토지의 기준 면적을 초과하거나 특별시·광역시 및 시 지역의 도시지역 안에 있는 목장용지

ⓑ 축산업을 주업으로 하지 않는 법인이 소유하는 목장용지

④ **농지, 임야 및 목장용지 외의 토지 중 다음을 제외한 토지**

ⓐ 재산세가 비과세 또는 면제되거나 재산세 별도합산 또는 분리과세 대상이 되는 토지

ⓑ 각종 법률(「국민체육진흥법」, 「관광진흥법」 등)에 따라 규정한 용도에 사용하는 토지

⑤ **지역별 배율초과 주택 부수토지**

주택 부수토지 중 주택이 정착된 면적에 지역별로 다음의 배율을 곱하여 산정한 면적을 초과하는 토지는 비사업용 토지로 본다.

ⓐ 수도권 내의 토지 중 주거·상업·공업지역 내의 토지: 3배

ⓑ 수도권 내의 토지 중 녹지지역, 수도권 밖의 토지: 5배

ⓒ 그 밖의 토지: 10배

⑥ **별장**

주거용 건축물로서 상시주거용으로 사용하지 아니하고 휴양, 피서, 위락 등의 용도로 사용하는 건축물과 그 부속토지와 별장에 부속된 토지의 경계가 명확하지 않은 경우 바닥면적의 10배에 해당하는 토지를 비사업용 토지로 본다.

조합원입주권

주택을 취득하기 위한 권리로서 관리처분계획인가 및 사업시행계획인가로 인하여 취득한 입주자로 선정된 지위

분양권

주택에 대한 공급계약을 통하여 주택을 공급받는자로 선정된 지위

양도계산의 구조

양도소득은 양도금액에서 양도 당시의 장부가액을 뺀 금액으로 한다. 양도가액의 경우 실제 양도로 인해 발생한 가액을 익금으로 하되, 명목가치인도기준으로 회계처리 한 경우에는 명목가치를, 현재가치인도기준으로 회계처리 한 경우에는 현재가치로 한다.

양도소득에 대한 세율은 주택, 별장, 조합원입주권, 분양권의 경우 20%, 비사업용토지의 경우 10%, 미등기자산의 경우 40%로 법인세액에 추가납부하여야 한다.

18 채무가 담보된 자산을 증여하는 경우

> 부담부 증여란 부동산을 증여할 때 부동산과 관련된 채무도 같이 증여하는 것을 말한다. 예를 들어 증여하는 부동산에 저당권을 설정한 채무 또는 부동산을 임대보증금(전세금 등)을 포함하여 증여하는 것을 부담부 증여라고 한다.

부담부 증여의 과세 흐름

부담부 증여는 증여와 양도가 혼합된 거래이다. 따라서 증여한 부동산 가액 중 채무액은 유상으로 양도한 것으로 본다.

예를 들어, 10억 원의 부동산을 증여하면서 부동산을 담보로 대출받은 5억 원의 채무를 같이 이전하는 경우 양도가액 및 증여가액은 다음과 같다.

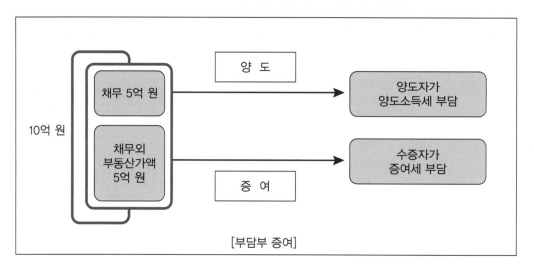

[부담부 증여]

① 채무액 5억 원에 해당되는 부분은 유상양도로 보아 양도자가 양도소득세를 부담하며
② 채무액 외 5억 원에 해당되는 부분은 무상양도로, 증여로 보아 수증자가 증여세를 부담하게 된다.
③ 이 경우 신고기한은 양도소득세의 신고기한을 적용하였으나 2017.1.1. 이후 부담부 증여하는 분부터는 증여세의 신고기한을 적용하게 되어 납세의 편의를 제고하였다.

일반적으로 양도차익에 대해 과세하는 양도소득세보다 부동산 가액에 과세되는 증여세가 세 부담이 상대적으로 많다. 따라서 부담부 증여를 하게 되면, 일반 증여보다 세 부담이 감소하게 되기 때문에 크게 보면 절세의 한 전략일 수 있다.

다만, 배우자 간 또는 직계존·비속 간의 부담부 증여에 대하여는 다음과 같은 규정이 있음을 유의해야 한다.

구 분	내 용
원칙	수증자가 증여자의 채무를 인수한 경우에도 당해 채무액은 수증자에게 인수되지 아니한 것으로 추정한다. 따라서 증여재산 총액에 대하여 수증자에게 증여세를 과세한다.
예외	증빙에 의하여 수증자가 실제로 증여자의 채무를 부담한 사실이 객관적으로 인정되는 경우에는 수증자에게 채무액이 인수된 것으로 본다.

그런데 이런 부담부 증여는 일반적으로 경제적 능력이 크지 않은 자녀(직계비속)에게 하게 되므로, 자녀가 실제 이전받은 채무를 변제할 능력이 있다는 것을 입증해야 한다.

그러나 부담부 증여하는 부동산이 주택인 경우 그 주택이 1세대 2주택 또는 1세대 3주택인 경우에는 양도소득세가 증여세보다 더 많이 나올 수 있기 때문에 사전에 ① 양도하는 경우, ② 부담부 증여하는 경우, ③ 증여하는 경우, ④ 상속하는 경우 각각의 세 부담을 비교해 보아야 할 것이다.

19 양도소득세가 감면되는 주택

> 양도하고자 하는 주택이 다음에 해당하는 경우 양도소득세를 감면해 주고 있으므로 감면 신청을 하여 감면을 받을 수 있다. 단, 고가주택이나 미등기주택의 경우는 감면이 배제된다.

장기임대주택

■ 적용 요건

> ㉠ 국민주택을 2000년 12월 31일 이전에 임대를 개시하여 5년 이상 임대 후 양도
> ㉡ 적용대상자 : 임대주택을 5호 이상 임대하는 거주자
> ㉢ 임대 신고 및 감면 신청

■ 세제지원 내용
① 당해 임대주택을 양도함으로써 발생하는 소득에 대한 양도소득세의 50%에 상당하는 세액을 감면
② 양도소득세 등 100% 감면
  ㉮ 「민간임대주택에 관한 특별법」 등 관련법률에 따른 건설임대주택으로 5년 이상 임대한 임대주택
  ㉯ 「민간임대주택에 관한 특별법」 등 관련법률에 따른 매입임대주택 중 1995년 1월 1일 이후 취득 및 임대를 개시하여 5년 이상 임대한 임대주택46)
  ㉰ 10년 이상 임대한 임대주택의 경우
③ 1세대 1주택 비과세 규정을 적용함에 있어서 임대주택은 당해 거주자의 소유주택으로 보지 아니한다.

---

46) 취득 당시 입주된 사실이 없는 주택에 한함.

신축 임대주택 [47)]

■ 적용 요건

> ㉠ 국민주택의 5년 이상 임대 후 양도
> ㉡ 적용대상자: 1호 이상의 신축 임대주택을 포함하여 2호 이상의 임대주택을 5년 이상 임대한 자
> ㉢ 임대 신고 및 감면 신청

■ 세제지원 내용

① 해당 신축 임대주택을 양도함으로써 발생하는 소득에 대한 양도소득세의 면제
② 1세대 1주택 비과세 규정을 적용함에 있어서 임대주택은 당해 거주자의 소유 주택으로 보지 아니함.

장기일반 민간임대주택

■ 적용 요건

> ㉠ 2020년 12월 31일까지 「민간임대주택에 관한 특별법」에 따른 민간매입 임대주택 및 「공공주택 특별법」에 따른 공공매입 임대주택을 취득하고, 취득일로부터 3개월 이내에 「민간임대주택에 관한 특별법」에 따라 장기일반 민간임대주택 등으로 등록할 것
> ㉡ 적용대상자: 장기일반 민간임대주택 등으로 등록 후 10년 또는 8년 이상 계속하여 장기일반 민간임대주택 등으로 임대한 후 양도한 자
> ㉢ 임대 신고 및 감면 신청

■ 세제지원 내용

① 임대기간 중 발생한 양도소득에 대한 양도소득세 100% 감면
② 상기 양도소득세 100% 감면을 적용받는 경우 장기일반 민간임대주택 등을 8년 이상 계속하여 임대하는 경우의 장기보유 특별공제(50%)와 10년 이상 계속하여 임대한 후 양도하는 경우의 장기보유 특별공제(70%)는 중복하여 적용하지 않는다.

---

47) 1999년 8월 20일부터 2001년 12월 31일까지의 기간 중에 신축 또는 취득하여 임대를 개시하거나 1999년 8월 19일 이전에 신축 또는 취득한 공동주택으로서 1999년 8월 20일 현재 입주된 사실이 없는 주택

■ 적용 요건

> ㉠ 2008. 11. 3.~2010. 12. 31. 기간 중 취득한 주택
> ㉡ 대통령령으로 정하는 지방 미분양주택을 양도함으로써 발생하는 소득

■ 세제지원 내용
① 거주자는 양도소득세 계산 시
위 양도차익에 대해 주택 수 및 보유기간에 불구하고 1세대 1주택 장기보유 특별공제 및 기본세율을 적용함. 또한 1세대 1주택 비과세 규정을 적용함에 있어서 해당주택은 당해 거주자의 소유 주택으로 보지 아니함.
② 부동산매매업을 영위하는 거주자는 종합소득 산출세액 계산 시
종합소득세와 양도소득세를 비교하여 더 큰 금액을 과세하는 특례규정을 적용하지 아니한 종합소득 산출세액으로 한다.
③ 법인의 경우
부동산 투기방지를 위하여 주택 및 일정 토지 등에 대하여 추가적인 법인세를 과세하는 규정이 있는데, 위 요건을 충족한 경우(미등기 주택을 양도한 경우 제외) 추가적인 법인세를 과세하지 아니함.

■ 적용 요건

> ㉠ 대상주택: 실가 6억 원 이하 또는 전용면적 85㎡ 이하의 신축·미분양 주택 및 1세대 1주택자
>   가 보유한 주택을 취득하는 경우
> ㉡ 취득기간: 2013. 4. 1. ~ 2013. 12. 31.의 기간에 매매계약을 하여 계약금을 지급한 경우
> ㉢ 적용시기: 2013. 5. 10. 이후 양도하는 분부터 적용

■ 세제지원 내용
① 취득일부터 5년 이내에 양도함으로써 발생하는 소득에 대하여는 양도소득세의 100%에 상당하는 세액을 감면
② 취득일로부터 5년 이후에 양도하는 경우에도 5년까지 발생한 양도소득금액을 과세대상 소득금액에서 공제
③ 1세대 1주택 비과세규정을 적용함에 있어서 해당주택은 당해 거주자의 소유주택으로 보지 아니함.

농어촌주택 등 취득자

■ 적용 요건

> ㉠ 1세대가 2003년 8월 1일(고향주택은 2009년 1월 1일)부터 2025년 12월 31일까지[48]의 기간 중에 농어촌주택 등[49]을 취득하여 3년 이상 보유하고 해당 농어촌주택 등 취득 전 보유하던 일반주택을 양도하는 경우
> ㉡ 지역기준 및 가액기준 등 법령에 따른 요건을 충족하는 농어촌주택 등에 해당할 것
> ㉢ 특례 신청

■ 세제지원 내용

해당 농어촌주택 등을 해당 1세대의 소유주택이 아닌 것으로 보아 양도세 과세하지 아니한다(고가주택은 제외).

■ 예외 적용

농어촌주택 등의 보유기간이 3년 이상이 되기 이전에 일반주택을 양도하는 경우에도 특례를 적용한다. 다만, 예외를 적용받은 1세대가 농어촌주택 등을 3년 이상 보유하지 아니한 경우에는 과세특례를 적용받아 과소하게 납부한 세액을 보유하지 아니하게 된 날이 속하는 달의 말일부터 2개월 이내에 양도소득세로 납부하여야 한다.

아래의 부득이한 사유로 3년 이상 보유하지 못하게 된 경우에는 양도소득세를 추징하지 아니한다.
1. 법률에 의한 수용(협의매수 포함)
2. 사망으로 인한 상속
3. 멸실의 사유로 인하여 보유하지 못하게 되는 경우

---

48) 지역균형발전을 지원하기 위해 적용기한을 확대하였다.
49) 법에 따른 요건을 갖춘 농어촌주택 또는 고향주택을 말한다.

🏠 농어촌주택 지역기준

1. 다음 중 한 곳에 위치하여야 한다.
   ① 읍·면
   ② 인구 20만 명 이하의 시지역
   ③ 기획발전특구

2. 단, 다음의 지역은 제외한다.
   1) 수도권지역. 다만, 「접경지역 지원 특별법」 제2조에 따른 접경지역 중 부동산가격 동향 등을 고려하여 대통령령으로 정하는 지역은 제외
   2) 「국토의 계획 및 이용에 관한 법률」 제6조에 따른 도시지역
   3) 「주택법」 제63조의2에 따른 조정대상지역 (2021.1.1.이후 취득분부터 적용됨.)
   4) 「부동산 거래신고 등에 관한 법률」 제10조에 따른 허가구역
   5) 그 밖에 관광단지 등 부동산가격안정이 필요하다고 인정되어 대통령령으로 정하는 지역

🏠 농어촌주택 가액기준

주택 및 이에 딸린 토지의 가액(「소득세법」 제99조에 따른 기준시가를 말한다)의 합계액이 해당 주택의 취득 당시 3억 원50)(대통령령으로 정하는 한옥은 4억 원)을 초과하지 아니하여야 한다.

🏠 농어촌주택 타지역기준

농어촌주택과 보유하고 있던 일반주택이 행정구역상 같은 읍·면 또는 연접한 읍·면에 있는 경우에는 적용 제외한다.

---

50) 지역균형발전을 지원하기 위해 기존 2억 원에서 3억 원으로 확대함.

🏠 **고향주택 지역기준**

1. 다음 중 한 곳에 해당하는 인구 20만 명 이하의 시지역
   ① 가족관계등록부 등에 10년 이상 등재된 등록기준지
   ② 10년 이상 거주한 사실이 있는 지역
2. 단, 다음의 지역은 제외한다.
   1) 수도권지역.
   2) 「주택법」 제63조의2에 따른 조정대상지역 (2021.1.1.이후 취득분부터 적용됨.)
   3) 그 밖에 관광단지 등 부동산가격 안정이 필요하다고 인정되어 대통령령으로 정하는 지역

🏠 **고향주택 가액기준**

주택 및 이에 딸린 토지의 가액(「소득세법」 제99조에 따른 기준시가를 말한다)의 합계액이 해당 주택의 취득 당시 3억 원(대통령령으로 정하는 한옥은 4억 원)을 초과하지 아니하여야 한다.

🏠 **고향주택 타지역기준**

농어촌주택과 보유하고 있던 일반주택이 행정구역상 같은 읍·면 또는 연접한 읍·면에 있는 경우에는 적용 제외한다.

준공후 미분양주택의 취득자

■ 적용 요건

> ㉠ 거주자가 취득 당시 취득가액이 6억 원 이하이고 주택의 연면적이 135㎡ 이하인 준공 후 미분양주택을 취득
> ㉡ 2015.1.1.~2015.12.31.까지 최초로 매매계약을 체결하고 5년 이상 임대한 주택을 양도하는 경우

■ 세제지원 내용

해당 주택의 취득일부터 5년간 발생하는 양도소득 금액의 50%를 공제하며, 1세대 1주택 비과세 판단시 소유주택으로 보지 아니한다.

20 자경농지·농지대토에 대한 양도소득세 감면

농업에 종사하는 자가 농업소득 증대 및 장기간 농업에 종사할 수 있도록 하여 농촌인구의 감소를 방지하고 농업을 육성하기 위해 「조세특례제한법」(이하 '조특법')에서는 양도세를 감면해 주는 규정을 두고 있다.

이러한 조특법의 요건충족 시 감면 등을 적용하나, 이후 요건이 미충족된 경우 사후관리를 통하여 감면된 세액 및 가산세 등을 추징하고 있다. 따라서 조특법에 의해 감면 등을 받은 자는 법에서 정하는 일정기간 동안 요건을 계속해서 충족해야 함에 유의하여야 한다.

자경농지

■ 적용 요건

ⓐ 농지소재지 시·군·구 안의 지역(연접한 시·군·구 안의 지역 또는 농지로부터 직선거리 30킬로미터 이내의 지역 포함)에 거주하며 직접 경작하는 자
ⓑ 거주자가 취득한 때부터 양도한 때까지 8년(농업법인 등에 2026년 12월 31일까지 양도하는 경우 3년) 이상 계속하여 직접 경작[51]한 사실이 있는 농지
ⓒ 감면 신청

■ 세제지원 내용
① 자경농지 양도로 발생한 양도소득세를 100% 감면한다.
② 해당 토지가 다음에 해당하는 경우에는 편입 또는 지정을 받은 날까지 발생한 소득에 대해서만 양도소득세를 100% 감면한다.
　　ⓐ 양도일 현재 주거지역, 상업지역 및 공업지역 안에 있는 농지로서 편입된 날부터 3년이 지난 농지
　　ⓑ 환지예정지 지정일부터 3년이 지난 농지
③ 감면 한도는 연간 1억 원으로 농지대토 등의 감면액과 합하여 5년간 2억 원 한도가 적용된다. 2019.12.31.까지 양도하는 경우 종전 감면한도인 5년간 3억 원을 적용한다. 지방세 감면 한도는 연 1천만 원 등이다.[52]

---

51) 소유농지에서 농작물의 경작 또는 다년생식물의 재배에 상시 종사하거나 소유농지에서 농작업의 2분의 1이상을 자기의 노동력에 의하여 경작 또는 재배하는 것을 말한다.
52) 「지방세특례제한법」 제173조 제1항에서 확인할 수 있다.

■ 사후관리

농업법인에게 다음 사유가 발생한 경우 감면상당액을 법인세로 납부하여야 한다.
 ① 토지를 취득한 날부터 3년 이내에 토지를 양도한 경우
 ② 토지를 취득한 날부터 3년 이내에 휴업·폐업하거나 해산한 경우
 ③ 토지를 3년 이상 경작하지 않고 다른 용도로 사용하는 경우

🏠 8년 자경농지 양도세 감면 시 자경기간 계산 방법

　근로소득(총급여)·사업소득(농업·축산업·임업 및 비과세 농가부업소득, 부동산임대소득 제외)이 3,700만 원 이상인 경우, 해당 연도는 자경하지 않은 것으로 간주한다.

　다만, 이 경우 사업소득금액이 결손인 경우 사업소득 금액을 0(영)으로 본다.
(2014.7.1. 이후 양도하는 분부터 적용, 단서 부분은 2017.2.3. 이후 양도하는 분부터 적용)

농지대토

■ 적용 요건

㉠ 4년 이상 농지가 소재하는 시·군·구 안의 지역(연접한 시·군·구 안의 지역 또는 농지로부터 직선거리 30킬로미터 이내의 지역 포함)에 거주하면서 직접 경작한[53] 자로서 농지 양도일 현재 거주하고 있는 자

㉡ 감면대상 농지 요건

　4년 이상 종전의 농지소재지에 거주하면서 경작한 자가 종전의 농지의 양도일부터 1년(법률에 따라 수용되는 경우 2년) 내에 새로운 농지를 취득하여, 그 취득한 날부터 1년 내에 새로운 농지소재지에 거주하면서 경작을 개시한 경우 또는 4년 이상 종전의 농지소재지에 거주하면서 경작한 자가 새로운 농지의 취득일부터 1년 내에 종전의 농지를 양도한 후 종전의 농지 양도일부터 1년 내에 새로운 농지소재지에 거주하면서 경작을 개시한 경우로서

　다음 중 어느 하나에 해당하는 경우

　가. 새로 취득하는 농지의 면적이 양도하는 농지의 면적의 2/3 이상
　나. 새로 취득하는 농지의 가액이 양도하는 농지의 가액의 1/2 이상

　다만, 새로운 농지의 경작을 개시한 후 새로운 농지소재지에 거주하면서 계속하여 경작한 기간과 종전의 농지 경작기간을 합산한 기간이 8년 이상인 경우로 한정한다.

---

53) 소유농지에서 농작물의 경작 또는 다년생 식물의 재배에 상시 종사하거나 소유농지에서 농작업의 2분의 1이상을 자기의 노동력에 의하여 경작 또는 재배하는 것을 말한다.

■ 세제지원 내용

① 농지소재지 거주자가 경작 상 필요에 의해 농지를 대토하는 경우 대토로 인하여 발생한 양도소득세를 100% 감면한다.

② 해당 토지가 다음에 해당하는 경우에는 편입 또는 지정을 받은 날까지 발생한 소득에 대해서만 양도소득세를 100% 감면한다.

   ㉠ 양도일 현재 주거지역, 상업지역 및 공업지역 안에 있는 농지로서 편입된 날부터 3년이 지난 농지

   ㉡ 환지예정지 지정일부터 3년이 지난 농지

③ 감면 한도는 연간 1억 원으로 자경농지 등의 감면액과 합하여 5년간 2억 원 한도가 적용된다. 2019.12.31.까지 양도하는 경우 종전 감면한도인 5년간 3억 원을 적용한다. 지방세 감면 한도는 연 1천만 원 등이다.[54]

■ 사후관리

다음의 사유가 발생하여 감면요건 미충족 시 양도소득세와 이자상당액을 납부하여야 한다.

① 종전농지 양도 후 1년 이내 신규농지를 미취득하거나, 신규농지의 가액·면적 요건 미충족 시

② 신규농지의 경작 개시요건 미충족 시

③ 종전농지와 신규농지에서 재촌·자경한 기간을 합산한 기간이 8년 미만인 경우

④ 종전농지와 신규농지 경작기간을 합산하여 8년이 지나기 전에 사업소득(농업, 임업소득 등 제외)과 총급여 합계 3,700만 원 이상인 과세기간이 있는 경우

---

54) 「지방세특례제한법」 제173조 제1항에서 확인할 수 있다.

🏠 농지대토 양도세 감면 시 자경기간 계산 방법

근로소득(총급여)·사업소득(농업·축산업·임업 및 비과세 농가부업소득, 부동산임대소득 제외)이 3,700만 원 이상인 경우 해당 연도는 자경하지 않은 것으로 간주한다.

🏠 경영회생 지원을 위한 농지매매 양도세 감면

(요건) 농업인 또는 농업인의 상속인이 직접 경작한 농지 및 그 농지에 딸린 농업용시설 또는 직접 축산에 사용한 축사용지를 한국농어촌공사에 환매조건부로 양도 후 환매권을 행사한 경우

(과세특례) 농어촌공사에 양도 당시 납부한 양도세를 환급해 준다.

🏠 농지대토에 대한 양도세 감면제도 합리화

농지대토 사후관리 규정 신설

- □ 대통령령으로 정하는 사유가 발생하여 감면요건 미충족 시 양도소득세와 이자상당액을 납부
- □ 농지대토 사후관리 사유
  - 종전농지 양도 후 1년 이내 신규농지 미취득하거나 신규농지의 가액·면적요건 미충족 시
  - 신규농지의 경작개시요건 미충족 시
  - 종전농지와 신규농지에서 재촌·자경한 기간을 합산한 기간이 8년 미만인 경우
  - 종전농지와 신규농지 경작기간을 합산하여 8년이 지나기 전에 사업소득(농업, 임업소득 등 제외)과 총급여 합계 3,700만 원 이상인 과세기간이 있는 경우
- □ 이자상당 가산액: ① × ②
  - ① 종전농지 양도 시 양도세 예정신고 납부기한의 다음날부터 양도세 납부일까지의 기간
  - ② 1일 25/100,000

21 재개발·재건축 입주권과 세금

■보유하고 있는 주택이 재개발·재건축에 의해 신축한 주택인 경우

"재개발·재건축 입주권"을 양도하는 경우와 "재개발·재건축으로 신축된 주택"을 양도하는 것을 나누어 생각해야 한다.

이 경우 재개발·재건축 세 부담과 관련하여 고려해야 할 부분을 살펴보면 다음과 같다.

(1) 입주권을 "부동산을 취득할 수 있는 권리"로 볼 것인지, "주택"으로 볼 것인지 여부

(2) 입주권 양도 시 세 부담

(3) 재개발·재건축 기간 중 거주를 위해 취득한 주택 양도 시 세 부담

(4) 완공된 신축주택 양도 시 세 부담

※ 이는 1세대 1주택 비과세, 1세대 2주택, 1세대 3주택 판단 시 매우 중요한 부분이다.

기존 주택	아파트를 취득할 수 있는 권리	신축주택

관계처분계획 인가일　　　　　　　신축주택 사용승인서 교부일

조합원 입주권을 주택으로 보는지 여부

입주권은 본래 "부동산을 취득할 수 있는 권리"로 주택이 아니나, 세법은 주택 수 계산에 있어서 입주권을 주택 수에 포함하도록 하고 있다. 따라서 다음과 같이 1세대 1주택 비과세, 1세대 2주택 등 중과세 여부 판단 시 입주권을 보유하고 있다면, 입주권을 주택 수에 포함해야 한다.[55]

---

55) 조합원입주권의 경우 주택수 계산시에만 주택으로 의제하여 포함시킬 뿐 양도 당시 조정대상 지역에 소재한 양도 주택만이 중과세율 대상에 해당한다.

① [1주택 + 조합원입주권] → 주택 양도 시 1세대 1주택 비과세 적용되지 아니하며, 1세대 2주택으로 중과
② [2주택 + 조합원입주권] → 주택 양도 시 1세대 3주택으로 중과

🏠 조합원 입주권

주택재건축사업 또는 주택재개발사업, 자율주택 정비사업, 가로주택정비사업, 소규모 재건축사업 또는 소규모 재개발사업을 시행하는 정비사업조합의 조합원으로서 취득한 입주자로 선정된 지위를 말하며, 조합원으로부터 취득한 것을 포함한다.

조합원입주권의 양도와 비과세되는 경우

다음의 경우 일시적 1세대 1주택 비과세 특례를 적용받는다. 2021. 1. 1. 이후 취득하는 분양권은 입주권의 취득과 동일한 특례를 적용한다.

단, (3) 대체주택 양도의 경우에는 제외한다.

(1) 종전주택 + 조합원입주권 ⇒ 조합원입주권 양도

① 양도일 현재 무주택자가 조합원입주권을 1개 소유한 경우 당해 조합원 입주권을 양도 시 1세대 1주택 비과세규정 적용

② 양도일 현재 1조합원입주권 외에 요건 충족한 1주택을 소유한 경우 당해 1주택을 취득한 날부터 3년 이내에 당해 조합원입주권을 양도하는 경우 1세대 1주택 비과세규정 적용

(2) 종전주택 + 조합원입주권 ⇒ 종전주택 양도

① 1세대 1주택자가 그 주택을 양도하기 전에 조합원입주권을 취득함으로써 일시적으로 1주택과 1조합원입주권을 소유하게 된 경우 조합원입주권을 취득한 날부터 3년 이내에 종전의 주택을 양도하는 경우에는 이를 1세대 1주택으로 보아 비과세규정 적용

② 동일한 경우로서 3년이 지나 종전의 주택을 양도하는 경우로서 일정요건을 모두 갖춘 때에는 이를 1세대 1주택으로 보아 비과세규정 적용

(3) 종전주택 + 대체주택 ⇒ 대체주택 양도

① 1세대 1주택자가 그 주택에 대한 재개발·재건축사업 시행기간 동안 거주를 위해 대체주택을 취득한 경우로서 일정요건을 모두 갖추어 대체주택을 양도하는 때에는 이를 1세대 1주택으로 보아 비과세규정 적용[56]

② 대체주택을 취득하여 1년 이상 거주하여야 하며, 주택완성 후 2년내 세대 전원이 이사하여 1년 이상 거주하여야 한다. 대체주택은 주택완성 전 또는 완성 후 2년 이내 양도해야 함.

(4) 상속받은 조합원입주권 + 일반주택 ⇒ 일반주택 양도

상속받은 조합원입주권[57]과 일반주택을 국내에 각각 1개씩 소유하고 있는 1세대가 일반주택을 양도하는 경우에는 국내에 1개의 주택을 소유하고 있는 것으로 보아 비과세규정 적용

(5) 동거봉양·혼인 ⇒ 주택 양도

동거봉양·혼인하기 위하여 세대를 합침으로써 1세대가 1주택과 1조합원입주권, 1주택과 2조합원입주권, 2주택과 1조합원입주권 또는 2주택과 2조합원입주권을 소유하게 되는 경우 합친(혼인한) 날부터 10(5)년 이내에 먼저 양도하는 주택이 일정주택 중 어느 하나에 해당하는 경우에는 이를 1세대 1주택으로 보아 비과세규정 적용

🏠 재건축 초과이익 부담금

(1) 재건축 초과이익 부담금

재건축추진위원회가 조직된 날부터 재건축이 끝날 때까지 오른 집값 가운데 해당 지역의 정상적인 집값 상승분과 개발에 들어간 비용을 뺀 나머지 금액을 초과이익으로 보고 국가에서 현금으로 환수하는 조치임.

　－ 관리처분인가를 신청한 재건축사업은 초과이익 부담금을 면제[58]

(2) 공시가격 현실화의 영향

① 국토교통부는 2019년 12월 공시가격 현실화율 인상방안을 발표하였고 여기에는 공시가격을 시세의 최대 80%(집값 30억 원 이상)까지 올리겠다는 내용이 포함되었다.

---

56) 이 경우 1세대 1주택 특례의 일반적인 보유기간 및 거주기간의 제한을 받지 않는다.
57) 피상속인이 상속개시 당시 주택을 소유하지 아니한 경우의 상속받은 조합원입주권에 한함.
58) 2017.12.31. 까지 관리처분인가를 신청한 경우

② 주택가액은 국토교통부의 공시가격을 기준으로 하므로 사업을 마친 주택 공시가격이 비싸질수록 조합원들이 내야 하는 재건축부담금이 많아지게 된다.

🏠 사례 1

Q. 성진 씨가 보유하고 있는 아파트가 재건축되어, 입주권을 부여받았으나 개인사정상 입주권을 양도하게 된 경우 양도소득세는? (관리처분계획 인가일 현재 재건축 대상 주택은 1세대 1주택 비과세요건을 갖추었다.)

A. 성진 씨의 입주권 양도에 대해서는 1세대 1주택 양도로 보아 비과세를 적용받을 수 있다.

🏠 사례 2

Q. 성진 씨는 보유하고 있는 아파트(다른 주택 없음)가 재건축되는 관계로 다른 주택을 취득하여 거주하다 신축된 아파트로 이사를 하게 되면서, 거주하던 주택을 양도하게 된 경우 양도소득세는?

A. 양도주택에 1년 이상 거주하고 신축주택 완공 후 2년 이내 세대 전원이 이사하여 1년 이상 거주하고 신축주택 완공일로부터 2년 이내 양도하는 경우 양도소득세를 비과세 받을 수 있다.

🏠 사례 3

Q. 아파트 두 채를 소유하고 있는 성진 씨는 그 중 한 채가 재건축되어 입주권을 부여받은 상황에서 다른 아파트를 양도하는 경우 양도소득세는?

A. 이 경우 성진 씨는 2주택을 소유한 것으로 보아 1세대 2주택 중과세를 적용받게 된다.

투자 목적 등으로 해외 소재 부동산을 취득하는 경우가 있다.

국외 소재 부동산을 양도하는 경우 양도자가 그 부동산의 양도일까지 계속 5년 이상 국내에 주소 또는 거소를 둔 경우에는 우리나라에서 양도소득세를 신고·납부해야 한다. 이때 외국에서도 세금을 납부한 경우 그 세금은 우리나라에서 신고·납부할 세금에서 공제받게 된다.

이러한 해외부동산의 양도에 대한 세금은 국내 부동산을 양도하는 경우와 비슷하나, 국내 부동산과는 구분하여 세금을 계산하며, 국내의 등기법이 적용되지 않고, 장기보유 특별공제 및 양도소득세 분할납부 혜택이 배제된다.

현행 세법상 거주자가 해외부동산을 취득·소유·처분하는 경우 국내에서 발생하는 세금문제는 다음과 같다.

(1) 취득 단계
① 취득 시 별도 세금문제는 없음.
② 다만, 취득자금을 증여받아 부동산을 취득한 경우 증여세 과세

(2) 보유 단계: 종합소득세
해외 부동산을 타인에게 임대하여 발생하는 소득(부동산 임대소득)은 다른 소득과 합산하여 종합소득세 과세

🏠 부동산 임대소득에 대해 부동산 소재지국에서도 과세된 경우
국내에서는 외국납부 세액공제 또는 필요경비로 이중과세 조정

(3) 처분 단계: 양도소득세 또는 상속·증여세
① 해외부동산 양도차익에 대해 국내에서 양도소득세 과세
㉠ 세율 등 양도소득세 과세체계는 국내부동산 양도 시 과세체계와 기본적으로 동일함.

다만, 해외부동산 양도차익에 대해서는 국내부동산 투기억제를 위한 일반적인 중과제도는 적용을 배제하고 있다.

– 1세대 2주택 이상의 다주택자 중과제도 적용 배제
– 비사업용토지 중과제도 적용 배제 등

구　분	세　율
토지·건물·부동산에 관한 권리 (미등기 임차권 포함), 기타자산	기본세율 (6%~45%)

ⓛ 1세대 1주택 판정 시 주택 수 합산에서 제외함.

🏠 **부동산 양도소득에 대해 부동산 소재지국에서도 과세된 경우**

국내에서는 외국납부 세액공제 또는 필요경비로 이중과세 조정

② 해외부동산 상속·증여 시 국내에서 상속·증여세 과세

🏠 **해외금융계좌 신고**

해외금융계좌를 보유한 거주자 및 내국법인 중에서 해당연도의 매월 말일 중 어느 하루의 보유계좌 잔액(보유계좌가 복수인 경우 각 계좌잔액을 합산한다)이 5억 원을 초과하는 자는 해외금융계좌 정보를 다음 연도 6월 1일부터 30일까지 납세지 관할 세무서장에게 신고하여야 한다.

2011년 도입되어 시행된 제도로서 2017년까지는 10억 원 초과 예치 시 신고의무가 있었지만 2018년부터 5억 원 초과로 그 대상이 확대되었다.

🏠 **해외금융계좌 신고의무 면제**

① 재외국민으로서 해당 신고대상 연도 종료일 2년 전부터 국내에 거소를 둔 기간의 합계가 183일 이하인 자
② 국가, 지방자치단체 및 공공기관
③ 금융회사 등
④ 해외금융계좌 관련자 중 다른 공동명의자 등의 신고를 통하여 본인의 해외금융계좌 정보를 확인할 수 있게 되는 자

⑤ 다른 법령에 따라 국가의 관리·감독이 가능한 기관으로서 대통령령으로 정하는 자

🏠 해외금융계좌 신고의무 불이행시 제재

– 신고의무 불이행 등에 대한 과태료
  ① 신고기한 내에 해외금융계좌 정보를 신고하지 아니하거나 과소 신고한 경우에는 다음 금액의 100분의 20 이하에 상당하는 과태료를 부과한다.
    1. 신고를 하지 아니한 경우: 미신고 금액
    2. 과소 신고한 경우: 실제 신고한 금액과 신고하여야 할 금액과의 차액
  ② 신고의무 위반금액의 출처에 대하여 소명하지 아니하거나 거짓으로 소명한 경우에는 소명하지 아니하거나 거짓으로 소명한 금액의 100분의 20에 상당하는 과태료를 부과한다. 다만, 천재지변 등 대통령령으로 정하는 정당한 사유가 있는 경우에는 부과하지 아니한다.

– 신고의무 불이행에 대한 벌칙
  해외금융계좌 정보의 신고의무자로서 신고기한 내에 해외금융계좌 정보를 신고하지 아니한 금액이나 과소 신고한 금액이 50억 원을 초과하는 경우에는 2년 이하의 징역 또는 신고의무 위반금액의 100분의 13 이상 100분의 20 이하에 상당하는 벌금에 처한다. 다만, 정당한 사유가 있는 경우에는 그러하지 아니하다.

23 양도소득세 절세 전략

양도소득세도 상황에 따라서 다양한 절세 방법이 있으므로 양도 이전에 꼼꼼히 각종 절세 방법을 마련해 놓고 양도 시기, 양도 순서, 증여 여부를 조정하는 것이 현명한 일이다.

사전에 전문가와 상담하라.

세금관련 업무에 종사하다 보면 친척 또는 주위 사람들이 세금문제에 대해 상담을 해 오는 경우가 있다. 보통은 사건발생 후 또는 고지서 수령 후 상담을 해 오는 사람들이 대부분이다. 그 때마다 사전에 상담을 해 왔다면 절세 방법을 제시할 수 있었을 텐데, 모든 행위가 끝난 뒤라 어떻게 방법을 찾아보기가 힘들어 답답함을 느낄 때가 많다.

양도소득세뿐 아니라 모든 종류의 세금을 절세하기 위해서는 반드시 사전에 전문가와 상담을 하거나 관련 세법 내용을 충분히 이해하고 대책을 세운 후 부동산을 양도하는 등의 행위를 해야 한다.

가능한 예정신고하고, 신고 전에 감면 내용은 반드시 확인하라.

양도소득세 신고는 양도일의 다음연도 5월에 하면 되지만, 양도일이 속하는 달의 말일(일반주식은 반기 말일)로부터 2개월 이내 예정신고해야 하며(부담부 증여 채무액에 해당하는 부분으로서 양도로 보는 경우 양도일이 속하는 달의 말일부터 3개월 이내), 미이행 시 가산세가 부과된다.

또한, 신고 전에 반드시 양도소득세 감면 자산에 해당하는지 여부를 꼼꼼히 확인하여 혹시라도 내지 않아도 되는 세금을 내는 경우가 없도록 해야 한다. 만약 잘못 신고하였더라도 환급신청을 반드시 하도록 하고 규정된 감면 혜택은 받아야 할 것이다.

현행 양도소득세는 파산선고로 처분한 양도자산과 농지의 교환·분합·대토로 인하여 발생하는 양도소득과 1세대 1주택을 소유한 거주자의 양도소득에 대해서 세금을 면제해 주고 있다.

이 중에서 1세대 1주택 비과세 규정은 가장 광범위하게 납세자에게 영향을 미칠 뿐만 아니라 복잡한 특례규정을 두고 있어서 비과세 대상에 해당하는지 판단하는 것이 쉽지 않다. 따라서 전문가와 상담하기 바란다.

현재 1세대 1주택 비과세요건을 모두 충족하지 아니한 경우에도 특례 요건을 꼼꼼히 따져보면 비과세 혜택이 가능한 경우가 있다.

예를 들어 1세대 요건을 만족하지 않은 자가 연령이 30세가 되어 배우자가 없어도 1세대에 해당되는 경우, 주택의 3년 보유기간을 만족하지 않은 자가 근무상의 이전 등의 사유로 여러 가지 특례 요건을 충족하여 비과세에 해당하면 적게는 몇 십만 원의 금액에서 많게는 몇 천만 원의 세액을 일시에 줄일 수 있어 납세자는 이익을 얻을 수 있다.

🏠 **절세, 탈세, 조세회피**

- 절세: 합법적으로 세금을 줄이려는 행위
- 탈세: 불법적으로 세금을 줄이려는 행위
- 조세회피: 법의 미비점을 이용하여 세금을 줄이려는 행위

조정대상지역 지정 후 주의사항

(1) 1세대 1주택 비과세 판정 시 2년 이상 거주요건

2017년 8월 3일 이후 조정대상지역 내 취득주택은 2년 이상 거주요건을 충족해야만 1세대 1주택 비과세를 적용받을 수 있다.

이때 2년 이상 거주요건의 적용 여부는 '취득일 현재'를 기준으로 판정한다. 따라서 양도일 현재 조정대상지역에 해당 하더라도 취득일 당시 비조정 대상지역이라면 2년 이상 보유요건만 갖춰도 비과세를 적용받을 수 있다.

(2) 일시적 2주택자의 비과세 특례 적용

2023년 세법 시행령 개정을 통하여 종전에 조정대상지역 내 일시적 1주택자의 경우 종전주택을 2년 이내에 양도해야 하는 규정이 폐지되었다.

따라서, 2023년부터는 주택 소재지 구분 없이 1주택자가 신규 주택을 취득하는 경우 종전 주택을 3년 이내 양도하는 경우 비과세 혜택을 받을 수 있다. 이러한 개정은 주택시장의 연착륙을 지원하기 위함이다.

(3) 다주택자 양도소득세 중과 적용

2018년 4월 1일 이후 양도소득세 중과대상 주택이 2채 이상인 다주택자가 조정대상지역 내 주택을 양도할 경우에는 양도소득세가 중과된다.

여기서 중과적용 여부는 양도일 현재를 기준으로 판정한다. 따라서 조정대상지역 지정 전에 주택을 취득했다 할지라도 양도일 현재 조정대상지역에 해당한다면 양도소득세가 중과된다.

다만, 세법 개정으로 다주택자가 2년 이상 보유한 주택을 2025. 5. 9.까지 양도한 경우 중과 적용을 배제한다.

24 양도소득세 부담 혹은 절세

연말에 매도할 건은 연초에 분할하여 연도를 달리하여 양도하라.

양도소득세는 1년 동안 양도한 자산에 대하여 합산하여 계산하므로 한 해 동안 양도할 자산이 많은 경우 누진세율 구조상 다소 높은 세율을 적용받게 된다.

그러므로 당해 연도에 양도자산이 많아 납부할 양도소득금액이 크지만 차기연도에 자산을 양도할 계획이 없다면, 당해 연도 수령할 양도계약의 잔금 중 일부를 내년으로 미루어 보자.

이러한 경우에는 소득을 분산하는 효과를 가져와 상대적으로 낮은 양도소득세율을 적용받을 수 있어 세 부담의 감소가 가능하다.

공부상은 주택이나 사실상 상가인 건물을 또 하나 소유하고 있다면

1세대 1주택자가 공부상으로는 주택이나 실질로는 상가인 건물을 한 개 더 소유하고 있다면 주택을 양도하기 전에 공부를 정리하는 것이 좋다.

세무서에서는 모든 과세자료에 대하여 일일이 사실상의 용도를 확인하여 과세할 수 없으므로 일단 공부상의 용도에 의해 과세대상 여부를 판단한다.

이 경우 사실상의 용도가 공부상의 용도와 다른 경우에는 납세자가 그 사실상의 용도를 입증해야 그 사실을 객관적으로 인정받을 수 있다. 이때 제출해야 하는 증빙서류는 누구나 인정할 수 있는 객관적인 증빙을 제시해야 하는 어려움이 있다. 따라서 상가의 용도를 변경하고 공부를 정리해 두는 것이 좋다.

결손이 생긴 양도자산이 있는 경우 다른 양도자산과 함께 양도하라.

양도소득세를 계산하여 양도차손이 나왔다면, 양도소득세 과세대상에 해당하는 다른 양도자산을 양도할 경우에 이 결손금액을 차감하여 계산할 수 있다.

예를 들어, 토지를 양도했더니 1천만 원의 양도차손이 발생하였다면 당해 연도에 다른 양도할 자산이 있는지 확인하여야 한다. 연도를 달리하여 분양권, 골프회원권, 콘도회원권, 체육시설이용권 등을 양도하면 적어도 2~3백만 원의 감면 효과를 날려버리는 우를 범할 수 있기 때문이다.

상속재산 중 현금이 부족하여 부동산을 물납하는 때

상속세 납부를 위하여 상속받은 부동산을 국가에 물납하는 경우 그 자산의 양도가액과 취득가액의 차이인 양도차익에 대하여 양도소득세를 과세한다.

위자료로 부동산을 줄 경우

이혼으로 재산을 분할할 때는 반드시 민법상의 재산분할 절차로 재산을 분할해야만 양도소득세를 부담하지 않는다.

만약 배우자에게 명의를 이전한 재산이 이혼위자료 지급에 갈음하여 대물 변제한 것으로 판정되면 양도소득세와 가산세를 부담할 수 있다.

위자료는 성격상 위법한 행위 등에 의하여 발생한 정신적 고통에 대한 손해배상이므로 혼인기간 중 이룩한 공동재산의 청산으로 보기 힘들고 대가성이 인정되므로 양도소득세를 과세하고 있다.

따라서 이혼 당시에는 당사자 간 합의를 미루고 있다가 일정한 시일이 지난 후에 부동산으로 위자료를 지불해야 하는 상황이 발생하면 합의를 했던 것보다 더 큰 손해를 볼 수 있는 것이다.

경락재산이 원소유자에게 환원될 때

임의경매 신청에 의한 법원의 경매처분 판결로 경락된 자산을 경락자에게 2개월 내 경락금 전액을 변상하고 경락자산을 환원하였을 때는 자산이 유상으로 사실상 이전되어 양도에 해당하는 것이므로 자산의 경매처분으로 인하여 소유권이 이전되는 경우에도 양도에 해당되는 것이며, 경락자에게 합법적으로 소유권이 이전된 후 경락대금을 지급하고 원소유자에게 소유권을 환원하는 경우에도 양도에 해당되는 것이다.

양도담보 재산

명의수탁자가 채무의 담보로 제공한 부동산이 법원의 확정판결에 의한 명의신탁 해지에 따라 신탁자에게 소유권이 환원된 후 채무변제 불이행에 따른 경락에 의하여 소유권이 이전된 경우 "양도"에 해당하여 양도소득세 과세대상이 된다.

이 경우 동 부동산의 경락에 의하여 발생한 양도소득에 대한 양도소득세 납세의무는 실질소유자인 명의신탁자에게 있다(재일 46014-314, 1997.2.14.).

감면요건을 충족하는지 여부는 다음과 같이 세 가지 요건을 충족하는지 여부에 달려있다.

① 자경기간: 농지의 실제 보유기간 중 농지소재지에 거주하면서 경작한 기간이 8년 이상인가?

② 자경요건: 농지소재지에 거주하면서 자기가 직접 농작물을 경작하거나 자기책임 하에 농사를 지은 농지인가?

③ 양도일 현재 농지: 양도일 현재 지목이 전, 답, 과수원 등인 경우는 별도로 작물재배 사실을 입증할 필요는 없겠지만 그 이외의 지목인 경우에는 작물재배 사실을 입증하여야 한다.

위의 3가지 요건 모두가 어느 정도 객관적으로 증명되느냐에 따라서 감면 여부가 결정된다. 따라서 감면을 받으려는 양도자는 증명할 수 있는 한 객관적인 증빙자료를 첨부하여야 신고납부 이후에 세무서의 경정결정을 피하고 심사·심판까지 가는 어려운 상황을 모면할 수 있다.

임대보증금 채무는 다른 채무와 달라서 배우자나 직계존·비속 간의 채무인수는 인수가 없는 것으로 추정되지만, 임대계약서가 객관적으로 증명되므로 과세당국에서 인정하지 않을 수 없다.

부담부 증여를 하게 되면 양도소득세와 증여세 두 가지 세금을 내야 되므로 번거롭기는 하겠지만 증여세만 내는 것보다 유리한 경우가 많다. 양도소득세에는 취득가액이라는 것이 있어서 세금을 줄여주지만 증여세에서는 평가가액이 고스란히 세금계산에 포함되기 때문이다.

또 증여세법상 공제만 이용하는 것보다 양도소득세법에서 인정되는 공제도 같이 받는 것이 유리하며, 두 가지 세금으로 과세표준을 나누면 누진세율제도에서 높은 세율을 적용받지 않게 되므로 그만큼 유리하다.

한 사람이 소유하고 있는 재산이 많을수록, 한 해 동안 양도한 자산이 많을수록 높은 누진세율을 적용받게 된다.

따라서 납세자들은 재산이 많은 경우에는 가족명의로 재산의 등기명의를 분산시키는 경우를 볼 수 있는데, 이 경우 재산취득 자금출처조사를 염두에 두어야 한다. 자금출처로 인해 취득자금을 소명하지 못할 경우에는 증여세가 부과되기 때문이다.

사업소득으로 보는 경우

주택을 양도하여 양도소득세를 신고·납부하였으나 세무서에서 양도자를 사업자로 보아 종합소득세로 경정·결정하는 경우가 있다.

양도소득을 사업소득으로 보게 되면 기장의무가 생기게 되고, 실거래내역에 대한 증빙을 갖추어야 하며, 기장을 하지 않았을 경우에는 추계하여 과세하게 된다. 이러한 경우 양도소득세로 세금을 계산 시 인정받을 수 있는 취득가액차감과 장기보유특별공제를 적용받지 못하게 되는 것이다.

따라서 양도자산이 갑자기 많아지는 경우에는 첫 번째로 이 양도자산이 판매목적으로 취득한 것이 아니라는 것과 둘째로 사업성이 없다는 사실을 관할 세무서에 서면으로든 구두로든 규명할 필요가 있다.

나중에 부동산매매업 또는 건설업 소득으로 과세되는 경우에는 갖추어야할 장부와 가산세 등의 비용이 늘어나기 때문이다.

자녀에게 저가로 양도한 경우

세법에서는 부모가 자녀에게 저가로 양도한 경우 그 거래금액과 시가의 차액이 시가의 30% 또는 3억 원을 넘는 경우에만 증여세를 과세한다. 즉, 차액이 3억 원을 넘지 않는 한도 내에서 시가의 70% 이상으로만 거래하면 증여로 보지 않고 정상거래로 본다.

다만, 세무서에서 부모·자녀의 부동산 거래에 대해 그 매매대금이 실제로 오고 갔는지와 자금출처에 대하여 조사할 수 있다. 만일 매매계약서와 달리 자녀가 부모에게 매매대금을 주지 않았다면 이를 매매가 아닌 증여로 보아 증여세를 추징할 수 있으므로 반드시 자녀가 부모의 계좌로 매매대금을 지급한 사실을 구체적으로 입증할 수 있도록 준비가 필요하다.

세법은 자녀와의 저가 거래에 대해 양도세 면에서는 증여세보다 더 엄격한 잣대를 적용한다. 부동산을 시가의 95% 이하(또는 차액이 3억 원 이상인 경우)로 양도하면 이를 부당행위로 보아 시가로 양도세를 계산한다. 결국 자녀에 대한 저가 거래로 양도세를 피해갈 수는 없다는 뜻이다. 다만, 일시적 양도세가 비과세되는 대상이라면 자녀에 대한 저가거래가 보다 유리하다고 볼 수 있다.

3

소득세·부가가치세

부동산 공급과 임대 관련 세금

1 주택신축 분양 시 세금

개인은 본인이 보유한 토지 위에 주택을 지어 거주할 수도 있고, 주택을 신축·판매하여 이익을 얻을 수도 있다.

신축주택을 매매 또는 분양하는 경우 관련 세금을 생각해야 하는데, 이때 고려해야 하는 세금은 양도소득세, 종합소득세, 부가가치세이다.

일시적으로 주택을 신축하여 분양하는 경우에는 양도소득세 납세의무가 발생하며, 사업적으로 주택을 신축하여 분양하는 경우에는 사업소득으로 보아 종합소득세와 부가가치세 납부의무가 발생한다.

사업소득으로 보아 종합소득세 및 부가가치세를 내야 하는 경우

→ 계속·반복적으로 신축판매

(1) 소득세

주택을 신축하여 분양하는 것을 계속적 반복적으로 하는 경우 사업자등록을 내지 않는다 하더라도 세법상 주택신축 판매업을 영위하는 사업자로 보기 때문에 사업소득에 대한 소득세를 고려해야 한다.

주택신축 판매업자는 신축주택 외의 주택을 매도하는 경우 신축주택을 신축자의 주택으로 포함하는지 여부에 따라 세 부담이 크게 달라진다.

그러나 건설사업자(주택신축 판매업은 세법상 건설업)의 신축주택은 주택 수에 포함하지 않기 때문에 신축주택을 제외하고 주택 수를 계산한다.

(2) 부가가치세

부가가치세의 납세의무자는 사업상 독립적으로 부가가치세가 과세되는 재화·용역을 공급하는 자(과세 사업자)를 말한다.

주택을 사업적으로 신축 판매하는 자는 사업자이므로 부가가치세 납세의무가 발생한다. 즉, 주택신축 판매업자는 판매금액의 10%에 해당하는 금액을 부가가치세로 판매대금과 같이 받아 신고·납부하여야 한다.

다만, 주택의 전용면적이 85㎡(약 25.7평) 이하인 국민주택을 신축하여 판매하는 경우 부가가치세가 면제되어 부가가치세를 신고·납부하지 않아도 된다.

양도소득세를 내야 하는 경우

→ 일시적으로 신축분양

개인이 이전부터 보유한 토지 또는 매입토지에 일시적으로 주택을 신축 분양하는 경우에는 양도소득세를 납부해야 한다.

그런데 신축주택 역시 신축자의 보유 주택으로 보기 때문에 신축주택 외 주택을 양도하거나 신축주택을 양도하는 경우 1세대 1주택으로 비과세 또는 1세대 다주택으로 중과세가 적용될 수 있다.

🏠 **절세 TIP**

주택신축 판매를 사업적으로 하는 경우 공동사업 또는 법인 설립을 통해 주택신축 판매를 하면, 세 부담을 보다 많이 줄일 수 있다.

🏠 **주택신축 판매업**

주택을 건설하여 영리목적으로 계속·반복적으로 판매하는 업을 주택신축 판매업이라 한다. 이는 **세법상 건설업**에 속하며, 부동산매매업과 비교하여 볼 때 다음과 같은 혜택이 주어진다.

ㄱ 중소기업: 주택신축 판매업은 중소기업 해당업종에 속하므로 중소기업에 적용되는 각종 혜택(접대비 한도 및 각종 감면세액 등) 가능

ㄴ 산출세액계산 특례 – 비교 과세 제도: 양도세 중과대상 자산의 매매차익이 있는 경우에도 부동산 매매업자의 비교과세를 적용하지 않고, 종합소득 계산 구조를 그대로 적용한다.

ㄷ 기준 경비율·단순 경비율 상이: 추계 시에 비용으로 인정받을 수 있는 경비율은 대부분 주택신축 판매업의 경우가 더 높음.

(2023년도 귀속분 기준)[59]

부동산매매업		주택신축 판매업	
단순 경비율	기준 경비율	단순 경비율	기준 경비율
70%	12.9%	91.6%	10.6%

---

59) 2024년도 귀속분에 대한 경비율은 2024년 4월 이후 국세청에서 조회 가능하다.

- 기준 경비율에 의한 소득금액 계산 방법

    소득금액 = 수입금액 − 주요 경비 − (수입금액 × 기준 경비율)
- 단순 경비율에 의한 소득금액 계산 방법

    소득금액 = 수입금액 − (수입금액 × 단순 경비율)

🏠 부동산매매업

영리를 목적으로 독립적인 지위에서 계속·반복적으로 부동산을 매매하는 사회적 활동을 말한다.

① 사업 목적으로 부동산을 판매하거나

② 판례는 부동산 매매행위에 사업성이 있는지 여부는 부동산의 매매가 수익을 목적으로 하는 것인지 여부와 그 규모·횟수·태양(형태)에 비추어 어느 정도의 계속성, 반복성을 지니고 있는지 여부 등의 사정을 종합적으로 고려하여 판단하여야 한다고 판시하고 있다.

🏠 부동산매매업과 양도소득의 구분 실익

① 사업소득과 양도소득은 그 소득계산 구조와 적용 세율상의 차이가 있고, 부동산매매업에 해당하는 부동산 거래 중 건축물에 대해서는 부가가치세가 과세되는 데 반하여 양도소득의 과세대상이 되는 건축물의 양도는 대부분 부가가치세를 부과하지 아니한다.

② 또한, 양도소득의 경우에는 과세표준 신고납부의무만 이행하면 되지만, 부동산매매업(사업소득)은 기장 의무 등 각종 세법상의 의무를 이행하여야 한다.

🏠 부동산매매업자의 주택 등 매매차익 계산 방법

■ 매매차익 = (1) − (2)

(1) 수입 : 주택 또는 토지 매매가액

(2) 비용 : ① 양도자산의 필요경비

　　　　　 ② 양도소득 기본공제금액

　　　　　 ③ 장기보유 특별공제액

주택을 신축 · 판매하는 경우 각 사업 형태별 세 부담 비교

□ 사업자가 아닌 개인이 신축 · 판매하는 경우

> ㉠ 신축판매 소득에 따른 세금: 양도소득세
> ㉡ 주택 수: 신축주택의 경우 각 개인의 주택 수에 포함
> ㉢ 취득세: 완공 시 부담
> ㉣ 부가가치세: 사업자가 아니므로 해당사항 없음.
> ㉤ 보유세: 과세기준일 보유 시 재산세 및 종합부동산세 부담

□ 공동사업으로 신축 · 판매하는 경우

> ㉠ 토지를 현물출자하는 경우: 토지에 대한 양도소득세 부담
> ㉡ 사업소득에 따른 세금: 사업소득에 대한 종합소득세
>   → 공동사업장 전체 소득 계산 후 각 공동사업자 지분율대로 안분하여 각 구성원별로 세 부담
> ㉢ 주택 수: 건설업자의 신축주택은 거주자의 주택 수에 포함하지 않음.
> ㉣ 취득세: 현물출자 및 완공 시에 부담
> ㉤ 부가가치세: 국민주택 초과 시 부가가치세 부담
> ㉥ 보유세: 과세기준일 보유 시 재산세 및 종합부동산세 부담
> ㉦ 조세감면: 중소기업에 대한 특별세액 감면

□ 법인 설립을 통해 신축 · 판매하는 경우

> ㉠ 토지를 현물 출자하는 경우: 토지에 대한 양도소득세 부담
> ㉡ 법인세: 법인세 및 토지 등 양도소득에 대한 법인세
> ㉢ 주택 수: 건설업자의 신축주택은 거주자의 주택 수에 포함하지 않음.
> ㉣ 취득세: 현물출자 및 완공 시에 부담
> ㉤ 부가가치세: 국민주택 초과 시 부가가치세 부담
> ㉥ 보유세: 과세기준일 보유 시 재산세 및 종합부동산세 부담
> ㉦ 조세감면: 중소기업에 대한 특별세액 감면

부동산 임대 시 세금

보유하고 있는 주택, 상가 등 부동산을 임대하는 경우 부동산 임대소득에 대한 세금 문제가 발생한다.

부동산의 임대

부동산의 임대는 용역의 공급이며 부가가치세법에서는 이를 과세거래로 보아 과세하고 있다. 용역의 무상공급에 대해서는 과세하지 않으나 사업자가 특수관계에 있는 자에게 사업용 부동산의 임대용역 등 대통령령으로 정하는 용역을 공급하는 경우에는 과세한다.

주택의 경우에는 국민주택 규모를 초과하는지의 여부를 불문하고 부가가치세를 면세하고 있다.

임대보증금을 받는 경우와 월세로 받는 경우 소득세

부동산은 전세 또는 월세로 임대하게 된다.

월세로 임대하는 경우 연 단위 월세 합계액이 부동산 임대에 따른 총수입금액이 되며, 실제 임대와 관련하여 지출한 비용을 차감한 임대소득을 기준으로 하여 세금을 부담하게 된다.

임대보증금을 받는 경우는 월세를 받는 경우와의 형평을 위해 임대보증금의 연 2.9%[60]에 해당되는 금액을 임대료로 받은 것으로 간주하여 임대사업의 수입금액에 포함한다. 이를 간주임대료라고 한다.

2010.12.31. 이전에는 주택을 임대하고 보증금만을 받는 경우에는 비과세 대상에 해당하지 않더라도 소유하는 주택의 수와 받은 보증금 등의 금액에 관계없이 소득세가 과세되지 않았다. 그러나 2011.1.1.이후부터는 **3주택 이상**을 소유하고 주택 보증금 합계액이 3억 원을 초과하면 거주자의 주택임대보증금에 대하여 간주임대료를 계산하여 과세하였고, 2026년부터는 고가주택(기준시가 12억 원 초과) 2주택 보유자의 임대보증금에 대해서도 간주 임대료를 과세한다. 세법 개정으로 2026년 12월

---

60) 24년 시행규칙 개정안에서 가산금 이자율을 3.5%로 상향 조정할 것으로 예정되어 있다.

31일까지는 **전용면적 40m² 이하로서 기준시가 2억 원 이하의 소형주택에 대한 전세보증금**이 과세에서 **제외**된다.[61]

🏠 주택임대업 결손금 및 이월결손금 공제범위 확대(2015.1.1. 개정)

종전에는 부동산임대업 결손금 및 이월결손금의 경우 부동산임대업의 소득금액에서만 공제 가능하였으나, 주택임대업은 다른 종합소득 금액과 결손금 및 이월결손금 공제가 가능하다.[62]

🏠 소형주택 임대사업자에 대한 세액감면[63]

다음의 요건을 모두 갖춘 임대사업자의 해당 임대소득에 대한 소득세 및 법인세의 30%(장기일반 민간임대주택의 경우 75%)를 감면한다.

① 임대사업자 요건: 세법 및 임대주택법 상 임대사업자로 등록
② 임대주택 요건
  - 임대주택법에 따라 임대주택으로 등록
    (매입임대주택, 건설임대주택)
  - 국민주택 규모(85m²)[64] 이하의 주택 (주거용 오피스텔 포함)
    주택에 딸린 토지 면적이 건물면적의 5배(도시지역), 10배(기타지역)를 초과하는 주택은 제외
  - 임대개시일 현재 주택 및 부수토지의 기준시가 합계액이 6억 원 이하
③ 1호 이상의 주택을 4년(장기일반 민간임대주택 10년) 이상 임대

🏠 착한 임대인 세액 공제(2020.1.1.~2024.12.31.)

소상공인 임차인의 임대료를 인하한 상가 임대사업자는 임대료 인하액의 일정 비율을 소득세, 법인세에서 공제해 준다. 개인은 종합소득세 신고 시, 법인은 법인세 확정신고 시 신청하면 된다.

---

61) 전세보증금에 대한 과세가 제외되는 소형주택의 기준이 2018년까지 전용면적 60m² 이하, 3억 원 이하에서 2019년 전용면적 40m² 이하, 기준시가 2억 원 이하로 축소되었다.
62) '14.1.1. 이후 발생하는 결손금, 이월결손금부터 적용한다.
63) 자세한 내용은 122페이지를 참고하기 바란다.
64) 수도권을 제외한 지역으로 도시지역이 아닌 읍 또는 면 지역은 100m²

1. 공제비율
  – 2020년 귀속: 50%
  – 2021~2024년 귀속: 70% (단, 인하 전 임대료를 기준으로 계산한 종합소득 금액이 1억 원을 초과하는 개인은 50%)
2. 공제대상 임차인 요건
    임차인의 영업개시일이 2021.6.30.이전이어야 하며 배제업종에 해당하지 않아야 한다.
  ※ 배제 업종: 도박 등 사해 행위 관련업, 금융·보험·부동산업 등
3. 공제 배제
  – 해당 과세연도 또는 과세연도 종료일 후 6개월까지 보증금, 임대료를 기존보다 인상하는 경우
4. 제출서류
  ① 임대료 인하 직전 임대차계약서
  ② 임대료 인하 합의 증명서류 (약정서, 변경계약서 등)
  ③ 임대료 지급 확인 서류 (세금계산서, 금융거래 등)
  ④ 임차인 소상공인 확인서 (소상공인 시장진흥공단 발급)

🏠 종합과세와 분리과세 중 선택 적용

주택임대 수입금액이 2천만 원 이하인 경우 주택임대소득은 종합과세(세율 6~45%)와 분리과세(세율 14%) 중 선택하여 적용이 가능하며, 세무서와 지자체에 모두 임대사업자 등록을 하고 일정요건을 충족할 경우 분리과세 필요경비 및 기본공제 우대를 받을 수 있다.

1. 등록 주택임대사업자
  ① 분리과세 임대소득금액 = [2,000만 원 이하 주택임대소득의 총수입금액 – (해당 총수입금액 × 60%) – 400만 원]
  ② 산출세액 = 임대소득금액 × 14%
2. 미등록 주택임대사업자
  ① 분리과세 임대소득금액 = [2,000만 원 이하 주택임대소득의 총수입금액 – (해당 총수입금액 × 50%) – 200만 원]
  ② 산출세액 = 임대소득금액 × 14%

다만, 주택임대 수입금액이 2천만 원 이하일 경우에도 종합과세와 분리과세 중 어느 것이 유리한지는 타 소득금액, 소득공제 항목 등에 따라 납세자마다 상이하므로 모의계산을 통하여 판단하여야 한다.

3 부동산 공급·임대 시 부가가치세

사업자는 재화 또는 용역의 공급 시에 부가가치세를 신고·납부하여야 한다. 부동산의 양도 시 양도소득세와 함께 어떤 경우에 사업자가 부가가치세를 부담해야 하는지 알아보도록 한다.

건물의 공급과 부가가치세

건물의 공급은 재화의 공급에 해당하므로 부가가치세가 과세되지만 「부가가치세법」상의 생산요소인 토지의 공급에 대해서는 부가가치세가 면제된다. 또한, 국민주택 규모(85㎡)[65] 이하의 주택을 양도하는 경우에도 부가가치세가 면제된다.

부동산 임대와 부가가치세

부동산의 임대는 용역의 공급이며 「부가가치세법」에서는 이를 과세거래로 보아 과세하고 있다. 용역의 무상공급에 대해서는 과세하지 않으나 사업자가 특수관계에 있는 자에게 사업용 부동산의 임대용역 등 대통령령으로 정하는 용역을 공급하는 경우에는 과세한다.

따라서 상가를 임대해주는 경우 부가가치세 과세사업에 해당되어 임대료의 10%를 임차인에게 임대료와 같이 받아 임대인이 신고·납부하여야 하므로 거래시 세금계산서를 교부하여야 한다. 다만, 주택 임대의 경우에는 부가가치세 과세대상에서 제외(면세사업자, 국민주택규모 초과여부 불문)된다.[66]

규모가 작은 상가임대업자(특별시·광역시 소재 부동산 임대 등 제외)는 간이과세사업자 적용을 통해 보다 간편하게 부가가치세를 신고·납부하고 영수증을 교부할 수 있다.

---

65) 수도권을 제외한 지역으로 도시지역이 아닌 읍 또는 면지역은 100m²
66) 주택과 이에 부수되는 토지에 대해서 부가가치세가 면세되며, 이때 토지는 주택의 연면적과 건물정착 면적의 5배 (도시지역 밖은 10배) 중 넓은 면적을 초과하지 않는 토지의 임대 또는 국민주택규모 이하의 토지 임대부 분양 주택을 분양받은 자에게 제공하는 토지의 임대를 말한다.

사업의 포괄 양수도

사업의 포괄 양수도는 사업장별로 그 사업용 자산과 함께 당해 사업에 관한 모든 권리와 의무를 포괄적으로 승계하여 양도하는 것을 말한다.

임대사업자는 부동산 양도 시 양도소득세와 함께 부가가치세도 함께 납부하여야 하는데 사업의 포괄 양수도에 해당한다면 부가가치세는 납부하지 않아도 되므로 포괄 양수도가 되는지 요건을 잘 검토할 필요가 있다.

※ 요건은 다음과 같다.
① 포괄 양수도 계약서에 의하여 포괄 양도사실이 확인되어야 한다.
② 양도자 및 양수자 모두 과세사업자이어야 한다.[67]
③ 사업양도 후 사업양도 신고서를 제출하여야 한다.

위의 요건에 해당된다면 부가가치세를 납부하지 않아도 되지만, 요건을 충족하지 못하면 양도자는 세금계산서를 교부하고 양수자로부터 거래징수한 부가가치세를 신고·납부하여야 한다.

재화의 공급으로 보지 않는 취지

① 사업 그 자체를 양도하므로 특정 재화를 과세대상으로 하는 부가가치세 본래적 성격에 맞지 않음.
② 납세 편의 및 행정 편의의 제고

주택거래가 잦으면 부가가치세에 종합소득세까지 낸다.

개인이 주택을 팔 때는 부가가치세가 부과되지 않는다. 하지만 부동산 매매업자가 국민주택규모를 초과하는 주택을 취득해 양도하는 경우에는 부가가치세가 과세된다.

사업자 등록 여부나 사업의 종류와는 상관없이 부동산 거래 빈도가 잦으면 사업상의 목적이 있는 것으로 간주해 부동산매매업으로 보는데, 사업상의 목적으로 한 과세기간(6개월, 1월~6월 또는 7월~12월) 중 한 번 이상 부동산을 사고

---

67) 양수자의 사업자등록 여부는 관계없으며 동일사업을 영위하는지가 중요하다.

두 번 이상 파는 경우 부동산매매업으로 간주하게 된다.

중요한 것은 부동산 취득 및 보유현황, 규모, 상대방 등에 비춰 수익을 목적으로 하는지, 계속성과 반복성이 있는지 등이므로 거래횟수가 더 적더라도 사업상 목적이 있다고 판단되면 부가가치세를 과세할 수 있다.

부동산 매매업자로 간주되면 양도차익과 무관하게 매도가액의 10%를 부가가치세로 내고 종합소득세를 과세하기 때문에 관련 세법을 잘 인지하고 주의해야 한다.

※ 부동산관련 부가가치세 정리

구 분			과세	면세
부동산 매매	주택	국민주택규모(85㎡) 초과	○	
		국민주택규모 이하		○
	일반건축물		○	
	토지			○
부동산 임대	주택	국민주택규모 초과여부 불문		○
		그 부속토지 (도시내: 5배, 도시외: 10배)[68]		○
		위의 초과분 토지	○	
	일반건축물과 그 부속토지		○	
	토지(전, 답, 과수원 등은 과세 제외)		○	
	무상공급			○
	특수관계자에게 사업용 부동산 무상공급		○	

---

68) 주택의 연면적과 정착면적에 배율을 곱한 면적 중 큰 면적을 초과하지 아니하는 부분을 말함.

4 양도소득세 계산 시 부가가치세의 공제 여부

> 부가가치세를 취득원가에 포함하여 취득한 부동산을 양도하려고 할 때, 취득 시 부담한 부가가치세를 양도소득세 계산 시 공제할 수 있는지에 대해 살펴보도록 한다.

사업자가 아닌 개인이 양도 시

개인이 아파트를 분양받았을 때, 분양사업자에게 부가가치세가 포함된 분양가액을 지급하였다면 이를 양도할 때 양도가액에서 차감되는 필요경비로 인정받을 수 있다.

사업자가 양도 시

■ 사업자가 부동산 취득 시 부가가치세를 부담하였다면

취득시점에 부가가치세 매입세액으로 공제받았을 것이므로 양도 시 필요경비로 공제받을 수는 없다.

■ 간이과세자의 경우

계산구조 상 매입세액을 공제받을 수 없으므로 양도소득세 계산 시 취득가액에 포함하여 양도가액에서 차감할 수 있다.

■ 감가상각비 비용처리

사업자가 장부에 계상한 자산 중 감가상각비를 계상하여 비용처리하였다면 이중공제를 방지하기 위하여 취득가액 계산 시 감가상각누계액을 공제한 장부가액을 취득가액으로 하여야 한다.

4

주택임대사업자의
세금

1 주택임대사업자의 등록 절차

주택임대사업자로서의 각종 세제혜택을 받기 위해서는 주택임대사업자로 등록해야 한다. 이 장에서는 주택임대사업자와 관련된 용어를 알아보고, 임대사업자 등록에 관한 절차를 살펴본다.

2020.7.11.이후로 단기임대주택 신규 등록은 폐지되었고 단기임대주택의 장기일반 민간임대주택 전환 등록도 불허하는 것으로 개정되었다. 또한 장기일반 민간임대주택(매입임대)의 아파트 신규 등록은 폐지되었다.
폐지되는 유형인 단기임대주택이나 장기일반 민간임대주택 중 아파트는 임차인의 동의를 받고 임대주택 등록을 말소하면 과태료가 면제된다.
2020.8.18. 민간임대주택법의 개정으로 단기임대주택 및 장기일반 민간임대주택 중 아파트는 임대 의무기간이 경과하면 지자체 임대주택 등록이 자동으로 말소된다.

용어 정리

(1) 임대사업자의 정의 및 사업자등록

임대사업자란 「민간임대주택에 관한 특별법」에 따라 등록한 자를 말한다. 본 등록과 별개로 임대사업자는 과세대상인 사업자에 해당하므로 사업장 관할세무서에 「부가가치세법」에 따른 사업자등록을 신청해야 한다. 주택만 임대하는 경우 주택의 임대는 면세이므로 면세사업자로 「소득세법」에 따른 사업자등록 의무가 있다.

(2) 민간건설 임대주택과 민간매입 임대주택

민간임대주택은 다음과 같이 ① 민간건설 임대주택과 ② 민간매입 임대주택으로 구분할 수 있다.

구 분	내용
민간건설 임대주택	임대사업자가 임대를 목적으로 건설하여 임대하는 주택 또는 「주택법」에 따라 등록한 주택건설사업자가 사업계획승인을 받아 건설한 주택 중 사용검사 때까지 분양되지 않아 임대하는 주택

민간매입 임대주택	임대사업자가 매매 등으로 소유권을 취득하여 임대하는 민간 임대주택

(3) 공공지원 민간임대주택과 장기일반 민간임대주택

민간임대주택은 임대사업자의 종류에 따라 다음과 같이 ① 공공지원 민간임대주택, ② 장기일반 민간임대주택으로 구분할 수 있다.

구 분	내용
공공지원 민간임대주택	임대사업자가 공공지원을 받아 건설·매입하는 민간임대주택을 10년 이상 임대할 목적으로 취득하여 임대하는 민간임대주택
장기일반 민간임대주택	임대사업자가 공공지원 민간임대주택이 아닌 주택을 10년 이상 임대할 목적으로 취득하여 임대하는 민간임대주택

임대사업자 등록 절차

임대사업자 등록에 따른 혜택을 받기 위해서는 지방자치단체(선택), 세무서(의무) 두 곳에 다 등록해야 한다.

(1) 등록 절차

1) 인터넷을 통해 신청

렌트홈(www.renthome.go.kr)의 임대사업자 등록 신청에서 국세청사업자 신고한다.

2) 시·군·구청을 방문하여 신청[69]

국세청 누리집에 게시한 작성사례를 따라 신청서와 임대주택명세서를 미리 작성하여 주소지 시·군·구청을 방문하여 신고한다.

(2) 「민간임대주택에 관한 특별법」에 따른 등록 요건 (지방자치단체 등록시)

가액 요건	없음
면적 요건	없음 (준주택[70](오피스텔 등)의 경우 전용면적 기준 85㎡ 이하)
임대 의무기간	10년
임대료 상한	연간 5%

---

69) '19. 4월부터 시군구청 방문 등록시 사업자등록 신청서를 함께 제출할 수 있도록 개정되었다. 따라서 별도의 세무서 방문은 불필요하다.

70) 변화된 주택수요 여건에 대응하여 주택으로 분류되지 않으면서 주거용으로 활용이 가능한 주거시설의 공급을 활성화하기 위해서 도입한 제도로 건축법에 따른 기숙사, 다중 생활시설, 노인복지주택, 오피스텔이 이에 해당한다.

(3) 세법에 따른 등록 요건 (세무서 등록시)

임대사업자는 과세대상인 사업자에 해당하므로 사업장 관할세무서에 「부가가치세법」에 따른 사업자등록을 신청해야 한다. 주택만 임대하는 경우 주택의 임대는 면세이므로 면세사업자로서 「소득세법」에 따른 사업자등록 의무가 있다.

2020년부터 주택임대사업자는 세법에 따른 사업자등록을 필수로 하며 미등록시 가산세[71]가 부과된다.

> 🏠 기준시가 6억 원 초과, 국민주택규모 초과하는 주택으로 임대사업자 등록이 가능할까?: YES
>
> 민간임대주택 특별법에 따르면 오피스텔 등 준주택을 제외한 경우 면적 요건이 없으며 가액 요건도 전혀 없다. 세법에 따른 임대사업자 등록은 임대사업을 하기만 하면 가능하다. 따라서 가액과 면적이 초과하는 경우라도 지방자치단체, 세무서 모두 등록을 받아준다.
>
> 그러나 **면적요건과 가액요건을 벗어난 주택은 별다른 혜택 없이 의무만 부담해야 하는 경우가 되므로 주의해야 한다.**
>
> 소득이 발생하는 경우 사업자등록은 당연히 하는 것이지만 잘 모르고 지방자치단체에도 등록을 했다면 1개월 내에 해지할 수 있다. 등록이 가능하다고 해서 혜택이 따라오는 것이 아니다.

사업자 등록 절차 [72]

(1) 개인사업자 등록절차

1) 사업을 개시 후 20일 이내에 구비서류를 준비하여 관할 세무서장에 신고하여야 한다.

2) 구비서류

　① 사업자등록 신청서와 등록증

　② 사업허가증과 신고필증 사본(1부)

　③ 사업계획서, 도면, 자금의 출처명세서

---

71) 사업자 미등록·지연등록 가산세 0.2%

72) 국세청은 사업자등록 신청하는 납세자들의 편의성을 높이고 업무 효율을 개선하기 위해 '19년 11월 4일부터 빅데이터를 활용하여 '현장 확인 후 사업자등록이 거부될 확률'을 담당자에 사전 제공하여 일관성 있는 기준으로 현장 확인 대상 여부를 판단한다.

④ 사업허가 신청서, 임대차계약서

⑤ 동업의 경우 동업계약서

(2) 법인사업자 등록절차

1) 법인 설립등기 후 구비서류를 준비하여 소재지관할 세무서에 등록하여야 한다.

2) 구비서류

① 법인사업자등록 신청서

② 인허가증

③ 임대차계약서

④ 법인 등기부등본, 법인 인감증명서, 법인 인감도장

⑤ 대표이사 신분증

⑥ 주주명부

📌 법인 설립등기

등기소에 직접 서류등기하거나 대법원 인터넷등기소를 통하여 전자등기로 설립한다. 전자등기 신청시에 필요한 서류는 다음과 같다.

① 정관, 주금납입 보관증명서 또는 잔고증명서, 재산 인도증 등

② 주민등록표 등(초)본

③ 인감신고서

④ 등록면허세 영수필확인서, 등기신청수수료 영수필확인서

📌 법인 전환 시의 혜택

개인사업자는 종합소득세를 포함하여 부가가치세와 원천세를 부담하고 있으며 각종 책임으로부터 자유로울 수 없다. 그러나 개인사업자가 법인으로 전환하는 경우에는 다음과 같은 혜택을 기대할 수 있다.

① 주식을 통해 자금 조달이 용이

② 채무의 유한책임

③ 개인(최고 45%)에 비해 낮은 세율(최고 25%) 적용

④ 전문 경영인 영입 가능

주택임대사업자로 등록하는 것이 세제혜택을 받기 위함인 만큼, 이 장에 서는 주택임대사업자가 세제혜택을 받을 수 있는 요건을 살펴보고 사후관리 규정에 대해서 알아보도록 한다.

2020.7.11.이후 폐지 유형으로 등록하거나 장기일반으로 전환등록 시 세제혜택은 미적용된다.

민간임대주택법상 임대 의무기간의 1/2 이상 경과한 경우 등록을 자진말 소하거나 자동말소된 경우 세법상 장기임대주택의 혜택 중 거주주택 과세특 례 및 중과 배제는 그대로 적용된다. 그러나 종합부동산세 합산배제 혜택은 받을 수 없다.

등록이 자동말소되면 세법상 장기일반 민간임대주택에 대한 장기보유 특 별공제 우대율은 적용된다.

〈국세〉

임대소득세

⇒ 총 수입금액 2천만 원 이하자의 주택 임대
  소득 분리과세 신고시
  필요 경비율과 기본공제 우대

구분	필요 경비율	기본공제
등록	60%	4백만 원
미등록	50%	2백만 원

⇒ 국민주택규모 주택 임대소득세의
  30%(단기) 또는 75%(장기) 세액감면

종합부동산세

⇒ 민간 건설, 매입 임대주택
  등은 종합부동산세 합산배제

양도소득세

⇒ 장기보유 특별공제율 우대

구분		공제율
등록	장기	50, 70%
미등록		6~30%

〈지방세〉

구 분	취득세	재산세
감면율	50~100%	25~100%

취득세, 재산세 면제 또는 경감

(1) 취득세 면제, 경감

전용면적 60㎡ 이하인 공동주택 또는 오피스텔을 취득하는 경우 (신축 또는 최초 분양받은 경우에 한하며 취득일부터 60일 이내 임대사업자로 등록해야 한다.)	면제(200만 원 초과시 85%)
10년 이상의 장기임대 목적으로 전용면적 60㎡ 초과 85㎡ 이하인 장기임대주택을 20호 이상 취득하거나, 20호 이상의 장기임대주택을 보유한 임대사업자가 추가로 장기임대주택을 취득하는 경우	50% 경감

(2) 재산세 면제, 경감

임대사업자가 국내에서 임대용 공동주택 또는 오피스텔을 과세기준일 현재 2세대 이상 임대목적으로 직접 사용한 경우	전용면적 40㎡ 초과 60㎡ 이하	50% 경감
	전용면적 60㎡ 초과 85㎡ 이하	25% 경감
장기일반 민간임대주택을 임대하려는 자가 국내에서 임대목적의 공동주택, 오피스텔을 2세대 이상 또는 다가구주택(모든 호수 전용면적이 40㎡ 이하인 경우)을 과세기준일 현재 임대목적에 직접 사용	전용면적 40㎡ 이하	면제 (50만 원 초과 시 85%)
	전용면적 40㎡ 초과 60㎡ 이하	75% 경감
	전용면적 60㎡ 초과 85㎡ 이하	50% 경감

(3) 추징 사유
- 취득세 감면세액 전액 추징: 임대 외 용도로 사용하거나 매각, 증여하는 경우 또는 「민간임대주택에 관한 특별법」에 따라(임대기간 내 양도, 임대조건 미준수 등의 사유로) 임대사업자등록 말소 시
- 소급 5년 이내 감면된 재산세 추징: 「민간임대주택에 관한 특별법」에 따라(임대기간 내 양도, 임대조건 미준수 등의 사유로) 임대사업자등록 말소 시

주택임대소득 2,000만 원 이하자의 필요경비율과 공제금액

주택임대 총수입금액이 2천만 원 이하인 경우 2019년도 귀속분부터 분리과세와 종합과세 중 선택이 가능하다. 2천만 원 이하 여부는 [연간 월세합계액 + 간주임대료]가 2천만 원 이하인지 여부로 판단한다.

① 공제요건: 민간임대주택법에 따라 등록, 소득세법에 따른 사업자등록, 임대료 인상률(연 5% 준수) 3가지 요건 모두 충족

② 분리과세 시 세액 = {수입금액 × (1 - 필요경비율) - 공제금액} × 14%

  ㉠ 필요경비율: **임대주택 등록자 60%**, 미등록자 50%

  ㉡ 공제금액[73]: **임대주택 등록자 400만 원**, 미등록자 200만 원

소형주택 임대사업자에 대한 세액감면

(1) 요건

① 소득세법 또는 법인세법에 따른 사업자 등록

② 민간임대주택에 관한 특별법에 따라 임대사업자 등록

③ 국민주택규모 이하이면서 임대개시일 당시 주택 기준시가가 6억 원을 초과하지 아니할 것

④ 임대기간 준수해야 함: 의무임대기간인 4년(단기) 또는 8년(장기) 이상 임대하지 않은 경우 감면받은 세액 전액 추징 + 이자상당액(일 22/100,000) 가산, 8년 임대주택을 4년 이상 임대한 경우 60% 추징 + 이자상당액 (일 22/100,000) 가산

⑤ 임대료 인상 상한(5%) 준수

(2) 감면 내용[74]

단기 민간임대주택: 30%(2호 이상 임대: 20%)

장기일반 민간임대주택: 75%(2호 이상 임대: 50%)

---

73) 주택임대 소득을 제외한 종합소득금액이 2천만 원 이하인 경우 적용

74) 단, 이는 2025.12.31.까지 발생한 소득에 한시적으로 적용한다. 또한 소득세를 신고하지 않거나 적게 신고한 경우, 사업용 계좌를 미신고한 경우에는 감면 받지 못하거나 이미 받은 감면세액을 토해 내야 한다.

>> 납세자가 분리과세를 선택했다고 가정할 때 임대수입금액이 2천만 원이고, 임대소득을 제외한 소득이 없는 경우 위에서 언급한 필요경비율과 공제금액, 세액 감면이 등록 유무에 따라 세 부담에 어떠한 영향을 미치는지 살펴보면 다음과 같다.

구 분	미등록 시	등록 시
임대수입금액	2,000만 원	2,000만 원
필요경비 (필요경비율)	1,000만 원 (50%)	1,200만 원 (60%)
공제금액	200만 원	400만 원
과세표준	800만 원	400만 원
산출세액	112만 원	56만 원
세액감면	없음	42만 원 (8년 임대 75% 감면)
납부세액	112만 원	14만 원

>> 임대기간의 준수 여부 계산
 – 기존 임차인 퇴거일부터 다음 임차인 입주일까지의 기간으로서 3개월 이내의 기간은 임대한 기간으로 본다.
 – 4년: 4년이 되는 날이 속하는 달의 말일까지 기간 중 43개월 이상 임대
 – 8년: 87개월 이상 임대

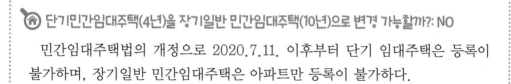

단기민간임대주택(4년)을 장기일반 민간임대주택(10년)으로 변경 가능할까?: NO

　민간임대주택법의 개정으로 2020.7.11. 이후부터 단기 임대주택은 등록이 불가하며, 장기일반 민간임대주택은 아파트만 등록이 불가하다.

종합부동산세 합산 배제

　주택에 대한 종합부동산세의 과세표준은 납세의무자별로 주택의 공시가격을 합산한 금액에서 다음의 금액을 공제한 금액에 공정시장 가액비율[75]을 곱한 금액으로 한다.

---

75) 60%(단, 2019년부터 2021년까지 납세의무가 성립하는 종부세에 대해서는 다음의 비율을 말한다. ① 2019년: 85%,
　② 2020년: 90%, ③ 2021년: 95%)

① 1세대 1주택자: 12억 원

② 법인 또는 법인으로 보는 단체: 0원

③ 1. 및 2.에 해당하지 않는 자: 9억 원

5년 이상 장기 임대등록한 주택(수도권 6억 원, 비수도권 3억 원 이하)에 대하여는 종부세가 비과세(합산배제)된다.

장기임대주택에 대한 장기보유 특별공제 추가공제

(1) 장기보유 특별공제율 70% 적용 요건[76]

2020.8.18.이후 등록한 장기일반 민간임대주택은 (1)과 동일하나 10년 이상 계속하여 임대한 후 양도하는 경우에 적용하며 특별공제율 70%가 적용된다.

위 특례 임대기간 중 발생한 양도차익에 한하여 적용되며, 아래 (2)추가공제와는 중복 적용할 수 없다.

(2) 추가공제

민간매입 임대주택 등을 6년 이상 임대한 후 양도하는 경우 아래 추가공제율을 더한 공제율을 적용한다.

임대기간	추가공제율
6년 이상 7년 미만	100분의 2
7년 이상 8년 미만	100분의 4
8년 이상 9년 미만	100분의 6
9년 이상 10년 미만	100분의 8
10년 이상	100분의 10

장기일반 민간임대주택에 대한 양도소득세의 감면 [77]

2015.1.1.이후 ~ 2018.12.31.까지 취득하고 3개월 이내 장기일반 임대주택으로 등록한 후 10년 이상 임대하는 경우 양도소득세의 100%를 감면한다. 감면 혜택을 받으려면 임대료 상한(연 5%) 요건을 준수하여야 하고 국민주택규모 이하이면서 기준시가 6억 원(수도권 밖 3억 원) 이하의 주택[78]이어야 한다.

---

76) (2)번 항목의 2% 추가공제와 중복적용은 하지 않는다.

77) 위의 '장기임대 주택에 대한 장기보유 특별공제'와 중복적용은 하지 않는다.

78) 해당 가액요건은 2018.9.13. 이후 취득분에 한해 적용한다.

다주택자의 조정대상지역내 임대주택 양도 시 중과 배제

2018.9.13.이전 취득 주택에 한하여 조정대상지역내 임대주택 양도 시 중과세를 배제한다. 주택의 취득시점에 따라 다음과 같이 요건이 달라진다.

구 분	요건
2003.10.29. 이전 기존매입 임대주택	2호 이상, 5년 이상 임대 국민주택규모 이하, 기준시가 3억 원 이하
2003.10.30. 이후 신규매입 임대주택 (2018.3.31.까지 임대사업자 등록)	1호 이상, 5년 이상 임대 기준시가 6억 원(수도권 밖 3억 원) 이하
장기일반 민간임대주택 (2018.4.1.부터 2020.7.9.까지 임대사업자 등록)	1호 이상, 8년 이상 임대 기준시가 6억 원(수도권 밖 3억 원) 이하
장기일반 민간임대주택 (2020.7.10. 이후 임대사업자 등록)	1호 이상, 10년 이상 임대 기준시가 6억 원 (수도권 밖 3억 원) 이하

거주주택 양도 시 주택 수에서 제외

장기임대주택 등을 보유한 상태에서 본인 거주주택 양도 시 1세대 1주택으로 비과세를 적용받을 수 있다. 기존에는 거주기간 충족시 횟수 제한 없이 1세대 1주택 비과세를 적용했지만 시행령 개정을 통해 장기임대주택 보유의 경우 최초 거주주택에 대해서만 비과세한다[79]. 즉, 평생 1회로 제한되는 것이다. 또한 장기임대주택을 거주 목적으로 전환하여 1세대 1주택이 된 경우는 직전 거주주택 양도 이후 양도차익분만 비과세된다.

거주주택 비과세가 적용되는 고가주택의 12억 원 초과분 중과 여부

시행령 개정으로 2021. 2. 17. 이후 양도분부터 거주주택 비과세 특례와 일시적 2주택 비과세 특례가 동시에 적용되는 고가주택의 12억 원 초과분에 대하여는 양도세 중과가 배제되고 장기보유 특별공제가 적용된다.

---

[79] 2019.2.12. 시행령이 개정되었으며, 시행령 개정 당시 거주주택에 거주하고 있거나 거주주택 취득을 위해 매매계약을 체결하고 계약금을 지급한 사실이 증빙서류에 의해 확인되는 경우 개정에도 불구하고 종전규정을 따른다.

🏠 장기임대주택 1채 뿐인데 양도세 내라구요?

소득세법에서 규정한 장기임대주택으로 등록된 주택의 경우 1세대 1주택 비과세 판정 시 거주자의 주택에서 제외하는 혜택이 있다. 그런데 거주하는 주택을 비과세 받는 혜택을 주는 대신, 거주주택을 양도하고 난 다음 장기임대주택을 양도할 경우 불이익이 있을 수 있다. 즉, 거주주택을 양도하고 난 후 장기임대주택이 1주택이라면 1세대 1주택에 해당돼 비과세를 받는데, 보유기간 중 발생한 전체 양도차익에 대해서 비과세 받지는 못한다.

장기임대주택을 보유한 상태에서 거주한 주택을 양도하는 경우 비과세 혜택을 주는 대신 장기임대주택 양도 시에는 거주주택과 함께 보유한 기간에서 발생한 양도차익에 대해 비과세를 배제한다. 따라서 거주주택 양도 후 1주택자로 소유한 기간에서 발생한 양도소득만 비과세를 받을 수 있다.

주택임대사업자 등록에 따른 의무

지방자치단체에 주택임대사업자 등록을 하면 양도세 감면혜택 등도 있지만 최소 4~10년 이상의 의무기간을 준수해야 하고 준수사항을 지키지 않았을 경우 과태료 등 불이익이 크다. 임대사업자 등록에 따른 각종 협력의무와 위반시 제재가 강화되는 추세이므로 임대사업자 등록시 이에 따른 의무를 잘 확인하여 성실히 수행해야 한다.

임대사업자 등록에 따른 의무

(1) 표준임대차계약서 작성 의무

집주인이 임대주택 사업자라면 통상 사용하는 계약서와 별도로 표준임대차 계약서를 작성해야 한다. 표준임대차 계약서는 부동산 등의 임차목적물을 임대인과 임차인의 합의하에 일성한 임자금을 지불하고 사용할 수 있도록 약정하는 문서로, 「민간임대주택에 관한 특별법」 제24호 서식을 말한다.

표준임대차 계약서는 계약자(임대인, 임차인), 개업 공인중개사, 계약일, 민간임대주택의 표시, 계약조건 등으로 구성되어 있다.

(2) 임대주택 양도 제한

부도, 파산, 그밖의 법령에 열거된 사유 외에는 양도 금지되며, **허가 없이 임대사업자가 아닌 자에게 양도하는 경우 최대 3천만 원의 과태료가 부과된다.**

(3) 의무 임대기간(단기 4년, 장기 8년) 준수 의무

의무 임대기간[80] 미준수 시 감면받았던 취득세와 재산세가 추징되며, 소형임대주택 임대에 따라 감면된 소득세가 추징되고 이자상당액이 가산된다.

(4) 임대료 상한 준수 의무(연 5%)

미준수 시 최대 3천만 원의 과태료가 부과된다.

---

80) 2020.8.18. 이후 단기 민간임대주택은 폐지되고, 장기 민간임대주택은 임대기간이 10년 이상으로 개정되었다.

≫임대등록 주택의 임대료 5% 상한 적용 방법

주택을 민간임대주택으로 등록하였다면, 의무임대기간 동안 임대료를 5% 한도 내에서 증액해야, 조세특례제한법상 혜택인 장기보유특별공제 70%, 양도소득세 100% 감면 등의 혜택을 받을 수 있다. 임대료 인상제한은 임대사업자의 핵심 의무로서 위반 시 최대 3,000만 원으로 과태료가 상향되었으므로 반드시 확인해 보아야 하는 부분이다.

임대료 증액은 임대차계약 또는 약정한 임대료의 증액이 있은 후 1년 이내에는 하지 못하도록 되어 있고, 「주택임대차보호법」에 의하면 2년의 임대기간이 보장되므로 (5% × 2년)이 아닌 (기존 임대료 × 5%)가 상한임을 주의해야 한다.

월세 또는 반전세의 경우도 그 계산은 생각보다 간단하며, 임대조건을 전세로 바꾸어 계산하고 이를 다시 월세, 반전세 등으로 환산하면 된다.

"「주택임대차보호법」 제7조의2(월차임 전환 시 산정률의 제한)"

보증금의 전부 또는 일부를 월 단위의 차임으로 전환하는 경우에는 그 전환되는 금액에 다음 중 낮은 비율을 곱한 월차임의 범위를 초과할 수 없다.
1. 은행법에 따른 은행에서 적용하는 대출금리와 해당 지역의 경제 여건 등을 고려하여 대통령령으로 정하는 비율(동법 시행령 제9조에 따르면 10%)
2. 한국은행에서 공시한 기준금리에 대통령령으로 정하는 이율(연 2%)을 더한 비율
   => "10%"와 "기준금리+2%" 중 낮은 이율 적용

㉔ 보증금 3,000만 원, 월세 70만 원 → 보증금 3,500만 원, 월세 727,708원

(한국은행 기준금리 0.5%인 경우)

1단계	월세 70만 원을 전세보증금으로 환산	700,000*12/2.5%=336,000,000
2단계	환산한 보증금과 현재보증금 합산	336,000,000+30,000,000 =366,000,000
3단계	5% 증액한도 계산	366,000,000*1.05=384,300,000
4단계	재계약 시 보증금 차감	384,300,000-35,000,000 =349,300,000
5단계	잔액으로 월세한도 계산	349,300,000*2.5%/12=727,708

(5) 등록임대주택 부기등기제도 도입

등록임대주택 여부를 소유권 등기에 표기하게 되고, 기존주택은 유예기간(2년)[81] 동안 부기등기를 하지 않을 경우 500만 원의 과태료가 부과된다.

(6) 각종 신고의무

임대차 계약 신고, 임대차 계약 변경 신고, 임대사업자 등록 사항 변경 신고, 임대사업자 등록 말소 신고 등 각종 신고의무가 따른다.

(7) 등록 후 1개월 이후 등록취소 제한

(8) 임대주택 본인 거주 제한

집주인이 살려고 미임대시 최대 과태료 3천만 원이 부과된다.

주택임대사업자 등록의 실익

2019년 귀속분부터 2천만 원 이하 주택임대소득 과세가 시행됨에 따라 세법에 따른 사업자 등록이 의무화되며, 2018년 12월 31일 이전 임대소득이 있는 사람이 사업자등록을 하지 않으면, 2020년 1월 1일부터 사업자 미등록·지연 등록 가산세 0.2%가 부과된다.

여기서 임대사업자 등록을 의무화 한다는 것은 소득세법상 세무서에 임대사업자 등록(부가세 면세사업자)을 의무화한다는 것이지, 민간임대주택에 관한 특별법에 따라 지방자치단체에 등록하는 주택임대사업자 등록을 의무화한다는 것은 아니다.

지방자치단체에 주택임대사업자 등록을 하면 양도세 감면혜택 등도 있지만 최소 4~10년 이상의 의무기간을 준수해야 하고 준수사항을 지키지 않았을 경우 과태료 등 불이익이 크다. 단기임대사업자의 경우 세금적인 혜택도 크지 않고, 잘못 공제받으면 가산세와 과태료까지 낼 수 있기 때문이다.

다만, 현 정부에 들어서 주택 시장 침체를 막기 위해 폐지되었던 전용 85㎡ 이하 아파트의 등록임대를 복원하고, 취득세 감면 및 종부세 합산배제 혜택을 되살리고, 임대주택 양도에 따른 법인세 추가 과세도 배제하려는 움직임을 취하고 있다. 그러나 주택유형 구분 없이 2가구 이상 등록할 때만 신규 등록을 허용할 예정이고, 의무임대기간도 10년에서 15년 이상으로 확대하는 방향을 검토하고 있기 때문에 주택 시장 경기를 살피며 조심스럽게 접근할 필요가 있다고 판단된다.

---

81) '20. 5. 20. 국회 본회의 통과한 사항으로 '20. 11. 20.부터 시행되므로 이로부터 2년 후인 '22. 11. 20. 이후부터 2년 후인 22.11.20.이후부터 과태료가 부과된다.

🏠 주택임대사업자로 등록된 주택을 자녀에게 증여할 경우 사업자 승계가 가능할까?: YES or NO

이와 같은 질문을 지방자치단체와 세무서에 각각 할 경우, 지방자치단체에서는 승계가 가능하다고 하고, 세무서에서는 승계가 되지 않는다는 답변을 할 것이다. 지방사치단체에서 승계된다고 이야기하는 것은 의무임대기간이 승계되어 과태료가 없다는 뜻이다.

하지만 세법에서는 증여 뿐 아니라 사업포괄 양수도의 경우도 지금껏 받은 취득세, 재산세 감면 혜택이나 소득세 감면 혜택을 모두 추징당하며 이자상당액도 납부해야 한다. 세법에서는 승계자가 모든 것을 새로 시작하게 되며 '18.9.13. 이후 취득하는 경우 승계시점에 가액기준이 초과되면 장기보유 특별공제도 배제되며 종합부동산세 합산 배제, 중과세율이 적용될 수 있다.

🏠 주택임대차 정보시스템(RHMS)

2018. 9월부터 본격 가동한 RHMS는 부처마다 흩어져 있던 임대차 정보를 모아 연계해 놓은 시스템이다. 국토부가 가진 건축물 대장, 행정안전부의 재산세 대장 등을 통한 소유 정보와 국토부의 임대등록 자료, 확정일자 신고자료, 국세청의 월세세액 공제자료 등을 DB(데이터베이스)화 한 것으로 이를 통해 자가 여부(주민등록자료 활용), 빈집 여부(건축물 에너지정보상 전기사용량 등 활용) 등을 확인한 후 공시가격, 실거래 가격, 전월세 가격 정보 등을 연계해 임대사업자의 임대소득을 파악한다.

국토부가 이 시스템을 시범 운영한 결과 전국에서 1,391만 명의 개인이 주택 1,527만 채를 보유한 것으로 집계되었는데, 자가 거주주택과 빈집을 제외한 임대주택은 692만 채로 추정되며 이 중 공부상 임대료 파악이 가능한 주택은 27%에 해당하는 187만 채라고 한다. 나머지 73%인 505만 채는 임대료 정보가 공부에 나타나지 않는 주택이며, 앞으로 이들 주택에 대해서도 한국감정원 시세자료 등을 활용해 임대소득 추정자료를 제공할 수 있다고 한다.

실제 지난 2018년 9월 16일 국세청은 국토부로부터 이에 대한 자료를 넘겨받아 세무검증 대상자를 추려 발표했는데, 주택임대 수입금액 탈루 여부에 대한 정밀 분석을 통해 탈루혐의가 큰 고가·다주택임대업자 등을 대상으로 추렸다. 국세청은 2019년 2,000만 원 이하 주택임대소득에 대한 분리과세를 앞두고 주택임대차 정보시스템을 적극 활용하겠다고 강조하였다.

민간임대주택법에서는 재개발, 재건축으로 인해 임대사업이 중단될 경우의 별도 특례규정이 없다. 다만, 공사기간 중에는 임대할 수 없으므로 의무임대기간을 채우지 못한 것에 대한 과태료도 부과하지 않는다. 공사기간 후 재임대 시는 기존 임대사업 자격이 사라졌으므로 신규로 다시 등록해야 한다.

소득세법에서는 장기임대주택의 경우 재개발, 재건축에 따른 특례규정을 적용받을 수 있다. 재개발, 재건축 사업이 진행되는 경우 관리처분계획인가일 전 6개월부터 준공일 후 6개월까지의 기간은 계속하여 임대한 것으로 간주하되, 실제 임대한 기간만 임대기간에 산입할 수 있다(2019.2.12. 개정).

따라서 재건축 등 공사기간에도 임대사업자 지위가 유지되며 종전주택의 임대기간과 신축주택의 임대기간은 통산하여 계산하되 사실상 임대를 할 수 없는 공사기간은 임대기간에 산입되지 않는다.

완공된 주택의 공시가격이나 면적이 달라지는 상황이 발생할 수도 있는데, 가액요건을 만족해야 하는 경우 가액요건은 임대 개시 당시를 기준으로 판단하므로 재건축된 주택이 공시가격 6억 원을 초과하더라도 임대 개시 당시만 6억 원 이하면 상관없다. 다만, 주택면적요건을 만족해야 하는 경우 취득은 물론 양도 당시에도 이에 부합해야 하므로 재건축으로 면적이 달라지는 경우 양도세 감면 혜택 등에서 배제될 수 있다.

민간임대주택법상의 임대등록제도가 바뀜에 따라 의무임대기간이 경과하면 자동적으로 등록이 말소되며, 본인의 희망에 따라 등록말소를 할 수 있도록 법이 개정되었다. 이러한 변화는 당연히 임대주택 세제에도 영향을 미치게 된다.

한편, 2019년까지는 수입금액 2천만 원 초과 주택임대사업자가 소득세 신고대상이었으나, 이제는 수입금액 2천만 원 이하 주택임대사업자도 신고를 해야 한다. 또한 2020년부터 주택임대사업자가 세무서에 사업자 등록을 하지 않을 경우 가산세(수입금액의 0.2%)를 추가로 부담하게 되니 주의하여야 한다.

■《정책 발표 사항》

정부가 '23년 정책방향 발표를 통해 2020년에 폐지한 '아파트 임대사업자' 제도를 복원할 예정이라고 발표했다. 전용면적 $85m^2$ 이하의 아파트도 매입형 장기(10년) 임대 등록을 허용하고 양도세 중과 배제 등 세제혜택을 부여한다. 다만, 최소 등록 호수(2호) 신설, 장기(15년) 임대시 주택가액 기준 완화(수도권 6억 원 → 9억 원, 비수도권 3억 원 → 6억 원)등 공적 기능을 강화를 통해 장기 거주할 수 있는 민간 임대주택 공급을 활성화 하도록 추진한다.

과세대상 주택임대소득

그동안 비과세 되어왔던 수입금액 2천만 원 이하 주택임대소득에 대한 전면과세가 2020년부터 시행되었다.

월세 임대수입이 있는 2주택 이상 소유자와 보증금 합계가 3억 원을 초과하는 3주택 이상 소유자는 2월 10일까지 수입금액 등의 사업장 현황신고를 하고, 다음해 5월에는 소득세를 신고 납부하여야 한다.

과세 요건(주택 수 기준)			과세 방법(수입금액 기준)	
주택 수[82]	월세	보증금	수입금액	과세방법
1주택 기준시가 12억 원 이하	비과세	비과세	2천만 원 이하	종합과세와 분리과세 중 선택
1주택 기준시가 12억 원 초과	과세	비과세	2천만 원 이하	종합과세와 분리과세 중 선택
2주택	과세	비과세 간주임대료 과세[83]	2천만 원 이하	종합과세와 분리과세 중 선택
3주택 이상	과세	간주임대료 과세[84]	2천만 원 초과	종합과세

구 분	임대소득 과세대상 주택수 포함여부
배우자 소유 주택	포함
공동지분 주택의 최다 보유분	포함
공동지분 주택의 소수 지분	미포함 (일부 포함*)
전대 주택	포함
전전세 주택	포함

* 공동지분 주택의 소수 지분 중 임대주택의 지분임대 소득이 연 600만 원 이상인 경우나 기준시가 12억 원 초과주택의 지분이 30%를 초과하는 경우에는 포함된다.

(1) 주택임대소득의 수입금액

① 수입금액: 해당 과세기간에 수입하였거나 수입할 금액의 합계액

⇒ 주택임대소득의 수입금액 = 월세 + 보증금 등에 대한 간주임대료

② 간주임대료: 3주택 이상을 소유하고 해당 주택의 보증금 등의 합계액이 3억 원을 초과하는 경우 간주임대료를 수입금액에 산입

⇒ (보증금 등 − 3억 원)의 적수 × 60% × (1/365) × 정기예금 이자율[85]

(2) 주택임대소득의 분리과세

'19년 귀속부터 주택임대소득 수입금액이 2천만 원 이하인 경우 다른 종합과세대상 소득과 합산하여 신고하는 방법과 주택임대소득에 대해 14%의 세율을 적용하여 분리과세 신고하는 방법 중 선택하여 신고할 수 있다.

⇒ 수입금액 2천만 원 초과: 종합과세

⇒ 수입금액 2천만 원 이하: 종합과세와 분리과세 중 선택

---

82) 소유 주택 수는 부부 합산하여 계산

83) 2026년부터 고가 주택(기준시가 12억 원 초과) 2주택 보유자에 대하여 과세

84) 소형주택(주거 전용면적 40㎡ 이하이면서 기준시가 2억 원 이하)은 간주임대료 과세대상 주택에서 제외(2026년 12월 31일까지)

85) 2024년 시행규칙 개정안에서 가산금 이자율을 3.5%로 상향 조정할 것으로 예정되어 있다.

주택: 상시 주거용(사업을 위한 주거용의 경우는 제외)으로 사용하는 건물로 주택부수 토지를 포함한다.

구 분	계 산 방 법
다가구 주택	• 1개의 주택으로 보되, 구분 등기된 경우에는 각각을 1개의 주택으로 계산

공동소유	① 원칙: 최대 지분자의 주택 수에 포함
	  예외: 다음 중 어느 하나에 해당 시 소수지분자도 포함
	    ㉠ 공동소유 주택 임대소득(주택임대 수입금액×지분율)이 연 600만 원 이상(단, 전세보증금 등에 따른 수입은 제외)
	    ㉡ 기준시가 12억 원 초과주택의 지분 30% 초과
	② 지분이 가장 큰 자가 2인 이상인 경우에는 각각의 소유
	③ 지분이 가장 큰 자가 2인 이상인 경우로서 그들이 합의하여 그들 중 1인을 당해 주택의 임대수입의 귀속자로 정한 경우에는 그의 소유

전대·전전세	• 임차 또는 전세 받은 주택을 전대하거나 전전세하는 경우 당해 임차 또는 전세받은 주택은 소유자의 주택 수에 포함될 뿐만 아니라 임차인 또는 전세받은 자의 주택으로도 계산
부부소유	• 본인과 배우자가 각각 주택을 소유하는 경우에는 이를 합산

등록임대사업자 제도 변화 내용

(1) 등록임대사업자 제도 변화

주택시장의 변화에 따라 그동안의 정책 또한 많은 변화가 있었다. 시기별 등록임대사업자 제도 변화에 대해 알아보자.

① 2017년	– 임대사업자 요건 완화 – 지방세, 임대소득세, 양도세 등 감면 확대
② 2018년	– 임대사업자 주택담보대출 LTV비율 축소 – 양도세 중과 혜택 축소
③ 2019년	– 1세대 1주택 비과세 혜택을 축소 – 규제지역 거주요건 2년 신설

④ 2020년	– 단기임대 및 장기일반 매입임대규정 폐지 – 기존 4·8년 의무기간 종료 시 자동 등록 말소규정 도입
⑤ 2021년	– 신규 임대등록 폐지 – '20.7. 이전 등록한 기존 사업자 양도세 중과배제 혜택 폐지

(2) 신규 임대등록의 개정

현재는 단기임대(4년) 폐지 및 아파트 장기일반 매입임대 등록은 불가능하다. 단, 2023년 정책방향 발표를 통해 2020년도 대폭 축소되었던 등록임대 유형 중 국민주택 규모 장기 아파트(전용면적 85m² 이하)의 등록을 허용할 예정이라고 발표했다. 무분별한 매입임대주택 등록 방지 및 투기 수요 확산방지를 위해 신규 매입임대사업자는 2주택 이상 등록하는 경우에 한해 임대등록을 허용한다.

또한 15년 의무 임대기간을 신설하여 세제혜택을 적용받기 위한 가액 요건을 완화하여 적용할 수 있도록 하였다.(수도권 6억 원 → 9억 원, 비수도권 3억 원 → 6억 원)

		현행('20.7. 전면축소)	개선
단기(4년)	건설임대	폐지	–
	매입임대	폐지	–
장기(10년)	건설임대	존치	–
	매입임대	축소(非 아파트만 허용)	복원(85m² 이하 APT)

(3) 신규 등록임대주택 최소 의무임대기간 연장

종전에는 장기일반의 최소 의무임대기간은 8년으로 규정하고 있었으나, 임차인의 장기간 안정적 거주 환경을 조성하고자 의무임대기간을 10년 이상으로 연장하였다.

세법상 유의할 사항은 단독주택 등을 10년 장기로 임대등록한 경우에는 거주주택 비과세, 중과세 제외, 종합부동산세 합산배제 등의 혜택을 받을 수 있다. 다만, 2018년 9월 14일 이후에 취득하거나 증여받은 주택을 임대등록한 경우에는 양도소득세 중과세 대상이 되며, 종합부동산세 합산배제 혜택 또한 적용받을 수 없다.

기존 임대등록제도의 개정

(1) 최소 의무임대기간 종료시 자동 등록말소

종전에는 기존 등록임대주택은 의무임대기간(4년, 8년)의 상한이 없으므로 임대사업자가 원할 경우 영구적으로 등록지위를 유지할 수 있었으며 그에 따른 세제혜택을 얻을 수 있었다. 폐지된 단기(4년)와 아파트 장기일반 매입임대(8년) 유형은 최소 의무임대기간 경과 시 자동으로 등록말소된다. 다만, 기 등록주택의 경우 등록말소 시점까지 세제혜택은 유지된다.

4년 및 8년 의무임대기간이 경과하면 자동말소가 되므로 그동안 누려왔던 세제혜택에 많은 문제가 발생한다. 특히 단기임대의 경우 세제혜택을 얻기 위해 5년 이상의 임대기간이 필요한데 자동말소로 인하여 5년의 기간을 채울 수 없게 된 것이다.

(2) 등록임대사업자 자발적 등록말소 기회 부여

종전에는 자발적 등록말소는 등록 후 일정기간(1개월 또는 3개월)이내에만 말소가 가능하였으며, 그 이후 최소의무기간 준수 위반시 과태료(호당 3천만 원 이하)가 부과되었다. 다만, 개정으로 인하여 폐지되는 단기(4년)와 아파트 장기일반 매입임대(8년) 유형에 한해 희망시 자진말소를 허용하도록 하였으며, 최소의무기간을 준수하지 못하였더라도 과태료는 면제한다.

현재 시행되고 있는 자동말소와 자진말소제도는 4년 단기임대와 8년 장기임대 중 아파트에 한정된 것이므로, 장기임대 중 다세대주택이나 오피스텔 등은 자진말소를 신청할 수 없는 것이다.

한편 자진말소의 경우 다양한 세무상 쟁점이 발생하므로 주의해야 하는데, 특히 의무임대기간의 1/2 이상을 임대한 상태에서 자진말소가 진행되어야 함을 주의하여야 한다.

자동말소 및 자진말소에 따른 세제혜택 변화

(1) 자동말소되는 경우

임대주택등록으로 인해 그동안 적용받을 수 있었던 세제혜택은 자동말소로 인하여 영향을 받게 된다. 다만, 자동말소는 부득이한 사유에 해당하므로 기실현된 것은 추징하지 않도록 보완하였다.

세제혜택	단기임대(4년)	장기임대(8년) 아파트
취득세	추징×	
재산세	추징×	
임대소득세 감면	추징×	
양도세 중과배제	양도시기 무관 중과배제	
거주주택 양도세 비과세	말소 후 5년 이내 양도시 비과세	
종합부동산세 합산배제	추징× (말소 후 합산하여 종부세 과세)	
임대주택 장특공제	혜택 없음.	말소 후 50%

(2) 의무임대기간 전에 자진말소한 경우

최소 의무임대기간 전에 본인의 희망에 따라 등록을 말소하는 경우에 해당한다. 자진말소를 원활히 하려면 과태료 면제뿐만 아니라, 각종 세제혜택을 받은 경우 추징이 없도록 하여야 한다. 따라서 민간임대주택법과 세법에서는 임대료 상한율 5% 준수 등 공적의무를 이행한 자에 한하여 과태료 면제 및 세제지원을 받을 수 있도록 보완하였다.

다만, 의무임대기간의 1/2 이상의 기간을 임대하였는지 여부에 따라 세제혜택에서 차이를 두고 있다.

세제혜택	단기임대(4년)		장기임대(8년) 아파트	
	의무기간 1/2 이상	의무기간 1/2 미만	의무기간 1/2 이상	의무기간 1/2 미만
취득세	추징×			
재산세	추징×			
임대소득세 감면	추징×			
양도세 중과배제	말소 후 1년 이내 양도시 중과배제	혜택 없음.	말소 후 1년 이내 양도시 중과배제	혜택 없음.
거주주택 양도세 비과세	말소 후 5년 이내 양도시 비과세	혜택 없음.	말소 후 5년 이내 양도시 비과세	혜택 없음.
종합부동산세 합산배제	추징× (말소 후 합산하여 종부세 과세)			
임대주택 장특공제	혜택 없음.			

🏠 강제말소가 된 경우

공적의무(임대료 상한율 5% 등)를 위반한 경우에는 강제말소가 될 수 있다. 이는 자동말소와는 다른 개념으로 의무위반에 따른 제재에 해당하므로 과태료는 물론이고 각종 세제지원을 박탈당하게 된다.

5

상속세 · 증여세
부동산 · 주식 관련 세금

부동산 등을 상속·증여받는 경우

부동산 등을 유상으로 이전하는 경우에는 양도소득세를 내야 하지만, 무상으로 이전되는 상속 또는 증여와 같은 경우에는 상속세 또는 증여세를 납부할 의무가 있다.

이하에서는 상속세·증여세의 대략적인 개요를 살펴보도록 한다.

상속세 정의 및 계산구조

상속세는 자연인의 사망으로 인하여 사망자(피상속인)의 재산을 무상으로 취득하는 경우 그 가액에 대하여 상속인에게 과세하는 세금이다.

(+)	본래 상속재산가액	상속자산 − (상속부채 + 납부할 상속세, 취득세)
(+)	간주 상속재산가액	보험금 + 퇴직금 + 신탁재산
(+)	추정 상속재산가액	용도불분명 금액 − Min(재산처분액×20%, 2억 원)
=	**총 상속재산가액**	
(−)	비과세 상속재산가액	
(−)	과세가액 불산입액	
(−)	과세가액 공제액	채무 + 공과금 + 장례비용
(+)	증여재산가액	
=	**상속세 과세가액**	
(−)	상속공제	인적공제·물적 공제·감정평가수수료 공제[86]
=	**상속세 과세표준**	
(×)	세율	10%~50%의 5단계 초과누진세율
=	**상속세 산출세액**	세대생략 가산액
(−)	세액공제	
(−)	문화재 등 징수유예액	문화재자료, 박물관자료, 미술관자료
(+)	가산세	
=	**차가감 납부세액**	

---

86) 개인 감정평가사업자의 평가수수료도 포함

① 상속세는 유산과세형으로 피상속인의 유산총액을 기준으로 과세한다. 각 상속인은 각자가 받았거나 받을 재산을 한도로 하여 공동으로 상속세를 납부하여야 한다.

② 증여세는 취득과세형으로 각 수증자의 취득가액에 대해 과세한다.

증여세 정의 및 계산구조

증여세는 타인으로부터 무상으로 재산을 취득하는 경우, 취득자에게 무상으로 받은 재산가액을 기준으로 하여 부과하는 세금이다.

수증자가 거주자인 경우 국내·외 모든 증여재산에 대해 납세의무가 있으며, 수증자가 비거주자인 경우 국내에 있는 증여재산에 대해서만 납세의무가 있다.

(+)	증여재산가액 합산대상 재차 증여재산가액	동일인으로부터 10년 이내 증여받은 재산가액이 1천만 원 이상인 경우
(−) (−) (−)	부담부증여 채무인수액 비과세 증여재산가액 과세가액 불산입재산	공익법인 출연재산, 공익신탁재산 등
=	**증여세 과세가액**	
(−) (−)	증여공제액 감정평가수수료	증여재산공제, 혼인·출산 증여재산 공제[87], 재해손실공제
=	**증여세 과세표준**	과세최저한 50만 원 미만
(×)	세율	상속세와 동일
=	**증여세 산출세액**	세대생략 가산액
(−) (−) (+)	세액공제 박물관자료 등 징수유예액 가산세	박물관자료와 미술관자료
=	**신고납부 세액**	

---

87) 24년 1월 1일 이후 증여분부터 적용된다.

⌂ 증여세는 완전포괄주의

① 증여세는 완전포괄주의 과세제도의 입장을 취하고 있다. 따라서 민법상의 증여 및 세법상 예시된 경우뿐만 아니라 사실상 재산의 무상이전(현저히 저렴한 대가로 이전하는 경우 포함)하는 것 또는 타인의 기여에 의하여 재산의 가치가 증가하는 것을 말한다.

② 제 3자를 통한 간접적인 방법이나 둘 이상의 행위 또는 거래를 거치는 방법에 의하여 상속세 또는 증여세를 부당하게 감소시킨 것으로 인정되는 경우에는 그 경제적인 실질에 따라 당사자가 직접 거래한 것으로 보거나 연속된 하나의 행위 또는 거래로 보아 증여 여부를 판단한다.

③ 즉, 그 행위 또는 거래의 명칭, 형식, 목적 여부에 불구하고 증여세를 납부하도록 하고 있다.

부동산 등을 거래할 때는 증여에 해당하는 것은 아닌지 특히 유의할 필요가 있다.

■ 상속세 및 증여세 세율 (초과누진세율)

과세표준	세율
1억 원 이하	과세표준의 100분의 10
1억 원 초과 5억 원 이하	1천만 원 + (1억 원을 초과하는 금액의 100분의 20)
5억 원 초과 10억 원 이하	9천만 원 + (5억 원을 초과하는 금액의 100분의 30)
10억 원 초과 30억 원 이하	2억 4천만 원 + (10억 원을 초과하는 금액의 100분의 40)
30억 원 초과	10억 4천만 원 + (30억 원을 초과하는 금액의 100분의 50)

2 상속 순위 및 법정상속 비율

피상속인의 사망 시 상속재산의 행적은 피상속인이 유언을 했는지 여부에 따라 다르다.

피상속인이 **유언**을 남긴 상태라면 유언에 따라 지정된 상속인이 우선하게 되며, 유언이 없는 경우에는 상속인들 간 **협의**를 통해 상속재산을 분할한다. 그러나 협의가 안 될 경우에는 민법에서 정한 **법정상속 비율 및 순위**를 따른다.

유언이 없는 경우

상속인 간의 협의를 통해 재산을 분할한다. 이때 반드시 「상속재산 분할 협의서」를 가족 전원의 합의하에 작성하여야 한다. 협의분할을 할 경우 법정 상속지분을 초과하여 분할하여도 증여세는 발생하지 않는다.

단, 상속인 각각의 지분이 확정되고 등기나 명의개서가 되었다면 이후 협의하에 재분할할 경우 당초 상속분을 초과하여 취득하는 재산에 대한 증여세를 내야 한다.

협의가 안 될 경우 아래의 민법상 법정상속 비율을 따라야 한다.

순위	법정상속인	상속비율	비고
1	직계비속[88]과 배우자	직계비속(1), 배우자(1.5)	가장 우선함.
2	직계존속[89]과 배우자	직계존속(1), 배우자(1.5)	직계비속이 없는 경우
3	형제 · 자매	동일	1,2 순위가 없는 경우
4	4촌 이내의 방계혈족[90]	동일	1,2,3 순위가 없는 경우

---

88) 직계비속이란 자녀 · 손자 · 손녀와 같이 본인으로부터 출산된 친족
89) 직계존속이란 부모 · 조모와 같이 본인을 출산하도록 한 친족
90) 방계혈족이란 자기의 형제자매와 형제의 직계비속 · 직계존속의 형제자매 및 그 형제의 직계존속

🏠 계모(繼母) 사망 시 계자(繼子) 상속 불가 - [헌법재판소 합헌]

① 민법 제1000조는 '제1순위 상속인을 피상속인의 직계비속'으로 규정하고 있는데 직계비속이란 자연혈족과 법정혈족만을 뜻한다.
② 민법상 계모자 관계는 혈족관계가 아닌 인척관계에 불과하다.
③ 따라서 계모가 사망 시에 계자는 계모의 상속인으로 규정하지 않고, 계모의 유산은 친정측의 가족이 상속받게 된다.
④ 계모자 간에 법적인 모자관계를 원한다면 입양신고를 통해 친생자와 똑같은 효과를 얻을 수 있다.

유언이 있는 경우

(1) 유언이 있는 경우에는 유언이 우선시된다.
(2) 그러나 불균등한 상속이 이루어질 경우 최소한의 권리를 위한 상속비율을 법으로 정하고 있는데 이를 「유류분」 이라 한다.

■ 유류분의 비율
① 피상속인의 배우자 및 직계비속: 민법상 법정상속분의 1/2
② 피상속인의 직계존속 및 형제자매: 민법상 법정상속분의 1/3

■ 유류분 반환 청구 시 주의할 점
① 피상속인의 사망일로부터 10년이 지나면 청구할 수 없다.
② 유류분 권리자가 상속, 증여 또는 유증을 한 사실을 안 때로부터 1년 이내에 해야 한다.
③ 유류분권은 피상속인의 직계비속, 배우자, 직계존속 및 형제자매만이 갖는다.

🏠 유언대용신탁

　유언대용신탁은 위탁자(상속 가능한 재산을 보유한 자, 피상속인)가 유언이 아닌 신탁 계약의 형태로 본인이 가지고 있는 금전, 유가증권, 부동산 등을 은행(수탁자) 등에 신탁하는 걸 뜻한다.

　위탁자의 생전 그리고 사후에 신탁재산의 수익권을 취득할 수 있는 수익자(상속인)를 지정함으로써 상속 계획을 실행할 수 있는 신탁 계약이다. 유언대용신탁은 유언장 작성 절차가 필요 없이 신탁 계약만으로 재산 상속이 가능하다.

　은행 등 수탁자는 수탁받은 금전, 유가증권, 부동산을 개별 신탁 계약서에서 정한 위탁자의 운영 지시에 따라 다양한 방법으로 운용하고 관리하게 된다. 금전으로 수탁받은 경우 정기예금, 채권, 주식 등 다양한 금융상품으로 운용이 가능하고 유가증권을 수탁받은 경우 철저한 보관, 관리를 통해 유가증권에 표시된 권리 창출을 진행하게 된다.

　부동산의 경우 위탁한 부동산에 대한 모든 관리를 완전히 신탁회사에 맡기는 갑종 부동산 신탁과 위탁자가 자신의 부동산을 두고 발생할 수 있는 예기치 못한 분쟁을 예방하고 소유권을 안전하게 보존할 목적의 을종 관리 신탁을 통해 관리, 운용을 하게 된다.

🏠 유언장과 유언대용신탁의 차이

　유언장과 유언대용신탁의 가장 큰 차이점은 재산관리가 이루어지는지 여부이다. 유언장은 단지 유언서만 작성하는 것일 뿐 재산관리가 이루어지지는 않는데, 유언대용신탁을 활용하면 신탁계약을 통한 재산관리가 생전, 사후 모두 위탁자의 의지대로 이루어진다.

　여러 세대에 걸친 수증자 지정도 가능하여 자녀 등을 수익자로 지정하고 이들이 사망했을 경우의 다음 수익자까지도 지정할 수 있다. 위탁자의 다양한 요구에 맞춰 조건과 기한 설정이 가능하며 미리 정한 요건과 기한이 맞아떨어질 때까지 은행 등 신탁회사가 상속재산 관리를 하므로 상속재산 보존에 용이할 뿐 아니라 수익자가 미성년자인 경우 더욱 유용한 방법이 될 수 있다.

　유언을 남기는 방법은 자필증서, 녹음, 공정증서, 비밀증서, 구수증서 등 다양한 방법으로 가능한데 각 방식마다 엄격한 요건을 충족해야 하며 자칫 요건에 미비한 점이 있는 경우 유언의 효력마저 상실될 수 있다. 특히 자필증서의 유언은 효력 발생요건이 엄격하여 피상속인의 사망 후 효력 분쟁이 발생할 가능성도 높은 실정이다. 유언장 내용을 변경하기 원하는 경우에도 2명의 보증인이 필요해 심리적인 부담이 있다.

　반면 유언대용신탁은 기존에 작성된 신탁계약서에 대한 변경계약만으로 내용 변경이 가능하고 은행 등 신탁회사가 신탁계약서를 작성하는 것이므로 그 방식에 대한 특별한 제한도 없다.

3 상속세 과세대상

대부분의 사람들이 상속세는 상속개시 당시의 재산을 과세대상으로 하여 상속세를 계산한다고 생각하지만, 세법에서는 상속세의 회피를 방지하기 위하여 상속개시일 전에 재산을 처분한 것에 대하여도 처분금액의 용도가 명확하지 않은 경우에는 과세대상에 포함하여 상속세를 과세하고 있다.

상속세 과세대상 = 본래의 상속재산 + 사전 증여재산 + 추정·간주 상속재산

본래의 상속재산

상속재산(피상속인이 유증 또는 사인증여한 재산 포함)에는 **피상속인에게 귀속**되는 재산으로서 금전으로 환산할 수 있는 경제적 가치가 있는 모든 물건과 재산적 가치가 있는 법률상·사실상의 모든 권리를 말한다.

사전 증여재산

(1) 상속재산가액에 가산[91]

사전증여를 통하여 상속세의 누진부담을 회피하지 못하도록 하기 위하여 피상속인이 다음의 합산기간 이내에 증여한 재산가액은 상속재산가액에 가산하고 있다. 합산하는 기간은 사전에 증여를 받은 사람이 상속인인지 여부에 따라 다른데 이는 아래와 같다.

구 분	합산 기간
① 수증자가 상속인인 경우	상속개시일 전 10년 이내 증여분
② 수증자가 상속인이 아닌 경우	상속개시일 전 5년 이내 증여분

---

91) '18.12.14.부터 피상속인이 생전에 증여한 재산정보를 확인할 수 있는 서비스를 개통하여 상속인이 신고기한 만료 14일 전까지 피상속인의 주소지 관할세무서 또는 홈택스를 통해 관련 정보제공을 신청하면 7일이 경과한 후 홈택스에서 합산 대상인 '사전 증여재산' 내역을 조회할 수 있다. (자세한 조회 방법은 p.150를 참고)

사 례

　손자의 경우 자녀가 살아 있을 때는 법정상속인이 아니기 때문에 합산 기간이 5년이지만, 자녀가 먼저 사망한 경우는 사망한 자녀의 지위를 이어받아 상속받으므로 법정상속인이 돼 합산 기간이 10년으로 늘어나게 된다.

(2) 합산하는 재산가액

　상속세 합산 대상이 되면 상속개시일 당시의 평가액이 아니라 **증여 당시의 평가액**을 상속세 재산가액에 합산하게 된다.

(3) 증여재산 세액공제

　이 규정은 상속세의 누진세율을 회피하고자 한 것을 방지하기 위한 것으로, 증여세 산출세액을 상속세 산출세액에서 공제해 주는 방법으로 이중과세 문제를 해결하고 있다.

간주 상속재산

(1) 보험금

　피상속인의 사망으로 인하여 받는 생명보험 또는 손해보험의 보험금으로서 피상속인이 보험계약자인 보험계약에 따라 받는 것은 상속재산으로 본다.

(2) 신탁재산

　피상속인이 신탁한 재산
　(−) 타인이 신탁이익을 받을 권리 소유 시 그 신탁이익 상당액
　(+) 피상속인이 타인의 신탁이익을 받을 권리를 소유한 경우 그 신탁이익

(3) 퇴직급여 등

　피상속인에게 지급될 퇴직금 등의 금액은 상속재산으로 본다. 다만, 국민연금법에 따른 유족연금 등은 상속재산으로 보지 않는다.

추정 상속재산

(1) 개 요

피상속인이 상속 개시 전 일정기간 내에 피상속인의 재산을 처분하였거나 채무를 부담한 경우로서 다음 중 어느 하나에 해당하는 경우에는 이를 상속인이 상속받은 것으로 추정하여 상속세 과세가액에 산입하고 있다. 이는 과세포착이 어려운 재산으로 바꾸어 상속함으로써 상속재산을 은닉하는 것을 방지하기 위한 것이다.

> **추정 상속재산 가액 = 용도 불분명 금액 – 기준금액**

구 분	구체적 내용
(1) 재산처분의 경우	피상속인이 재산을 처분하여 받은 금액이나 피상속인의 재산에서 인출한 금액이 다음 중 어느 하나에 해당하는 경우로서 용도가 객관적으로 명백하지 않은 경우 ① 상속개시일 전 1년 이내에 재산종류별로 계산하여 2억 원 이상인 경우 ② 상속개시일 전 2년 이내에 재산종류별로 계산하여 5억 원 이상인 경우
(2) 채무부담의 경우	피상속인이 부담한 채무를 합친 금액이 다음 중 어느 하나에 해당하는 경우로서 용도가 객관적으로 명백하지 않은 경우 ① 상속개시일 전 1년 이내에 2억 원 이상인 경우 ② 상속개시일 전 2년 이내에 5억 원 이상인 경우

여기서 '재산종류별'이란 ① 현금·예금 및 유가증권, ② 부동산 및 부동산에 관한 권리, ③ 그 외의 기타 재산의 구분에 따른 것을 말한다.

(2) 기준금액

용도가 불분명한 금액이 다음의 기준금액에 미달하는 경우에는 용도가 객관적으로 명백하지 않은 것으로 추정하지 않으며, 기준금액 이상인 경우에는 그 기준금액을 차감한 금액만을 용도가 객관적으로 명백하지 않은 것으로 추정한다.

> **기준금액**
> = Min [① 재산처분 등으로 인해 받은 금액 × 20%, ② 2억 원]

국세청은 '18.12.14.부터 피상속인이 생전에 증여한 재산 정보를 확인할 수 있는 서비스를 개통하였다. 상속인은 신고기한 만료 14일 전까지 피상속인의 주소지 관할세무서 또는 홈택스를 통해 관련 정보제공을 신청하고, 7일 경과 후 홈택스에서 합산대상인 사전 증여재산 내역을 조회할 수 있다.

단, 상속인이 상속세 신고기한 만료 14일전까지 신청한 경우에만 정보를 제공하며 무신고 등의 사유로 홈택스에서 조회되지 않는 사전 증여재산도 상속세 신고 시 반드시 합산 신고하여야 한다.

(1) 홈택스 메인 화면에서 '세금 신고' 클릭

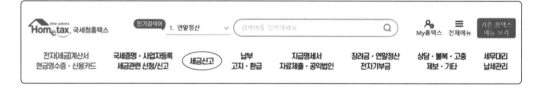

(2) 세금 종류 '상속세' 선택 후 신고도움 자료 조회에서 '상속재산 및 사전증여재산 조회' 클릭

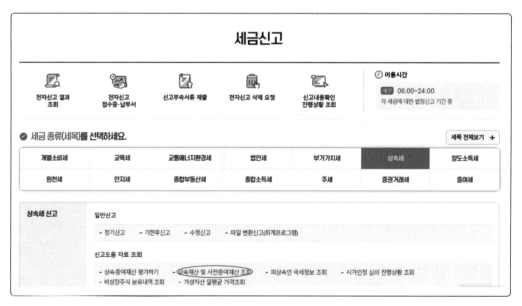

(3) 간편 인증 후 상속개시일과 피상속인의 납세자번호를 입력하고 신청구분에 '증여
재산' 일반증여/가업승계/창업자금 선택 후 조회하기 클릭

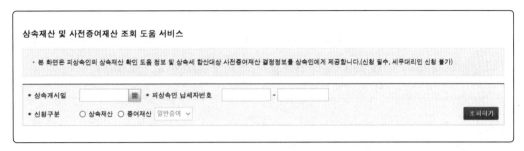

4 비과세 상속재산·과세가액 불산입액 ·과세가액 공제액

> 상속재산 중에 일부 재산에 대하여는 상속세를 과세하지 아니한다.

전사자 등에 대한 상속세 비과세

전사 기타 이에 준하는 사망 또는 전쟁 기타 이에 준하는 공무의 수행 중 입은 부상 또는 질병으로 인한 사망으로 상속이 개시되는 경우

비과세되는 상속재산

① 국가·지방자치단체 또는 공공단체에 유증·사인증여(상속세 신고기한 이내의 증여 포함)한 재산
② 제사를 주재하는 상속인에게 증여한 금양임야[92]와 묘토인 농지(단, 재산가액의 합계액이 2억 원을 초과하는 경우에는 2억 원을 한도로 함.)
③ 정당에 유증·사인증여 등을 한 재산
④ 사내근로복지기금 기타 이와 유사한 것으로서 대통령령이 정하는 단체에 유증 등을 한 재산
⑤ 사회통념상 인정되는 이재구호금품, 치료비 기타 이와 유사한 것으로서 대통령령이 정하는 재산
⑥ 상속재산 중 상속인이 신고기한 이내에 국가·지방자치단체 또는 공공단체에 증여한 재산

상속세 과세가액 불산입

① 상속재산 중 (피)상속인이 상속세 신고기한 내에 공익법인에 출연한 재산가액
② 공익신탁재산을 통하여 공익법인 등에 출연하는 재산의 가액

---

92) 피상속인의 선조의 분묘에 속하여 있는 임야를 말한다.

구 분	공제 대상
채무	상속개시일 현재 피상속인이 부담해야 할 확정 채무로서 공과금 이외의 모든 부채
공과금	상속개시일 현재 피상속인이 납부할 의무가 있는 것으로서 상속인에게 승계된 조세·공공요금 기타 이와 유사한 것
장례비용 (①+②)	① 봉안시설(자연장지 포함) 사용비용: 500만 원 한도 ② 봉안시설 사용비용 외의 장례비용: 최소 500만 원, 최고 1,000만 원 한도

* 다음의 채무는 채무로서 공제하지 아니한다.
  1) 상속개시일 전 10년 이내에 피상속인이 상속인에게 진 증여채무
  2) 상속개시일 전 5년 이내에 피상속인이 상속인 이외의 자에게 진 증여채무
  3) 피상속인의 국가·지방자치단체·금융기관이 아닌 자에 대하여 부담한 채무로서 상속인이 변제할 의무가 없는 것으로 추정되는 경우

🏠 **국가지정문화재 등에 대한 과세방법 합리화**

상속세가 비과세되는[93] 국가지정문화재 등을 상속세 회피 수단으로 악용하는 경우를 방지하고, 문화재의 유지·보존을 유도하기 위하여 '23.1.1. 이후 상속이 개시되는 분부터 국가지정문화재 등에 대해서도 상속세를 부과하되, 상속인이 이를 유상으로 양도하기 전까지는 해당 상속세액의 징수를 유예하도록 한다.

---

93) 국가지정문화재, 시·도 지정 문화재, 문화재 보호구역에 있는 토지를 말한다.

5 상속공제(인적공제, 물적공제)

기초공제

거주자나 비거주자의 사망으로 상속이 개시되는 경우에는 상속세 과세가액에서 2억 원을 공제한다. 다만, 비거주자의 사망으로 상속이 개시되는 경우에는 기초공제만을 적용하며, 다른 인적공제와 물적공제는 적용하지 않는다.

기타 인적공제

상속인이 상속을 포기한 경우에도 기타 인적공제를 받을 수 있다. 동일인이 둘 이상의 인적공제에 해당하는 경우에는 하나만 적용한다. 다만, 자녀공제와 미성년자공제는 중복 적용할 수 있으며, 장애인공제는 다른 인적공제와 중복 적용할 수 있다.

종류	공제대상자	공제액
자녀 공제	자녀(태아 포함)	1인당 [5천만 원]
미성년자 공제	상속인(배우자 제외) 및 동거 가족 중 미성년자(태아 포함)	1인당 [1천만 원 × 19세가 될 때까지의 연수]
연로자 공제	상속인(배우자 제외) 및 동거 가족 중 65세 이상인 사람	1인당 [5천만 원]
장애인 공제	상속인(배우자 포함) 및 동거 가족 중 장애인	1인당 [1천만 원 × 상속인의 기대여명 연수]

🏠 **태아 관련 증명서류 제출**

'23.1.1. 이후 상속이 개시되는 분부터 상속세 자녀공제 및 미성년자공제 대상에 태아가 포함된다. 이에 따라 태아에 대한 공제를 받기 위한 증명서류의 제출이 필요하다.

① 제출해야 하는 증명서류: 기획재정부령으로 정하는 임신 사실을 확인할 수 있는 서류

② 제출 시기 등: 상속세 과세표준 신고와 함께 납세지 관할 세무서장에게 제출

기초공제 2억 원과 기타 인적공제의 합계금액을 항목별로 공제받는 대신에 일괄적으로 5억 원을 공제할 수도 있다. 단, 상속에 대한 신고 또는 기한 후 신고가 없는 경우에는 5억 원을 공제한다.

> max[기초공제(2억 원) + 기타 인적공제, 일괄공제(5억 원)]

> 🏠 **일괄공제 적용 배제**
>
> ① 배우자 단독상속의 경우에는 일괄공제를 적용받을 수 없다.
> ② 그러나 민법상 상속인이 배우자뿐인 경우가 아닌 자녀가 상속을 포기해서 배우자가 혼자 상속받는 경우에는 일괄공제를 적용한다.
> ※ 배우자 단독 상속 시: 기초공제 + 배우자상속 공제

배우자상속 공제

배우자가 실제 상속받은 금액을 공제하되, 다음 산식에 의하여 계산한 금액을 한도로 한다. 다만, 배우자가 상속받은 금액이 없거나 상속받은 금액이 5억 원 미만인 경우에는 5억 원을 공제한다.

> 배우자상속 공제: Min (①, ②)
> ① 배우자가 실제 상속받은 금액
> ② 한도: Min(ⓐ, ⓑ)
>   ⓐ (상속재산의 가액 × 배우자 법정 상속 지분) − 배우자에게 10년 내 증여한 재산에 대한 과세표준
>   ⓑ 30억 원

【인적공제의 요약】

기초공제 + 기타 인적공제		
일괄공제(5억 원)	선택 ➕	배우자 상속공제 ＝ 인적 공제

영농상속이라 함은 피상속인이 영농에 종사한 경우로서 상속재산 중 피상속인이 상속개시일 8년 전부터 영농에 사용한 해당하는 재산의 전부를 상속인 중 영농에 종사하는 상속인이 상속받는 것을 말한다. 재촌자경의 요건을 갖추어야 하며, 상속 개시일부터 소급하여 2년에 해당하는 날부터 상속개시일까지의 기간 중 질병의 요양으로 직접 영농에 종사하지 못한 기간은 직접 영농에 종사한 기간으로 본다.

구 분	공제액 계산
영농상속	영농상속 재산가액(한도: 30억 원)

단, 피상속인 또는 상속인이 상속개시 8년 전부터 사후관리기간까지의 기간중 탈세·회계부정[94]으로 징역형·벌금형을 받은 경우 영농상속 공제를 배제한다.

🏠 **영농상속 공제 제도의 합리화(2015년 개정)**

① 영농상속 공제의 대상이 되는 상속재산의 범위에 축사 및 창고 등 영농에 직접 사용하는 시설로서 「부동산등기법」에 따라 등기한 건축물과 그에 딸린 토지를 추가하여 영농상속 재산의 범위를 확대하였다.
② 영농상속 공제의 요건 중 피상속인이 해당 농지, 초지, 산림지 또는 어선의 선적지 등으로부터 20킬로미터 이내에 거주하도록 하고 있는 것을 30킬로미터 이내까지 거주할 수 있도록 완화하여 영농상속 공제를 받을 수 있는 대상을 확대하였다.
③ 피상속인 또는 상속인의 영농 관련 소득을 제외한 사업소득금액과 총급여액의 합계액이 연간 3,700만 원 이상인 경우에는 그 피상속인 또는 상속인이 영농에 종사하지 아니한 것으로 보아 영농상속 공제를 적용하지 아니하도록 한다.

금융재산상속 공제

상속재산 중에 금융기관이 취급하는 예금·적금·신탁·예탁금·출자금 등 금융자산이 포함되어 있는 경우에는 아래의 금액을 공제한다.

---

94) 영농과 관련한 탈세·회계부정을 말한다.

순 금융재산가액	금융재산 상속공제액
2천만 원 이하	당해 순 금융재산가액
2천만 원 초과 1억 원 이하	2천만 원
1억 원 초과	순 금융재산가액×20% (한도: 2억 원)

동거주택상속 공제

피상속인과 상속인(**직계비속 및 「민법」 제1003조 제2항에 따라 상속인이 된 그 직계비속의 배우자인 경우로 한정**)이 상속개시일 부터 소급하여 1주택에 10년 이상 계속하여 동거한 경우에는 주택가액에서 해당 자산에 담보된 채무를 차감한 금액의 100%에 상당하는 금액을 상속세 과세가액에서 공제(한도: 6억 원)한다.

> 🏠 동거주택상속 공제 요건 합리화
>
> ① 피상속인과 직계비속인 상속인이 10년 이상(상속인이 미성년자인 기간은 제외함) 하나의 주택에서 동거
> ② 상속개시일부터 소급하여 10년 이상 계속 1세대 1주택
> ③ 상속개시일 현재 무주택자이거나 피상속인과 공동으로 1세대 1주택을 보유한 자로서 피상속인과 동거한 상속인이 상속받을 것

재해손실 공제

상속세 신고기한 이내에 화재·붕괴·폭발·환경오염사고·자연재해 등의 재난으로 인하여 상속재산이 멸실되거나 훼손된 경우에는 그 손실가액을 상속세 과세가액에서 공제받을 수 있다. 다만, 그 손실가액에 대한 보험금 등의 수령 또는 구상권(求償權) 등의 행사에 의하여 그 손실가액에 상당하는 금액을 보전받을 수 있는 경우에는 그렇지 않다.

감정평가수수료 공제

상속세를 신고·납부하기 위하여 상속재산을 평가하는데 소요되는 수수료로서 다음에 해당하는 것은 상속세 과세가액에서 공제할 수 있다.

공제대상 수수료	공제의 한도액
「부동산가격 공시 및 감정평가에 관한 법률」의 규정에 따른 감정평가자의 평가에 따른 수수료(상속세 납부목적용에 한함)	500만 원
신용평가전문기관에 의한 비상장주식의 평가에 따른 수수료	평가기관 별로 각 1천만 원
서화·골동품 등 예술적 가치가 있는 유형재산에 대한 전문가 평가수수료	500만 원

🏠 감정평가 수수료 공제 범위

　상속세 과세표준을 계산할 때 상속세 과세가액에서 공제하는 감정평가 수수료의 범위에 감정평가법인뿐만 아니라 개인 감정평가사의 평가수수료까지 포함한다.

(1) 가업상속 공제의 의의

거주자의 사망으로 상속이 개시되는 경우로서 가업상속에 해당하는 경우에는 다음의 금액을 상속세 과세가액으로 공제한다. 이는 피상속인이 영위하던 가업이 상속인에게 승계되어 계속 영위할 수 있도록 지원하기 위함이다.

구 분	공제액 계산

가업상속	Min[①, ②]
	① 가업상속 재산가액
	② 한도
	  ㉠ 10년 이상 경영: 300억 원
	  ㉡ 20년 이상 경영: 400억 원
	  ㉢ 30년 이상 경영: 600억 원

> 🏠 **가업상속공제 공제한도 명확화(2016년 신설)**
>
> 피상속인이 2개 이상의 독립된 기업을 가업으로 영위한 경우 가업상속공제 공제한도 적용방법 명확화
> ① 총 한도: 가업 영위기간이 가장 긴 기업의 한도 적용
> ② 개별 기업별 한도: 기업별 가업 영위기간에 다른 한도를 적용하되 영위기간이 긴 기업부터 순차적으로 공제

(2) 가업상속의 범위

① 가업상속이란 중소기업 또는 중견기업으로 직전 3년 평균 매출액이 5천억 원 미만인 기업이고, 피상속인이 10년 이상 경영한 기업
② 여기서 중소기업은 상속개시일이 속하는 과세연도의 직전 과세연도말 현재 조세특례제한법에 따른 중소기업을 말하되, 영농상속 공제를 받는 사업을 제외하고, 음식점업(과세 유흥장소에 해당하는 경우에는 제외)을 포함한다.

(3) 가업상속 재산

가업상속 재산이란 다음의 상속재산을 말한다.

① 소득세법을 적용받는 가업

상속재산 중 가업에 직접 사용되는 토지, 건축물, 기계장치 등 사업용 자산의 가액에서 해당 자산에 담보된 채무액을 뺀 가액

② 법인세법을 적용받는 기업

상속재산 중 가업에 해당하는 법인의 주식 등의 가액(해당 주식 등의 가액에 상속개시일 현재 해당 법인의 총자산가액 중 사업무관 자산을 제외한 자산가액이 차지하는 비율을 곱하여 계산한 금액만 해당함.)

(4) 가업상속 공제의 요건

① 최대주주 요건

가업은 피상속인이 중소기업 또는 조세특례제한법상 중견기업의 최대주주인 경우로서 그와 특수관계에 있는 자의 주식 등을 합하여 해당 기업의 발행주식 총수의 40%[「자본시장과 금융투자업에 관한 법률」 제8조의2 제2항에 따른 거래소(이하 "거래소"라 한다)에 상장되어 있는 법인이면 100분의 20] 이상을 10년 이상 계속하여 보유하는 경우에 한정한다.

② 피상속인 요건

피상속인이 가업의 영위기간 중 50% 이상의 기간 또는 10년 이상의 기간을 대표이사(개인사업자인 경우 대표자)로 재직하거나 상속개시일부터 소급하여 10년 중 5년 이상의 기간을 대표이사로 재직한 경우이어야 한다.

③ 상속인 요건: 다음의 요건을 모두 갖춘 경우에만 적용한다.

㉠ 상속개시일 현재 18세 이상인 경우

㉡ 상속개시일 2년 전부터 계속하여 직접 가업에 종사한 경우

㉢ 위 ㉠ 및 ㉡의 요건을 갖춘 상속인 1명이 해당 가업의 전부(공동 상속하는 경우에도 포함)를 상속받아 상속세 과세표준 신고기한까지 임원으로 취임하고, 상속세 신고기한부터 2년 이내에 대표이사 등으로 취임한 경우

(5) 가업상속 재산명세서 등의 제출 및 사후관리

① 가업상속 재산명세서 등의 제출

가업상속 공제를 받고자 하는 자는 가업상속 재산명세서 및 기획재정부령으로 정하는 가업상속 사실을 입증할 수 있는 서류를 상속세 과세표준신고와 함께 납세지 관할 세무서장에게 제출하여야 한다.

이 경우 납세지 관할 세무서장은 가업상속 공제의 적정 여부와 해당 여부를

매년 관리하고 위반사항 발생 시 당초 공제한 금액을 상속개시 당시의 상속세 과세가액에 산입하여 상속세를 부과하여야 한다.

② 사후관리

가업상속 공제를 받은 상속인이 상속개시일부터 5년 이내에 정당한 사유 없이 다음의 어느 하나에 해당하게 되면 공제받은 금액을 상속개시 당시의 상속세 과세가액에 산입하여 상속세를 부과한다.

㉠ 해당 가업용 자산의 40% 이상을 처분한 경우. 이 경우 공제받은 금액에 해당 가업용 자산의 처분비율과 기간별 추징율을 고려하여 계산한 금액을 상속개시 당시 상속세 과세가액에 산입하여 상속세를 부과한다.

㉡ 해당 상속인이 가업에 종사하지 아니하게 된 경우[95]

㉢ 주식을 상속받은 상속인의 지분이 감소한 경우

다만, 상속인이 상속받은 주식을 물납하여 지분이 감소한 경우는 제외하되, 이 경우에도 상속인은 최대주주에 해당하여야 함.

㉣ 상속이 개시된 사업연도 말부터 5년간 정규직 근로자수의 전체 평균이 기준 고용인원의 90%에 미달하고, 상속이 개시된 사업연도 말부터 5년간 총급여액의 전제 평균이 기준 총급여액의 90%에 미달하는 경우

(6) 가업상속공제 적용 대상 업종[96]

가. 농업, 임업 및 어업(01~03)	작물재배업(0110) 중 종자 및 묘목생산업(01123)을 영위하는 기업의 경우 관련 법률에 따라 일정한 요건을 갖춘 경우
나. 광업(05~08)	광업 전체
다. 제조업(10~33)	제조업 전체. 단, 자기가 제품을 직접 제조하지 않고 제조업체의 경우 법에 정한 일정한 요건을 갖춘 경우
라. 하수 및 폐기물 처리, 원료 재생, 환경정화 및 복원업(37~39)	하수·폐기물 처리(재활용을 포함한다), 원료 재생, 환경정화 및 복원업 전체
바. 도매 및 소매업(45~47)	도매 및 소매업 전체

---

95) 2024년부터 표준사업분류 상 업종 변경을 허용하여 대분류 업종으로 변경되어도 추징되지 않는다.
96) 이 외에도 다양한 업종이 적용대상이므로 상속 및 증여세법 시행령 제15조 참조

7 가업승계에 대한 증여세 과세특례

(1) 증여세 과세특례의 의의

18세 이상인 거주자가 가업을 10년 이상 계속하여 경영한 60세 이상의 부모(증여 당시 부 또는 모가 사망한 경우 부 또는 모의 부모를 포함)로부터 해당 가업의 승계를 목적으로 주식 또는 출자지분(주식 등)을 증여받고 가업을 승계 받은 경우 가업 승계 주식 등은 상속재산이 아닌 사전 증여재산임에도 불구하고 가업상속으로 보아 가업상속공제 규정을 적용받을 수 있다. 중소·중견기업의 경영자가 생전에 자녀에게 가업을 계획적으로 사전 상속할 수 있도록 지원함으로써 중소·중견기업의 영속성을 유지하고 원활한 가업승계를 도모하고자 하는 취지다.

(2) 특례 요건

① 적용대상

적용 대상기업은 증여자가 10년 이상 계속하여 경영한 기업으로서 중소기업 및 직전 3년간의 평균매출액이 5천억 원 미만인 중견기업

② 특례요건

㉠ 주식 등을 증여받은 자 또는 그 배우자가 증여세 신고기한까지 가업에 종사하고 증여일부터 3년 이내에 대표이사에 취임하고 5년 이상 대표이사직을 유지할 것

㉡ 증여세 과세표준 신고기한까지 가업승계 주식 등 증여세 과세특례 적용 신청서를 제출할 것

(3) 특례 내용

증여세 과세가액에서 최대 600억 원을 한도로 10억 원을 공제하고 증여세 세율 10%적용(과세표준이 120억 원을 초과하는 경우 그 초과금액에 대해서는 20%)을 적용해 증여세 과세한 후, 증여자 사망 시 증여 시기에 관계없이 상속세 과세가액에 가산하나, 상속개시일 현재 가업상속 요건을 모두 갖춘 경우에는 가업상속 공제도 적용받을 수 있다.

가업 영위기간	증여세 과세가액 한도
10년 이상	300억 원
20년 이상	400억 원
30년 이상	600억 원

(4) 사후관리

가업승계 증여세 과세특례를 적용받았다 하더라도 수증자가 증여일 이후에 정당한 사유 없이 아래의 세법에서 정한 사후의무 요건을 이행하지 아니한 경우에는 증여세가 부과된다.

① 수증자가 증여일부터 5년 후까지 대표이사직을 유지하지 아니하는 경우

② 가업을 1년 이상 휴업하거나 폐업하는 경우

③ 지분 감소에 해당하는 것으로 보는 경우[97]

(5) 적용 배제

거주자 또는 부모가 가업의 경영과 관련하여 증여일 전 10년 이내 또는 증여일로부터 5년 이내의 기간 중 조세 포탈 또는 회계부정 행위로 징역형 또는 벌금형을 선고받고 그 형이 확정된 경우에는 과세 특례를 적용받을 수 없고, 과세 특례를 이미 적용받은 경우에는 증여세를 부과한다.

 가업상속공제 사후관리 위반 시 추징

■ 사후관리 위반 시 추징

〈위반 기간에 따른 추징율〉

위반 기간	추징율
5년 미만	100%

---

97) ① 증여받은 주식을 처분하는 경우 ② 유상증자 과정에서 실권 등으로 수증자의 지분율이 감소하는 경우 ③ 수증자의 특수관계인의 주식 처분 또는 유상증자 시 실권 등으로 수증자가 최대주주 등에 해당하지 않게 되는 경우가 이에 해당한다.

가업 승계 시 납부유예 제도

가업 승계 시 상속세 납부유예제도

(1) 의의

가업상속공제 요건을 충족하는 중소기업으로 가업상속공제를 받지 않은 경우[98] 상속인이 상속받은 가업상속재산을 양도·상속·증여하는 시점까지 상속세를 납부유예 할 수 있는 제도이다. 상속인이 가업상속공제 방식과 납부유예 방식 중 선택권을 부여하고 가업상속 활성화를 지원하고자 하는 취지다.

(2) 납부유예 적용요건

① 신청 및 허가

납부유예를 허가 받으려는 납세의무자는 상속세 과세표준 신고 시 납부유예 신청서를 관할 세무서장에게 제출하여야 한다. 또한 담보를 제공하고 관할 세무서장에게 납부유예 허가를 받아야 한다.

② 납부유예 가능 세액

= 상속세 납부세액 × 가업상속 재산가액/총 상속재산가액

(3) 사후관리

정당한 사유 없이 다음 중 어느 하나에 해당하는 경우 납부유예 허가를 취소하거나 변경하고, 대통령령으로 정하는 바에 따라 계산한 이자상당액을 징수한다.

① 가업용 자산의 40% 이상을 처분한 경우: 납부 유예된 세액 중 처분비율을 고려하여 대통령령으로 정하는 바에 따라 계산한 세액

② 가업에 종사하지 아니하는 경우: 납부유예된 세액의 전부

③ 주식 등을 상속받은 상속인의 지분이 감소하는 경우

㉠ 상속개시일부터 5년 이내에 감소한 경우: 납부유예된 세액의 전부

㉡ 상속개시일부터 5년 후에 감소한 경우: 지분 감소 비율을 고려하여 대통령령으로 정하는 바에 따라 계산한 세액

---

98) 가업상속공제 대신 영농상속공제를 받은 경우에는 가업상속공제를 받은 것으로 본다.

가업 승계 시 증여세 납부유예제도

(1) 의의

가업상속공제 요건을 충족하는 중소기업으로 가업 기업 주식 등을 증여받은 거주자가 양도·상속·증여하는 시점까지 증여세를 납부유예 할 수 있는 제도이다. 증여세 과세특례 방식과 납부유예 방식 중 선택권을 부여하고 원활한 생전 가업승계를 지원하고자 하는 취지다.

(2) 납부유예 신청 및 허가

① 신청 및 허가

납부유예 신청자는 증여세 과세표준 신고 시 납부유예 신청서를 관할 세무서장에게 제출해야 한다. 또한 담보를 제공하고 납부유예 허가를 받아야 한다.

② 납부유예 가능 세액

= 증여세 납부세액 × 가업주식 상당액/총 증여재산가액

(3) 사후관리

다음 중 하나에 해당하는 경우 납부유예를 취소하거나 변경하고 대통령령으로 정하는 바에 따라 계산한 이자상당액을 징수한다.

① 가업에 종사하지 아니하게 된 경우: 납부유예된 세액의 전부

② 주식 등을 증여받은 거주자의 지분이 감소한 경우

　ㄱ 증여일부터 5년 이내에 감소한 경우: 납부유예된 세액의 전부

　ㄴ 증여일부터 5년 후에 감소한 경우: 납부유예된 세액 중 지분 감소비율을 고려하여 계산한 세액

③ 증여일부터 5년간 정규직 근로자 전체 평균이 증여일이 속하는 사업연도의 직전 2개 사업연도의 정규직 근로자 수의 평균의 70%에 미달하고, 증여일부터 5년간 대통령령으로 정하는 총급여액의 전체 평균이 증여일이 속하는 사업연도의 직전 2개 사업연도의 총급여액의 70%에 미달하는 경우: 납부유예된 세액의 전부

- 정규직 근로자

근로계약 체결 근로자 중 다음의 자는 제외한다.
① 원천징수 미확인자
② 계약기간 1년 미만자
③ 단시간 근로자

- 총급여액

정규직 근로자에게 지급한 임금액의 합계액으로 하되 최대주주 및 친족 등에게 지급된 임금을 제외한다.

사례 1

Q. 부모님을 사고로 잃은 성진 씨는 재산 상속 문제로 고민이다. 성인이 된 후 10년 넘게 부모님을 모시고 살던 주택을 물려받는 경우 상속세는?

A. 해당 주택은 동거주택공제 대상이므로 6억 원까지 100% 공제받을 수 있다.

사례 2

Q. 중견기업인 왕국 주식회사를 물려받은 성진 씨는 언제 은퇴할 지가 고민이다. 가업상속 공제를 통해 상속세를 내지 않았지만, 사후관리 요건이 까다롭다. 성진 씨의 은퇴 시기는?

A. 가업상속 공제의 사후관리는 5년이므로 성진 씨가 5년 근무 후 은퇴하게 되면 상속세를 부담할 필요가 없다.

🏠 가업상속공제 재산에 대한 양도소득세 이월과세

- 가업상속 공제적용 재산에 대한 양도소득세 이월과세 도입
  - 적용대상: 가업상속 공제가 적용*된 토지, 건물, 주식 등

  > 가업상속 공제가 적용된 자산의 취득가액 = a + b
  > a: 피상속인의 취득가액 × 가업상속 공제 적용률
  > b: 상속개시일 현재 해당 자산가액 × (1−가업상속 공제 적용률)
  >   * 가업상속 공제 적용률 = 가업상속 공제금액 / 가업상속 재산가액

- 이월과세 후 사후관리요건 위반 시 상속세 추징세액 조정
  - 피상속인 재산 취득 시부터 상속 시까지의 양도차익에 대해 기 납부한 양도소득 세액은 상속세 추징세액에서 차감

🏠 가업상속공제 재산에 대한 양도소득세 이월과세 적용분에 대한 양도소득세 공제

- 가업상속공제가 적용된 자산의 양도에 따른 양도소득세 중 **이월과세로 증가된 부분***은 상속세 추징세액에서 공제
  - * 취득가액을 상속개시 당시 평가액이 아닌 **피상속인의 취득가액**으로 계산

- 이월과세 적용으로 증가된 양도소득세액

  > (① − ②) × 사후관리 위반 시 적용된 과세가액 추징률

  ① 이월과세를 적용한 양도소득 세액
     (취득시기 및 가액: **피상속인 기준**)
  ② 이월과세 미적용 양도소득 세액
     (취득시기 및 가액: **상속인 기준**)

기타 가업승계 세제 지원제도

연부연납제도	① 상속재산가액 중 가업상속재산 가액의 비율에 관계없이 20년간 또는 10년 거치 후 10년간 납부 ② 가업의 승계에 대한 증여세 과세 특례 적용 시: 허가 후 15년간 연부연납 적용 * 연부연납: 상속·증여세 납부세액이 2천만 원 초과 시 적용 – 일반적으로 허가 후 5년(증여)·10년(상속) 연부연납 적용
연부연납 가산금	연부연납 허가를 받은 자는 각 회분의 분납세액에 연부연납 가산율로 계산한 금액을 납부해야 함(납부일 현재 이자율 적용). 단, 2020.2.11.이후 연부연납 신청분부터는 신청일 현재 이자율 적용 〈계산〉 ① 첫 회분 납부할 가산금 연부연납을 허가한 총세액 × 신고기한 또는 납세고지서의 납부기한의 다음날부터 첫 회 분납세액의 납부기한까지의 일수 × 연부연납 가산율 ② 첫 회분 이후 납부할 가산금 [연부연납을 허가한 총 세액 – 직전 회까지 납부한 분납세액의 합계액] × 직전회의 분납세액 납부기한의 다음날부터 해당 분납기한까지의 일수 × 연부연납 가산율 〈연부연납 가산금 이자율〉 '20.3.13.~'21.3.15.: 연 1.8% '21.3.16.~'23.3.19.: 연 1.2% '23.3.20.~현재: 연 2.9%[99]
주식 할증평가 제외	최대주주 등의 주식에 대해서는 일반적인 평가가액에 20%를 가산한 금액을 평가한다. 다만, 중소기업 및 평가기준일이 속하는 과세기간 또는 사업연도의 직전 3개 과세기간 또는 사업연도의 매출액 평균이 5천억 원 미만인 중견기업, 평가기준일이 속하는 사업연도 전 3년 이내의 사업연도부터 계속하여 결손금이 있는 법인의 주식 등을 상속받거나 증여받는 경우에는 할증 평가를 하지 않는다.

---

99) 2024년 시행규칙 개정안에서 가산금 이자율을 3.5%로 상향 조정할 것으로 예정되어 있다.

9 상속세 신고 · 납부기한

상속세의 신고 · 납부기한은 언제까지인지 알아보고, 기한 내 신고 · 납부하지 않은 경우 받게 되는 불이익인 가산세에 대해 알아보기로 하겠다.

상속세의 신고 · 납부기한

상속인은 **상속개시일(피상속인의 사망일)이 속하는 달의 말일로부터 6개월**(외국에 주소를 둔 경우는 9개월) 내에 피상속인 주소지 관할세무서에 상속세를 신고하고 납부하여야 한다.

기한 내에 신고 · 납부한 경우 3%[100]의 신고세액 공제를 받게 되나, 그렇지 않은 경우에는 10~40%의 신고불성실 가산세와 1일 0.022%(연 8.03%)의 납부지연 가산세를 추가적으로 납부해야 한다. 따라서 상속세의 신고 · 납부가 늦으면 늦을수록 더 많은 세금을 부담하게 된다.

가산세

종류	부과 사유	가산세액
무신고 및 과소신고	일반 무신고	일반 무신고 납부세액 × 20%
	부정 무신고	부정 무신고 납부세액 × 40%
	일반 과소신고	일반 과소신고 납부세액 × 10%
	부정 과소신고	부정 과소신고 납부세액 × 40%
납부 및 환급불성실	미납 · 미달 납부 초과환급	미납 · 미달납부, 초과환급세액 × 미납(초과환급) 기간 × 이자율 * [기간] 미납기간: 납부기간 다음날~자진납부일 　　　초과환급기간: 환급받은 날 다음날~납세고지일 * [이자율] 22/100,000('22.2.15.까지는 25/100,000) * 2020.1.1. 부터는 납부 · 환급 불성실 가산세가 납부지연 가산세로 변경됨.

100) 2018.1.1. 이후부터 2018.12.31.까지의 기간 동안 상속이 개시되거나 증여를 받은 분에 대하여 개정 규정(3%)에도 불구하고 5% 적용

증여세는 재산을 증여받은 자에게 부과하는 세금이다. 이처럼 증여재산에 대하여 증여세를 부과하는 것은 생전증여를 통하여 상속세를 회피하는 것을 방지하고 상속세와의 형평을 맞추기 위한 것이다.

이러한 의미에서 증여세는 상속세에 대한 보완세로서의 역할을 담당하고 있다고 말할 수 있다. 증여세는 재산의 종류와 증여 방식에 따라 세 부담이 달라지므로 불필요한 세금부담을 원하지 않는 분은 반드시 전문가와 상담 후에 증여하기를 당부드린다.

증여세법상의 '증여'란 그 행위 또는 거래의 명칭·형식·목적 등에 관계없이 경제적 가치를 계산할 수 있는 유형·무형의 재산을 직접 또는 간접적인 방법으로 타인에게 무상으로 이전(현저히 저렴한 대가를 받고 이전하는 경우 포함)하는 것 또는 기여에 의하여 타인의 재산 가치를 증가시키는 행위로 민법상의 개념보다 더욱 포괄적으로 정의하고 있다(완전포괄주의).

따라서 타인에게 경제적 이익을 분여하는 자는 자신의 행위가 증여에 해당하는지의 여부를 반드시 검토해야 한다.

다음의 사례는 증여에 해당하는 다양한 거래를 예시한 것이다.

(1) 특수관계인 간의 거래에 한정하여 과세되는 경우

① 배우자 또는 직계존·비속 간에 재산을 양도하는 경우

② 부동산을 무상으로 사용하는 경우

③ 타인으로부터 금전을 무상 또는 저율로 대부받은 경우

④ 결손·휴업·폐업법인의 주주 등이 재산 또는 용역을 무상 또는 저가로 제공받은 경우

⑤ 기업의 합병 또는 증자·감자로 인하여 주주가 이익을 얻은 경우

⑥ 전환사채 등을 인수·취득·양도하거나, 주식으로 전환·교환 또는 주식을 인수함으로써 이익을 얻은 경우

⑦ 유·무상 취득한 주식이 취득 후 5년 이내 상장됨으로써 얻은 이익

⑧ 유·무상 취득한 주식 등이 취득 후 5년 이내 다른 상장법인과 합병됨으로써 얻은 이익(다만 허위, 기타 부정한 방법으로 상속·증여를 감소시킨 경우에는

특수관계자 및 기간에 관계없이 과세됨.)

⑨ 재산을 시가의 70% 이하 또는 130% 이상 가액으로 양도하거나, 시가와 대가의 차액이 3억 원 이상인 경우(다만, 특수관계가 아닌 경우에는 시가의 70% 이하 또는 130% 이상 가액으로 양도한 경우에 한함.)

(2) 특수관계가 없는 자 간의 거래에도 과세되는 경우
① 다른 사람의 재산신탁으로 신탁재산이나 그 재산에서 생긴 이익을 받은 경우
② 보험료를 내지 않은 사람 및 보험계약기간에 보험금을 증여받아 불입한 사람이 보험금을 타는 경우
③ 채무의 면제를 받거나 다른 사람이 채무를 대신 갚아줌으로써 이익을 얻은 경우
④ 기업의 증자 시 저가로 실권주를 재배정받거나 제3자가 직접 배정받는 경우

(3) 기타
① 재산을 취득한 자금 또는 채무를 상환한 자금이 출처가 분명하지 않은 경우
② 위에 예시된 경우 이외의 타인 재산의 무상사용 등과 법인의 자본거래 등을 통해 얻은 이익
③ 타인의 기여에 의해 미성년자 등이 취득한 재산의 가치가 증가한 경우
④ 제3자를 통해 우회하거나 거래 형식을 변형함으로써 상속·증여세를 부당하게 감소시킨 경우

🏠 증여재산 공제액

구 분	공제액
배우자로부터 증여	6억 원
직계존속으로부터 증여	5천만 원(미성년자: 2천만 원)
직계비속으로부터 증여	5천만 원
기타 친족으로부터 증여	1천만 원

증여재산공제는 위의 구분별로 각각 적용하되, 같은 종류의 것은 10년간 한번 공제한다. 둘 이상의 증여가 증여 시기를 달리하는 경우엔 최초의 증여가액부터 순차로 공제하며, 동시에 둘 이상의 증여가 있는 경우에는 증여가액으로 안분계산한다.

🏠 증여재산 공제를 적용받는 직계존·비속 등의 범위

구분	상세 범위
직계존속의 범위	부·모, 양부·모, 조부·모, 증조부·모, 고조부·모, 외조부·모, 외증조부·모, 외고조부·모, 계부·모
직계비속의 범위	자, 손, 증손, 고손, 외손, 양자, 외증손, 계자, 외고손
기타 친족의 범위	형, 제, 자매 등 6촌 이내의 혈족, 4촌 이내의 인척
증여재산 공제 미적용자	당숙모, 외당숙모, 동거인, 특수관계법인 등

🏠 혼인·출산 증여재산 공제

■ 혼인·출산 증여재산 공제

혼인 또는 출산 시 증여받는 자금에 대한 증여세 부담을 완화하기 위하여 혼인·출산 증여재산 공제 규정이 신설되었다. 이 규정은 2024년 1월 1일 증여분부터 적용된다.

① 혼인일 전후 2년 이내에 직계존속으로부터 증여를 받는 경우에는 증여재산 공제(5천만 원)와 별개로 1억 원을 증여세 과세가액에서 공제한다.

② 자녀 출생일 또는 입양일로부터 2년 이내에 직계존속으로부터 증여를 받는 경우에는 증여재산 공제(5천만 원)와 별개로 1억 원을 증여세 과세가액에서 공제한다.

③ 혼인·출산 증여재산 공제액의 공제 한도는 1억 원이다.

(예시)

① 혼인시 6천만 원을 공제받은 경우에는 출산 또는 입양시 4천만 원을 공제받을 수 있다.

② 2023년 12월 31일 이전에 혼인·출생 신고한 경우에도 2024년 1월 1일 이후 증여받는 경우 개정 내용 적용이 가능하다.

■ 공제 후 혼인 불가시 처리

　① 혼인 관련 증여재산 공제를 받은 후에 약혼자의 사망으로 혼인할 수 없는 등 부득이한 사유가 발생하면 사유 발생한 달의 말일부터 3개월 내에 증여받은 재산을 증여자에게 반환하는 경우 당초 증여가 없었던 것으로 본다.101)

　② 증여일로부터 2년 이내에 혼인신고 하지 않거나 혼인이 무효가 된 경우에는 2년이 되는 날이 속하는 달의 말일부터 3개월이 되는 날까지 수정신고 또는 기한 후 신고 하는 경우 가산세는 부과하지 아니하되, 이자 상당액을 증여세에 가산하여 부과한다.

---

101) 현금 증여의 반환도 증여재산의 반환으로 인정받을 수 있을 것이라 판단된다.

저가 양수·고가 양도에 따른 이익의 증여

> 특수관계인과 재산*을 양수 또는 양도하는 경우 통상 제3자와 거래되는 가격인 시가보다도 현저하게 낮거나 높은 가액으로 거래하는 경우가 있다.
>
> 이때 기준금액·비율에 미달하거나 초과하는 경우는 그 차액만큼 증여한 것으로 보아 증여세를 과세하기 때문에 특수관계인과 거래하는 분은 증여세가 과세될 수 있음을 유의하기 바란다.
>
> 그러나 이 경우도 증여의 추정이므로 납세자가 정당한 대금수수를 입증하면 증여로 보지는 않는다.

*다음 중 어느 하나에 해당하는 재산은 제외
① 전환사채, 신주인수권부사채(신주인수권증권이 분리된 경우에는 신주인수권증권을 말한다) 또는 그 밖의 주식으로 전환·교환하거나 주식을 인수할 수 있는 권리가 부여된 사채
②「자본시장과 금융투자업에 관한 법률」에 따라 거래소에 상장되어 있는 법인의 주식 및 출자지분으로서 증권시장에서 거래된 것(배우자 등에게 양도한 재산의 증여추정에 따른 시간외시장에서 매매된 것을 제외한다.)

과세 요건

저가양수 또는 고가양도에 따른 이익의 증여 규정이 적용되기 위하여는 다음의 각 요건을 모두 충족하여야 한다.
① 재산의 양수·양도 행위일 것
② 시가보다 현저히 낮은 가액 또는 높은 가액으로 거래할 것
③ 특수관계인과의 거래일 것 또는 특수관계인이 아닌 자간의 거래로서 거래의 관행상 정당한 사유가 있음을 입증하지 못한 거래일 것

특수관계인과 거래의 경우

구 분	과세 요건	증여재산 가액
저가 양수	(시가 − 대가) ≥ min [시가 × 30%, 3억 원]	(시가 − 대가) − min [시가 × 30%, 3억 원]
고가 양도	(대가 − 시가) ≥ min [시가 × 30%, 3억 원]	(대가 − 시가) − min [시가 × 30%, 3억 원]

특수관계인 외의 자와의 거래의 경우

구 분	과세 요건	증여재산 가액
저가 양수	(시가 − 대가) ≥ 시가 × 30%	(시가 − 대가) − 3억 원
고가 양도	(대가 − 시가) ≥ 시가 × 30%	(대가 − 시가) − 3억 원

적용 배제

재산을 양수하거나 양도하는 경우로서 그 대가가 「법인세법」 부당행위계산 부인 규정 및 「소득세법」 양도소득의 부당행위계산이 적용되지 아니하는 경우에는 저가양수 또는 고가양도에 따른 이익의 증여 규정을 적용하지 않는다.

다만, 거짓이나 그 밖의 부정한 방법으로 상속세 또는 증여세를 감소시킨 것으로 인정되는 경우에는 그러하지 아니하다.

🏠 주식 등에 상장 등에 따른 이익의 증여

기업의 경영 등에 관하여 공개되지 않은 정보를 이용할 수 있는 지위에 있다고 인정되는 최대주주 등의 특수관계인이 해당 법인의 주식을 증여받거나 취득한 경우 그 주식을 증여받거나 취득한 날부터 5년 이내에 그 주식이 「자본시장과 금융투자업에 관한 법률」에 따른 증권시장으로서 유가증권시장 및 코스닥시장에 상장됨에 따라 그 가액이 증가한 경우로서 그 주식을 증여받거나 취득한 자가 당초 증여세 과세가액(증여받은 재산을 주식을 취득하는 경우 제외) 또는 취득가액을 초과하여 이익을 얻은 경우에는 그 이익에 상당하는 금액을 그 이익을 얻은 자의 증여재산가액으로 한다.

다만, 그 이익에 상당하는 금액이 증여받은 날 현재의 증여세 과세가액과 기업가치의 실질적인 증가로 인한 이익의 합계액의 30%와 3억 원 중 적은 금액 미만인 경우는 제외한다.

증여재산가액 = [정산기준일 현재의 1주당 평가액 − 주식을 증여받은 날 현재의 1주당 증여세 과세가액 − 1주당 기업가치의 실질적인 증가로 인한 이익] × 증여받거나 유상으로 취득한 주식수

12 증여세 과세 제외 대상

증여세 배제

(1) 증여재산의 반환 및 재증여

증여받은 자가 '증여계약의 해제 등에 의하여' 증여받은 재산(금전 제외)을 증여자에게 반환하거나 다시 증여하는 경우 증여세 과세는 다음에 따른다.

재산의 구분	반환 및 재증여 시기	증여세 과세 여부	
		당초 증여	반환 및 재증여
금　　전	시기 불문	○	○
금전 이외 재산	증여일~신고기한	×	×
	신고기한~3월 이내	○	×
	신고기한~3월 경과 후	○	○

(2) 소득세 등이 과세되는 경우 증여세 배제

(3) 위자료에 대한 증여세 과세 제외

이혼 등에 의하여 정신적 또는 재산상 손해배상의 대가로 받은 위자료는 조세포탈의 목적이 있다고 인정되는 경우를 제외하고는 이를 증여로 보지 않는다.

(4) 이혼에 의한 재산분할

재산분할청구에 의하여 재산을 취득하는 경우에 당해 재산분할은 부부공동재산의 분할에 불과한 것이므로 증여로 보지 않는다.

13 증여세의 신고 · 납부기한

증여세의 신고 · 납부기한은 언제까지인지 알아보고, 기한 내 신고 · 납부하지 않은 경우 받게 되는 불이익인 가산세에 대해 알아보기로 하겠다.

증여세의 신고 · 납부기한

수증자는 **증여받은 날이 속하는 달의 말일로부터 3개월** 내에 주소지 관할세무서에 신고 · 납부하여야 한다.

기한 내에 신고 · 납부한 경우에는 3%[102]의 신고세액 공제를 받게 되나, 그렇지 않은 경우에는 10~40%의 신고불성실 가산세와 1일 0.022%의 납부지연 가산세를 추가적으로 납부해야 한다. 따라서 증여세의 신고 · 납부가 늦으면 늦을수록 더 많은 세금을 부담하게 된다.

---

102) 2018.1.1. 이후부터 2018.12.31.까지의 기간 동안 상속이 개시되거나 증여를 받은 분에 대하여 개정 규정(3%)에도 불구하고 5% 적용

14 상속세, 증여세의 부과 제척기간

일반적으로 국세를 부과할 수 있는 부과 제척기간은 5년이지만 상속세와 증여세의 경우에는 이보다 긴 10년을 기본으로 한다. 또한 일정한 경우에 15년 등 별도의 기간을 적용받게 되므로 어느 구간에 해당하는지 주의할 필요가 있다.

상속세 및 증여세 이외의 세금

(1) 국세를 부과할 수 있는 기간은 국세를 부과할 수 있는 날부터 5년으로 한다.
다만, 역외거래[103]인 경우에는 국세를 부과할 수 있는 날부터 7년으로 한다.

(2) 신고기한까지 신고서를 제출하지 않은 경우: 7년(역외거래는 10년)

(3) 사기, 부정행위로 국세를 포탈, 환급받은 경우: 10년(역외거래는 15년)
단, 5년을 초과하여 이월결손금 공제를 받는 경우에는 해당 결손금이 발생한 과세기간의 소득세 또는 법인세는 이월 결손금을 공제한 과세기간의 법정 신고기한으로부터 1년으로 한다.

상속세 및 증여세

(1) 국세를 부과할 수 있는 기간은 국세를 부과할 수 있는 날부터 10년으로 한다.

(2) 무신고, 부정행위: 15년

(3) 납세자가 부정행위로 상속세, 증여세를 포탈하는 경우로서 다음 중 어느 하나에 해당하는 경우에는 상속 또는 증여가 있음을 안 날부터 1년 이내 상속세 및 증여세를 부과할 수 있다.
단, 상속·증여의 재산가액이 50억 원 이하인 경우에는 적용하지 않는다.
① 제3자의 명의로 되어 있는 피상속인 또는 증여자의 재산을 상속인이나 수증자가 취득한 경우

---

103) 국제거래 및 거래 당사자 양쪽이 거주자인 거래로서 국외에 있는 자산의 국외에서 제공하는 용역과 관련된 거래

② 계약에 따라 피상속인이 취득할 재산이 계약 이행기간에 상속이 개시됨으로써 등기·등록 또는 명의개서가 이루어지지 아니하고 상속인이 취득한 경우

③ 국외에 있는 상속 또는 증여재산을 상속인이나 수증자가 취득한 경우

④ 등기·등록 또는 명의개서가 필요하지 아니한 유가증권, 서화, 골동품 등 상속 또는 증여재산을 상속인이나 수증자가 취득한 경우

⑤ 수증자의 명의로 되어 있는 증여자의 금융자산을 수증자가 보유하고 있거나 사용한 경우

⑥ 비거주자인 피상속인의 국내재산을 상속인이 취득한 경우

⑦ 명의신탁재산의 증여 의제에 해당

⑧ 가상 자산을 같은 법에 따른 가상 자산 사업자를 통하지 아니하고 상속인이나 수증자가 취득한 경우

상속 또는 증여재산을 얼마로 평가하느냐에 따라 세액에 영향을 미치므로 재산의 평가는 중요한 사안이다. 상속세 및 증여세법에서 규정한 재산평가 방법에 대하여 알아보기로 한다.

재산 평가의 원칙

상속 또는 증여받은 재산의 가액은 평가기준일(상속개시일[104] 또는 증여일)의 시가로 평가한다. 여기서 '시가' 란 불특정다수인 사이에 자유롭게 거래가 이루어지는 경우에 통상적으로 성립된다고 인정되는 가액을 말하며, 수용가격·공매가격 및 감정가격 등 시가로 인정되는 것을 포함한다.

시가로 인정되는 것

평가기준일 전후 6개월(증여재산의 경우 평가기준일 전 6개월부터 후 3개월까지) 이내의 기간 중 다음에 의해 확인되는 가액을 말한다.

구 분	시가 산정
매매사례 가액	해당 재산에 대한 매매사실이 있는 경우
감정가액	해당 재산에 대하여 둘 이상의 공신력 있는 감정기관이 평가한 감정가액이 있는 경우 그 감정가액의 평균액
보상, 경매, 공매가액	해당 재산에 대하여 수용, 경매 또는 공매사실이 있는 경우에 그 가액

---

104) 상속재산의 가액에 가산하는 사전증여 재산의 가액은 증여일 현재의 시가에 따름.

매매사례 가액 등의 제외

평가기간 이내에 매매사례 가액 등이 확인되더라도 다음에 해당하는 경우에는 시가로 인정하지 않는다.

구분	시가 불인정 사유
매매사례 가액의 예외	① 특수관계인과의 부당거래로 인정되는 경우 ② 거래된 비상장주식의 액면가액이 발행주식총액의 1%에 미달하거나 3억 원 미만인 경우 ③ 실질 거래내용과 관계없이 거래당사자 간에 정한 토지거래계약 신고금액
감정가액의 예외	① 일정한 조건이 충족될 것을 전제로 평가하는 등 납부목적에 적합하지 아니한 감정가액 ② 평가기준일 현재 당해 재산의 원형대로 감정하지 아니한 경우의 감정가액
보상, 경매, 공매가액의 예외	① 물납한 재산을 상속인 또는 그의 특수관계인이 경매 또는 공매로 취득한 경우 ② 경매 또는 공매로 취득한 비상장주식의 액면가액이 발행주식총액의 1%에 미달하거나 3억 원 미만인 경우 ③ 경매 또는 공매절차 개시 후 관련 법령이 정한 바에 따라 수의계약에 의하여 취득하는 경우 ④ 최대주주 등의 특수관계인이 최대주주 등이 보유하고 있던 비상장주식을 경매 또는 공매로 취득하는 경우 ⑤ 계약 불이행 등으로 공매가 무효가 된 경우

시가 산정이 어려울 때의 평가 방법

시가 산정이 어려운 경우 자산별로 보충적 평가 방법을 적용하는데, 이는 다음과 같다.

구 분	보충적 평가 방법
토지	개별공시지가
주택	개별 또는 공동주택가격
주택 외 건물	국세청 기준시가(일반건물·상업용 건물 및 오피스텔 등에 대하여 국세청장이 산정·고시하는 가액)
상장주식	평가기준일 전후 2개월간의 종가 평균액
비상장주식	순자산가치와 순손익가치를 가중 평균한 가액

다만, 위의 보충적 평가 방법에 따라 평가가액을 산출하였더라도 다음의 경우에는 별도의 기준에 따라 평가한다.

(1) 임대차계약이 체결되거나 임차권이 등기된 재산의 경우

평가액 = max (① 임대료 등의 환산가액, ② 보충적 평가가액)

① 임대료 등의 환산가액 = [1년간의 임대료 ÷ 기획재정부령으로 정하는 율 (12%)] + 임대보증금

(2) 저당권 등이 설정된 재산의 경우

① 시가가 있는 경우 평가액

= max(㉠ 시가, ㉡ 그 재산이 담보하는 채권액 등)

② 시가를 산정하기 어려운 경우 평가액 = max(㉠, ㉡, ㉢)

㉠ 보충적 평가가액

㉡ 임대료 등의 환산가액

㉢ 그 재산이 담보하는 채권액 등

(3) 최대주주[105] 주식의 할증평가

최대주주 등의 주식에 대해서는 일반적인 평가액에 20% 가산한 금액으로 평가한다. 다만, 대통령령으로 정하는 중소기업 및 대통령령으로 정하는 중견기업, 평가기준일이 속하는 사업연도 전 3년 이내의 사업연도부터 계속하여 결손금이 있는 법인의 주식 등을 상속받거나 증여받은 경우에는 할증평가를 하지 않는다.

> 🏠 조합원 입주권의 평가가액
>
> - 조합원의 권리가액 + 불입한 계약금, 중도금 등
> - 조합원의 권리가액
>   분양대상자의 종전 토지 및 건축물 가격 × {(사업완료 후의 대지 및 건축물의 총 수입 − 총 사업비) / 종전의 토지 및 건축물의 총 가액}

---

105) 의결권이 있는 발행 주식 총수를 기준으로, 소유하고 있는 주식 수가 가장 많은 주주

비상장 주식 증여 시 시가와 보충적 평가 방법

상속세 및 증여세법에 따르면, 시가란 평가기준일(증여일) 전 6개월부터 평가기준일 후 3개월 이내의 기간 중 불특정 다수인 사이에서 자유롭게 거래하는 경우 통상적으로 성립된다고 인정되는 가액으로 규정한다.

다만, 시가가 없을 때에는 상속세 및 증여세법에 따른 보충적 평가 방법에 따라 평가하도록 하는데, 일반적으로 비상장주식은 평가기준일 전후 거래가 거의 없으며, 주로 특수관계자 간에 거래하므로 대부분 보충적 평가방법에 따른 평가액으로 거래하게 된다.

보충적 평가방법이란 1주당 순손익가치와 1주당 순자산가치를 3:2로 가중평균한 금액이며, 부동산 등 비율이 전체 자산가액의 50%를 초과하는 부동산 과다 법인의 경우 2:3의 비율로 가중평균한 금액이다. 가중평균한 금액이 1주당 순자산가치의 80%보다 낮을 때에는 순자산가치에 80%를 곱한 금액을 비상장주식의 가액으로 한다.

또한 평가대상 법인이 상속세나 증여세 과세표준 신고 기한 내에 청산절차 진행중이거나 사업개시 전의 법인, 휴폐업 법인, 주식이나 부동산 등이 자산가액의 80% 이상인 경우 등 일정 요건에 부합하는 기업은 순자산가치로만 평가하도록 하고 있다.

비상장 주식, 언제 증여해야 하나?

주식이나 부동산 등 비율이 80%를 초과하는 등의 이유로 순자산가치로만 평가되는 경우가 아니라면, 순자산가치가 높고 순손익 가치가 낮은 중소기업은 사업 개시 후 3년이 지난 후 증여 시 순손익가치에 더 큰 가중치를 두어 평가되고 할증률이 적용되지 않으므로 평가액을 최소화할 수 있다.

반대로 순손익가치가 순자산가치 대비 높은 중소기업의 경우, 사업개시 후 3년 내 비상장주식을 사전 증여함으로써 세금을 상당 부분 절감할 수 있다.

이와 같이 증여 시점에 따라 비상장주식 가치 평가 방법 및 할증률 적용이 달라질 수 있으므로, 비상장주식의 증여 시점은 세무전문가와 충분히 상담하고 결정하는 것이 바람직할 것이다.

16 ▷ 고액의 상속·증여세의 다양한 납부 방법

상속·증여세는 고액의 재산공제를 적용해 주므로 납세의무가 있는 사람이 많지 않지만, 한 번 납부대상이 되면 고액의 세액이 산출되는 경우가 많다.

이러한 점을 고려하여 납부할 세금이 많으면 나누어 내거나 부동산 등으로 낼 수도 있는데, 이하에서는 분납, 물납, 연부연납에 대하여 살펴보기로 하겠다.

분 납

납부할 세액이 **1천만 원을 초과**하는 경우, 납부기한으로부터 **2개월 이내**에 나누어 낼 수 있다.[106)]

2천만 원 이하인 경우	1천만 원을 초과하는 금액
2천만 원 초과인 경우	납부할 세액의 50% 이하에 해당하는 금액

연부연납

(1) 요건

납부할 세액이 **2천만 원을 초과**하는 경우에는 납세의무자의 신청을 받아 연부연납을 허가할 수 있다. 이 경우 납세의무자는 **담보를 제공**하여야 한다.

(2) 연부연납 기간

연부연납의 기간은 다음에 따른 기간의 범위에서 납세의무자가 신청한 기간으로 한다. 단, 각 회분 분할납부 세액이 1,000만 원을 초과하도록 기간을 정하여야 한다.

---

106) 다만, 연부연납을 허용, 허가받은 경우에는 분납할 수 없음.

구 분		연부연납 기간	매년 납부할 금액
상속세	가업상속 공제를 받은 경우	허가일로부터 20년 또는 연부연납 허가 후 10년이 되는 날로부터 10년	$\dfrac{연부연납\ 대상금액}{연부연납기간 + 1}$
	그 밖의 상속 재산	연부연납 허가일로부터 10년	
증여세	가업 승계 증여세 과세특례를 받은 경우	허가일로부터 15년	
	그 밖의 증여 재산	허가일~5년	

(3) 연부연납 가산금

연부연납의 허가를 받은 자는 연부연납 가산금을 각 회분의 분할납부 세액에 가산하여 납부하여야 한다. 상속세 및 증여세법 상 연부연납 가산금의 가산율은 각 납부일 현재 시중은행의 1년 만기 정기예금 평균 수신금리를 고려하여 기획재정부령으로 정하는 이자율[107]로 적용한다.

물납

(1) 요건

다음의 요건을 모두 충족하는 경우에 한하여 납세의무자의 신청을 받아 **그 부동산과 유가증권에 대해서만 물납**을 허가할 수 있다. 다만, 2022년부터 ②, ③ 요건을 충족하는 일정한 문화재·미술품에 대하여 물납을 신청하여 허가할 수 있도록 개정되었다.

① 상속(증여)받은 재산(상속재산에 가산하는 증여재산 중 상속인 및 수유자가 받은 증여재산을 포함한다.) 중 **부동산과 유가증권의 가액**이 해당 재산가액의 **1/2를 초과할 것**

② 납부세액이 **2천만 원을 초과할 것**

③ 납부세액이 **금융재산 가액**(상속재산에 가산하는 증여재산의 가액은 포함하지 아니한다.)**을 초과할 것**

(2) 물납청구 세액한도

- 물납을 청구할 수 있는 납부세액은 해당 상속재산인 부동산 및 유가증권의 가액에 대한 상속세 납부세액과 상속세 납부세액에서 상속재산 중 금융재산 가액과 거래소에 상장된 유가증권의 가액을 차감한 금액 중 적은 금액을 초과할 수 없다[108].

---

107) 기획재정부령으로 정하는 이자율이란 3.5%를 말한다.
108) 2018.4.1. 이후 물납 신청하는 경우부터 적용

- 다만, 상속재산인 부동산 및 유가증권 중 납부세액을 납부하는 데 적합한 가액의 물건이 없는 때에는 세무서장은 해당 납부세액을 초과하는 납부세액에 대하여도 물납을 허가할 수 있다.
- 상속개시일 또는 증여일 이후 물납신청 이전까지의 기간 중에 해당 상속재산 또는 증여재산이 정당한 사유없이 관리·처분이 부적당한 재산으로 변경되는 경우에는 해당 관리·처분이 부적당한 재산가액에 상당하는 상속세 또는 증여세 납부세액은 물납을 청구할 수 있는 납부세액에서 제외한다.
- 거래소에 상장되어 있지 아니한 법인의 주식(비상장주식) 등으로 물납할 수 있는 납부세액은 상속세 납부세액에서 상속세 과세가액(비상장주식 등과 상속개시일 현재 상속인이 거주하는 주택 및 그 부수토지의 가액을 차감한 금액을 말한다.)을 차감한 금액을 초과할 수 없다[109].

(3) 물납에 충당할 수 있는 재산
① 물납에 충당할 수 있는 부동산 및 유가증권의 범위
  ㄱ. 국내에 소재하는 부동산
  ㄴ. 국채·공채·주권 및 내국법인이 발행한 채권 또는 증권과 그 밖에 기획재정부령으로 정하는 유가증권
② 물납에 충당하는 재산의 순서
  ㄱ. 국채 및 공채
  ㄴ. 유가증권(ㄱ의 재산을 제외)으로서 거래소에 상장된 것
  ㄷ. 국내에 소재하는 부동산(ㅂ의 재산을 제외)
  ㄹ. 유가증권(ㄱ, ㄴ 및 ㅁ의 재산은 제외)
  ㅁ. 거래소에 상장되어 있지 아니한 법인의 주식 등
  ㅂ. 상속개시일 현재 상속인이 거주하는 주택 및 그 부수토지

(4) 관리, 처분이 부적당한 재산의 물납
① 세무서장은 물납신청을 받은 재산이 관리·처분상 부적당하다고 인정하는 경우에는 그 재산에 대한 물납허가를 하지 아니하거나 관리·처분이 가능한 다른 물납대상 재산으로의 변경을 명할 수 있다.
② 관리·처분상 부적당하다고 인정하는 경우의 사유는 다음과 같다.
  ⓐ 부동산
    ㄱ. 지상권·지역권·전세권·저당권 등 재산권이 설정된 경우

---

109) 2018.4.1. 이후 물납 신청하는 경우부터 적용

ㄴ. 물납 신청한 토지와 그 지상건물의 소유자가 다른 경우

ㄷ. 토지의 일부에 묘지가 있는 경우

ㄹ. ㄱ, ㄷ과 유사한 사유로서 관리·처분이 부적당하다고 기획재정부령이 정하는 경우

ⓑ 유가증권

ㄱ. 주식발행 법인이 폐업, 해산사유 발생, 회생절차 중인 경우

ㄴ. 최근 2년 이내 법인세법상 결손금이 발생한 경우[110]

ㄷ. 최근 2년 이내 외부감사 대상 기업임에도 감사의견 미표명

ㄹ. 이와 유사한 경우로서 시행규칙이 정하는 경우

🏠 절세 TIP

신고 시에는 서류를 빠짐없이 제출해야 세금부담이 줄어든다.

■ 제출할 서류 (해당되는 서류만 제출)
- 상속세 과세표준신고 및 자진납부계산서
- 상속재산 명세 및 평가명세서
- 상속재산 분할명세 및 그 평가명세서
- 연부연납(물납) 허가신청서 및 납세담보제공서
- 기타 첨부서류: 주민등록등본, 호적등본 또는 사망진단서, 재산평가 관련 서류 등(행정정보 공동 활용 가능 시 제출 생략)

■ 상속재산의 평가에 관한 서류
① 토지의 경우: 등기부등본·토지가격 확인원
② 건물의 경우: 등기부등본·건축물대장
③ 예금의 경우: 예금 잔액 증명서

---

110) 다만, 세무서장이 한국자산관리공사와 공동으로 조사한 결과 물납을 허용할 필요가 있는 경우는 제외

🏠 부모와 자식간 차용증 작성하면 증여세 안낼까?

부모가 자식에게 주택자금을 증여할 경우 증여세 부담이 발생하므로, 무이자나 낮은 이자율로 주택자금을 빌려주는 방식을 사용한다. 그러나 차용증을 작성하였다고 증여세 부담에서 무조건적으로 자유로울 수 없다. 아래에서는 차용증 작성에 따른 증여세 문제를 사례별로 다뤄보고자 한다.

■사례 1. 차용증 자체를 인정하지 않는 경우

• 차용증 등에 기재되는 차입금 상환 일정과 이자 등은 차입자 본인의 상환 능력 범위 내의 것이어야 한다. 예를 들어 소득이 발생하지 않는 미성년자의 경우 부모와 차용증을 작성하였다 하더라도 그 차용증을 인정하지 않고, 주택자금 전부를 증여한 것으로 볼 가능성이 매우 높다.

■사례 2. 무이자나 낮은 이자율로 차용증 작성시

• 부모가 자녀에게 무이자나 낮은 이자율로 주택자금을 빌려준다면 자녀는 적게 낸 이자만큼 이익을 보게 된다. 현행 「상속세 및 증여세법」에서 규정하고 있는 차입 거래의 적정이자율은 연 4.6%이며, 적정이자율을 적용한 이자액과 실제로 수수한 이자액의 차액이 1,000만 원을 초과할 경우 증여세가 과세된다.

차입 조건	증여세 과세여부 판단
주택자금: 2억 원 이자율: 무이자	적정이자: 2억 원 × 4.6% = 960만 원 실제이자: 0원 →1년간 차액이 1,000만 원 미달하므로 증여세 과세제외
주택자금: 5억 원 이자율: 2%	적정이자: 5억 원 × 4.6% = 2,300만 원 실제이자: 5억 원 × 2% = 1,000만 원 →1년간 차액이 1,000만 원 초과하므로 1,300만 원을 증여받은 것으로 보아 증여세 과세

• 증여세가 과세되는 경우 대여일에 증여를 받은 것으로 보고 1년이 지날 때마다 같은 금액을 증여받은 것으로 간주된다. 더불어 이자소득에 대한 종합소득세 과세 여부 판단이 필요하며, 이자소득세를 원천징수해 납부하는 등 부수적인 절차도 병행되어야 한다.

연소자, 부녀자 등의 명의로 소유권 이전등기를 하는 경우에는 증여세 문제를 생각해 보아야 한다.

직업·연령·소득 및 재산상태 등으로 보아 자신의 능력으로 부동산을 취득하였다고 인정하기 어려운 경우에 자금출처 조사를 받게 되는데, 금액 대부분을 소명하기 어려운 경우에는 세금을 부담하게 된다.

이 경우 취득자금에 대해 일정액을 소명하는 경우 취득사실을 인정하는데 이에 대해 살펴보기로 한다.

취득사실이 인정되는 자금출처 소명의 범위

(1) 취득자금이 10억 원 미만인 경우

자금의 출처가 80% 이상 소명되면 나머지 입증되지 않는 금액에 대하여는 증여세를 부과하지 않기 때문에 소명하지 않아도 된다.

(2) 취득자금이 10억 원 이상인 경우

출처를 제시하지 못한 금액이 2억 원 미만인 경우에 전체 자금을 소명한 것으로 본다. 부동산 취득으로 인해 자금출처를 조사받아 소명하지 못한 부분이 위 금액 이상일 때에 '소명하지 못한 부분에 대해 증여받은 것으로 보아' 증여세 및 그에 따른 가산세도 부과되어 무거운 세 부담이 뒤따르게 된다.

따라서 부동산 취득 시 또는 소유권 이전 등기시 취득자 또는 소유자는 이러한 점을 주의하여야 한다.

　최근의 부동산 과열에 따른 규제와 발맞춰 국세청이 부동산 취득자금을 집중적으로 들여다 보고 있다. 2018년 9월부터 투기과열지구로 지정된 지역(서울시 용산구, 서초구, 강남구, 송파구와 경기도 과천시, 성남시 분당구, 경기도 광명시, 경기도 하남시)에서 실거래가 3억 원 넘는 주택을 구입하는 경우 계약체결일로부터 60일 이내 부동산 취득자금 조달계획서를 필수로 제출해야 한다.

　이러한 취득자금 조달계획서 의무제출제도가 시행되기 전인 2018. 9월 이전에 집을 구입했거나, 그 이후에 구입했지만 조달계획서의 내용에 문제가 있는 사람들이 주로 세무조사 대상에 올랐다. 국토부는 2019년 3월에도 자금조달계획서 검증 등을 통해 편법 증여, 양도세 탈루 등 탈세가 의심되는 거래 2천 369건을 적발해 국세청에 통보했다.

　자금출처를 증명하는 방법은 자금의 종류에 따라 다른데, 근로소득과 이자소득, 배당소득, 기타소득은 소득세 원천징수영수증이 필요하고, 사업소득은 종합소득세 신고서를 제출해야 한다. 전세를 준 집이라면 임대보증금액이 적혀 있는 임대차계약서가 필요하고, 금융기관에서 대출을 받았다면 대출증명서, 부동산 등 재산을 처분한 자금이 있었다면 재산처분을 확인할 수 있는 계약서 등을 제출하게 된다.

　국세청은 소득지출 분석시스템(PCI; Consumption and Income Analysis System)을 세무조사에 적극 활용하고 있는데, 이는 국세청에서 보유하고 있는 과세정보 자료를 종합적으로 관리하여 일정기간 동안 납세자가 신고한 신고소득(Income)과 납세자의 재산증가액(Property) 및 소비지출액(Consumption)을 비교 분석하는 시스템이다.

　부동산 및 주식 등 재산증가액(Property)과 소비지출액(Consumption)을 합산한 금액에서 소득 신고액(Income)을 차감하여 탈루소득 등을 추정하는 것이다. 국세청의 세무조사 시스템이 점점 진화하는 만큼 자금출처 소명에 대한 대비를 철저히 해야 할 것이다.

🏠 6.17 부동산대책 이후 자금조달계획서 제출

1. 자금조달 계획서 제출대상 확대
- 현행: 투기과열지구, 조정대상지역 내 3억 원 이상 주택거래 시
- 개정: 주기과열지구, 조정대상지역 내 주택거래 시
- 적용시기: 「부동산거래신고법 시행령」 등 개정 후 즉시 시행(2020.9.)

2. 자금조달 계획서에 대한 증빙자료 제출대상 확대
- 현행: 투기과열지구 내 9억 원 초과 주택 거래 신고 시 증빙자료 제출
- 개정: 투기과열지구 내 주택 거래 신고 시 거래가액과 무관하게 증빙자료 제출
- 적용시기: 「부동산거래신고법 시행령」 등 개정 후 즉시 시행(2020.9.)

3. 모든 법인거래에 자금조달 계획서 제출 의무화
- 현행: 개인과 법인 구분 없이 모든 거래주체에 대해 단일한 실거래 신고서식 사용
- 개정: 법인이 주택 거래 시 별도의 "법인용 신고서식" 작성, 모든 법인거래에 자금조달계획서 제출 의무
- 적용시기: 「부동산거래신고법 시행령」 등 개정 후 즉시 시행(2020.9.)

자금출처의 증여추정 배제기준

　연령·세대주·직업·재산상태·사회경제적 지위 등을 고려하여 재산취득일 전 또는 채무상환일 전 10년 이내에 해당 재산취득자금 또는 해당 채무상환자금의 합계액이 아래 표의 기준금액 미만인 경우에는 자금출처 조사를 배제한다. 국세청은 2018. 4월 그 기준을 강화했다.

　다만, 기준금액 이하이더라도 취득가액 또는 채무상환 금액이 타인으로부터 증여받은 사실이 확인될 경우에는 증여세 과세대상이 되므로 주의하여야 한다.

수증자 구분	취득재산		채무 상환	총액한도
	주택	기타 재산		
30세 미만	5천만 원	5천만 원	5천만 원	1억 원
30세 이상	1.5억 원	5천만 원	5천만 원	2억 원
40세 이상	3억 원	1억 원	5천만 원	4억 원

고액 상속재산의 사후관리

　상속재산 가액이 30억 원 이상인 고액 상속인의 경우 사후관리를 하도록 하고 있다. 지방국세청 조사국장 또는 세무서 재산세과장은 상속세 및 증여세법에 따라 고액 상속인에 대하여 연 1회 이상 자체 계획을 수립하여 사후관리하여야 한다.

18 상속세 절세 전략

상속세 절세를 위해서는 사전에 계획을 세워 대비하라.

상속세 세금계획은 미리 세워서 대비하는 것이 바람직하다. 상속재산이 어떤 종류인지, 즉 부동산·예금·주식 등에 따라 평가방법이 다르므로 다른 재산으로 바꾸어 보유하는 것이 유리한지 여부 등을 검토해야 한다.

예를 들면 현금이나 금융재산보다 토지 및 상가 등 부동산을 취득하여 상속하는 것이 유리할 수 있다. 또한 증여재산 공제 한도 내에서 미리 증여하고, 동거주택 상속공제제도, 가업상속 공제제도 등을 이용하기 위하여 계획을 세울 수도 있다.

재산 소유자의 사망일에 임박해서는 가급적 재산을 처분하지 않는 것이 좋다. 시가로 적용하여 세금을 계산하는 것이 기준시가를 적용하는 것보다 불리한 경우가 많기 때문이다. 또한 일반적으로 추정 상속재산의 소명이 어려운 점을 고려하여 고령인 자가 거액의 재산을 처분한 경우에는 자금의 사용처에 대한 증빙을 철저히 갖추어 놓아야 한다.

상속재산보다 부채가 많은 경우 상속 포기를 하라.

상속이 개시되면 피상속인(사망자)의 재산상의 모든 권리와 의무는 상속인의 의사와 관계없이 법률상 모두 상속인이 물려받게 된다. 따라서 부채가 상속재산보다 많은 경우에도 상속인에게 승계되므로 민법에서는 상속 포기나 한정승인에 의해 상속인을 보호하는 제도를 두고 있다.

상속 포기나 한정승인을 하고자 하는 경우 상속개시가 있음을 안 날로부터 3개월 이내에 가정법원에 신고를 하여야 한다.

다만, 한정승인을 할 때에는 양도소득세, 취득세를 고려해야 불이익이 없다.

배우자상속 공제와 상속세 연대납세의무 제도를 활용하자

상속세는 그 계산구조가 워낙 복잡하고 다양한 케이스가 나올 수 있는데, 상속자산 현황이나 상속인 구성원 구조 등이 특정 조건에 부합될 경우 배우자상속 공제와 상속인 연대납세의무를 활용하여 상속세 부담을 줄일 수 있다.

배우자 공제가 5억 원에서 30억 원까지 가능하므로 일괄공제 5억 원을 고려하면 최소 10억 원에서 35억 원까지 공제가 되며, 부과된 상속세에 대해 상속인들은 각

자가 받았거나 받을 재산을 한도로 연대하여 납부할 의무가 있으므로, 배우자상속 공제를 최대한 활용하여 상속세를 낮추고, 그 배우자가 상속세를 모두 납부하게 되면 다른 상속인들은 상속세 부담없이 재산을 상속받을 수 있게 된다.

또한 언젠가 그 배우자의 사망으로 상속이 개시될 경우 그 배우자가 납부한 상속세만큼 상속재산 가액에서 차감되어져 있을 것이므로 추후에 발생할 상속세에 대한 절세도 저절로 이루어지는 효과가 있다.

증여재산공제 한도 내에서 미리 증여를 해 두어라.

피상속인이 사망하기 전 10년 이전에 증여를 하게 되는 경우에는 상속세 계산 시 합산하여 계산을 하지 않으므로 미리 증여를 해 두어야 한다. 사전증여로 상속재산이 줄어들게 되므로 상속세도 줄어들게 된다.

배우자에게는 6억 원, 자녀에게는 5천만 원(미성년자는 2천만 원)의 범위 내에서 증여를 하면 증여세를 내지 않고도 상속세를 줄일 수 있다.

건물을 상속할 때는 월세보다 전세가 많은 것이 유리하다.

임대차계약을 체결할 때 월세 비중을 줄이고 보증금을 많이 받는다면 상속세 계산 시 공제받을 수 있는 채무액이 많아지므로 상속세 부담을 줄일 수 있다.

가업상속되는 법인은 사업용자산 비율을 높여라.

가업상속을 고려하고 있다면 상속개시일 현재 가업상속이 되는 법인의 사업용자산 비율을 높여야 상속세를 절세할 수 있다. 가업에 해당하는 법인이 보유 중인 자회사 주식 역시 사업용 자산에 해당하며, 가업을 상속받은 경우 최대 20년간 분할 납부를 선택할 수 있는 점을 활용할 수 있다.

영리법인은 차등배당을 통해 상속세를 절세하라.

정상적인 기업활동으로 인해 누적되는 이익잉여금으로 인하여 상속재산가액이 커지면 상속세 부담도 그만큼 커지게 된다. 기업가치의 거의 절반을 상속세로 부담하게 되는 지경에 이르는 것이다.

이에 주주간 차등배당을 통해 이익잉여금을 배분시켜 나가는 방법을 생각해볼 수 있다. 차등배당 시 초과배당받은 주주가 얻은 이익에 대한 증여세액이 그 초과배당에 대한 소득세액보다 클 경우 이에 대한 증여세가 부과되며, 소득세액보다 적은 경우 증여세는 부과되지 않는다.

차등배당의 경우 10년 이내 사전증여분을 합산하며, 복잡한 세법의 변형 과정을 거쳤기 때문에 꼼꼼한 검토가 필요하므로 반드시 전문가의 조언을 받아야 한다.

상속재산을 공익법인에 출연하려거든 신고기한 내 출연하자.

평생 모은 재산을 자식에게 물려주기 보다는 장학재단을 설립하거나 학교에 기부하는 사례가 늘고 있다.

이런 경우 상속세법에서는 **상속세 신고기한**(상속개시일이 속하는 달의 말일로부터 6월) 내에 출연한 경우에 한하여 상속세 과세가액에 산입하지 않고 있다. 위 기간을 지나 출연하면 좋은 일을 하고도 세금은 세금대로 물어야 하기 때문에 상속재산을 공익법인에 출연하려거든 반드시 신고기한 내 출연하고 그 공익법인 명의로 등기 등을 완료하여야 한다.

장례비용이 500만 원 초과 시 증빙서류 챙기자.

장례비용이 500만 원 미만인 경우에는 증빙이 없더라도 500만 원을 공제해 주지만, 500만 원을 초과하면 증빙에 의하여 지출사실이 확인되는 것만을 1,000만 원까지 공제해 주고 있다.

피상속인이 재산을 모를 때는 조회서비스를 이용하라.

불의의 사고로 피상속인이 갑자기 사망한 경우 상속인은 피상속인의 재산에 대해 정확히 알 수 없는 경우가 많다. 이에 상속세를 기한 내 신고하고, 재산내역 누락을 방지하기 위해 행정자치부에서 제공하는 '안심상속 원스톱 서비스'를 이용해 볼 수 있다.

상속인이 사망신고를 할 때 가까운 시청이나 구청, 읍·면·동 주민센터에 방문하여 신청하면 되고, 사망신고 이후 신청할 경우 사망일이 속한 달의 말일부터 6월 이내 신청이 가능하다.

상속인 본인의 신분증을 지참하여야 하며 사망신고 이후 신청할 경우 가족관계 증명서를 함께 제출하도록 하고 있으며 금융거래, 국세, 연금, 토지소유 현황, 지방세, 자동차소유 내역을 한번에 조회해 볼 수 있다.

병원비는 사망 후 내거나 피상속인의 재산으로 납부하는 것이 좋다.

피상속인이 큰 병을 앓았거나 장기간 입원한 경우에는 상당한 병원비가 발생한다. 이런 경우 많은 사람들이 피상속인 명의의 예금 잔액이 있다 하더라도 자녀들의 통장에서 돈을 인출하여 병원비를 납부하는 경향이 있는데, 이는 상속세 측면에서는 전혀 도움이 되지 않는다.

피상속인의 재산으로 병원비를 납부하면 그만큼 상속재산이 감소하므로 감소한 분에 대한 세금만큼 적게 낼 수 있지만, 자녀들의 재산으로 병원비를 납부하면 상속재산은 변동이 없으므로 그만큼 세금을 더 내는 결과가 된다. 만약 자녀의 계좌에서 이체한 경우 적요란에 부모 병원비라고 기재해 둔다면 상속세 부담이 줄어들 수도 있다.

신고가 끝났다고 방심하다가는 낭패 볼 수 있다.

신고를 하고 나면 세무서에서 납세자가 신고한 내용과 세무서에서 수집한 재산 등의 자료를 대사하여 누락시킨 재산은 없는지, 신고할 때 공제받은 부채 등은 정당한지 등을 조사하여 상속세를 결정하게 된다.

그러므로 상속세 신고서와 관련 증빙서류는 상속세를 결정할 때까지 잘 보관하여야 한다.

또한, 상속재산 가액이 30억 원 이상인 경우에는 상속인별로 상속개시 당시의 재산현황과 상속개시 후 5년이 되는 시점의 재산현황을 파악하여 비교분석하고 있다. 분석 결과 주요재산의 가액이 상속개시일로부터 5년이 되는 날까지의 경제 상황의 변동 등에 비추어 보아 정상적인 증가 규모를 현저히 초과하였다고 인정되는 경우로서 그 증가 요인이 객관적으로 명백하지 않은 경우에는 당초 결정한 상속세액에 누락이나 오류가 있었는지 여부를 조사하게 된다.

감정가액으로 평가하여 신고시 이후 양도소득세에서 유리할 수 있다.

상속가액을 기준시가로 하여 신고하는 경우에는 상속세에서는 절세가 될 수 있으나 이후 양도하는 경우에 양도가액과 기준시가(개별 공시지가)의 차액에 대하여 양도소득세 문제가 발생하게 된다.

그러므로 최소 상속공제(10억 원, 배우자가 없는 경우 5억 원)를 고려하여 상속재산을 현실에 맞게 감정 평가하여 신고하는 것이 전체적으로 보아 절세 효과를 가져올 수 있다.

특히 상속재산이 시골 고향의 전답인 경우에는 그 가액이 10억 원 이하라도 세무사와 반드시 사전에 상담하여 상속세와 양도세를 절세하기를 권한다. 이는 시골 전답이 시가와 개별공시지가의 차이가 크고 상속인이 직접 농사를 짓지 않아 양도소득세가 중과되어 양도소득세를 더 많이 낼 수 있기 때문이다.

자녀보다 사위 · 며느리에게 증여하는 게 '상속세' 측면에서 유리할 수 있다.

사위나 며느리는 증여재산 공제액이 1,000만 원으로 증여세 부담 측면에서는 가장 불리하다. 그러나 사위나 며느리는 '상속인 이외 자'에 해당해 증여일로부터 5년이 지나 상속이 개시될 경우 상속재산에 합산되지 않는다.

또한 사위나 며느리는 증여받은 재산을 증여일로부터 10년 이내에 양도하더라도 이월과세가 적용되지 않고 부당행위계산 부인이 적용된다. 결과적으로 사위나 며느리를 통한 사전 증여는 상속세나 양도소득세 측면에서 유리한 점이 있다.

🏠 상속세 절세 10계명

1. 사망 직전에는 부동산을 처분하지 마라.

2. 사망 전 2년 내에 대출을 받았으면 사용처를 알려라.

3. 상속개시일(사망일) 이전 2년 내에 은행에서 함부로 인출하지 마라.

4. 증여할 재산을 장기계획(10년)에 따라 조속히 증여하라.

5. 보험 계약 시 유의사항(상속인 자력 여부)를 따져 가입하라.

6. 공과금, 장례비용, 채무 등이 있으면 증빙을 꼭 챙겨라.

7. 금융자산을 많이 남길 경우 상속세의 장단점을 알라.

8. 성실한 신고 및 신고 세액공제를 활용하라.

9. 가업 상속재산 공제 유불리(이월과세)를 이해하라.
   ☞ 가업 상속 공제는 순자산 100억 원 이상 시 적극 활용

10. 상속받은 재산은 사망 후 6개월 내 팔면 양도세 없음을 유의하라.

🏠 타국과 비교한 우리나라의 상속세 및 증여세

최근 국제적으로 상속 및 증여세의 폐지 또는 세율 인하가 추세인 가운데, 우리나라에서도 상속세와 증여세 부담에 대한 논의가 활발하다.

2000년 1월 1일 이후 현재 우리나라의 최고 명목세율은 50%로, 수치만 놓고 봤을 때 OECD 회원국 중 높은 편에 속한다. 물론 실제 부담은 명목상 최고세율만 가지고 판단할 수는 없다.

미국의 경우 연방정부 차원의 과세와 주 차원의 과세로 이루어지며, 2019년 기준 최고세율은 40%이다. 또한 한국과 마찬가지로 다양한 공제제도와 세대 생략세를 적용하고 있으며, 미국만의 독특한 제도인 통합세액 공제한도가 존재한다. 이는 납세자가 평생 동안 일정 한도를 넘지 않는 범위 안에서는 세 부담 없이 상속이 가능하다.

가령 금융재산 20억 원을 자녀에게 상속하는 경우 각 국가별 상속세는 다음과 같다. 이는 가정에 의해 간략하게 계산한 것이나 우리나라는 일본과 함께 높은 상속세를 부담하고 있다는 걸 알 수 있다.

대한민국	미국	일본	대만
3억 6,000만 원	없음	5억 6,300만 원	1억 5,200만 원

또한 상속세 증여세 부담을 국가 간 비교하기 위해서는 세율 비교와 공제 체계, 그리고 소득세, 재산세 구조 등 종합적으로 검토하는 것이 보다 합리적이다.

보다 합리적인 비교를 위해 20년간 매년 1억 원의 연봉수령과 20억 원의 재산(다주택자 가정), 3명의 부양가족을 가정하여 국가별 소득세, 재산세, 상속세를 계산하면 다음과 같다.

	대한민국	미국	일본
소득세	2억 2,000만 원	1억 8,000만 원	2억 1,100만 원
재산세	1억 2,000만 원	1억 4,400만 원	2억 3,500만 원
상속세	3억 6,000만 원	없음	5억 6,300만 원
합 계	7억 원	3억 2,400만 원	10억 900만 원

우리나라의 경우 과거에는 재산세 부담이 상대적으로 적었지만 최근 공시가격 상승 및 공정 시장가액 비율 상승 등을 통해 재산세 부담을 늘리려는 정책들이 추진되어 재산세 부담이 크게 늘어나게 되었다.

19 증여세 절세 전략

사전 계획에 따라 내는 증여세는 기꺼이 부담하라.

증여세를 어느 정도 부담하더라도 지금 자녀에게 재산을 증여해 주면 10년, 20년 후에는 그 재산이 몇 배, 몇십 배로 늘어날 수 있는데 증여를 하지 않고 나중에 상속을 하게 되면 지금 증여세를 내는 것보다 훨씬 많은 상속세를 내야 하는 경우가 발생하게 된다.

증여를 하였으면 증거를 남겨라.

타인으로부터 증여를 받으면 3개월 이내에 증여세를 신고하는 것이 원칙이나, 10년 내 동일인으로부터 증여받은 금액의 합계액이 증여재산 공제액 이하인 경우에는 내야 할 증여세가 없으므로 신고를 하지 않아도 된다. 증여세 신고를 하지 않았다면 추후 소명을 대비하여 증거를 남겨두어야 한다.

배우자에게 6억 원 범위 내의 부동산을 증여하여 취득가액을 높여라.

배우자 증여재산공제 한도가 6억 원임을 고려하여 해당 범위 내에서 부동산을 증여하면, 공제한도 이내이므로 증여세는 없고 배우자의 부동산 취득가액이 증여 당시의 기준시가가 된다. 일반적으로 자산의 가치가 오르는 것을 감안하여 본래 취득가액보다 증여시 기준시가가 높은 경우 유용하게 활용할 수 있다. 다만, 이 경우 배우자에게 증여 후 5년 이내 양도하는 경우 이월과세를 적용받아 당초 증여자의 취득가액으로 양도차익을 계산하는 특례를 적용받을 수 있으므로 유의해야 한다.

기준시가가 고시되기 전에 증여하라.

시가를 산정하기 어려운 경우 토지는 개별공시지가, 주택은 개별(공동)주택가격 등으로 증여세를 계산한다.

이러한 기준시가는 통상 1년에 한번 씩 고시하게 되는데, 부동산 가액 등을 평가할 때는 증여일 현재 고시되어 있는 기준시가 등을 이용하므로, 기준가격이 전년도보다 높게 결정될 것으로 예상되는 때에는 기준가격이 고시되기 전에 증여하면 세금을 절약할 수 있다.

자녀의 증여세를 부모가 대신 납부하면 또다시 증여세가 과세된다.

자녀가 증여세를 납부할 수 있는 정도의 소득이 있는 경우에는 당초 의도대로 증여를 하되, 자녀가 소득이 없는 경우에는 증여세 상당액만큼의 현금을 더하여 증여하면 한 번의 신고·납부로 증여세 문제를 해결할 수 있다.

증여세를 대납해 주었다가 나중에 증여세를 추징당하면 그에 상당하는 가산세까지 물어야 하므로 부담만 더 늘어난다는 사실, 명심하길 바란다.

꼬마 빌딩을 기준시가로 상속 증여시 주의해라.

공시가격(기준시가)으로 꼬마 빌딩을 증여하거나 상속할 경우에는 주의가 필요하다. 이유는 과세관청에서 신고기한(상속세는 상속일로부터 6개월, 증여세는 증여일로부터 3개월) 후 법정 결정기한(상속세는 신고기한으로부터 9개월, 증여세는 신고기한으로부터 6개월) 내에 매매 사례가액 등으로 상속세나 증여세를 추징할 수 있기 때문이다.

매매 사례가액 등에는 감정가액이 포함되므로 과세관청에서 자체 감정가액을 근거로 증여 및 상속재산을 재평가 할 수 있다. 따라서 공시가격과 시가의 차이가 많이 발생할 경우에는 신중하게 의사결성을 해야 한다. 상속이나 증여가액이 크지 않을 경우는 공시가격으로 신고를 해도 문제가 없어 보이지만 그 기준은 정한 바 없는 만큼 세무사와 상담 후 결정하기 바란다.

🏠 증여세 절세 10계명

1. 부동산 증여가 현금증여보다 증여세에서 유리함에 유의하라.
   ☞ 부동산은 증여받은 후 5년이 지나서 양도해야 하며 이때 양도소득세가 많이 절세됨.
2. 현금증여 무신고하고 10년 이내 사망하는 경우 조사 시에 유의하라.
3. 특수관계자 및 자녀에게 가짜 유상양도 하지 마라.
4. 아직 부동산, 주식 가치가 작을 때 증여하라.
5. 가업승계 시 주식 증여, 창업자금은 현금으로 증여하라.
6. 주식을 타인명의로 신탁한 경우 증여세 추징에 유의하라.
7. 보험을 가입할 때도 증여세(계약자가 수익자가 아닐 경우) 주의하라.
8. 부담부 증여를 사용할 경우 절세효과를 따져보아라.
9. 상속 후 유류분 다툼에 유의하라.
10. 반드시 사전에 전문 세무사와 상담하라.

　민사신탁(유언대용신탁[111], 수익자 연속신탁 등)을 통하여 자녀에게 신탁등기를 하면 신탁계약의 범위 내에서 해당 부동산의 형식적 소유권은 자녀에게 넘어가 형식적으로 증여를 한 것과 같은 효과가 있다.

　일반적 증여와 신탁등기와의 차이점 및 장·단점은 다음과 같다.

구 분	일반적 증여	신탁등기
세금의무	취득세·증여세 신고 및 납부	취득세·증여세 의무 없음
환수 가능성	부모에게 환수 불가능	부모에게 환수 가능
소유주	명의상 소유주: 자녀 실질적 소유주: 자녀	명의상 소유주: 자녀 실질적 소유주: 부모
수익권	수익권 자녀에게 존재	수익권 부모에게 존재
장점	• 소유권 확정 • 수익권을 가짐(부모 입장). • 환수될 가능성이 없음. (자녀 입장)	• 세금의 납부 시기 연장 • 신탁보수를 받음으로 재원 마련에 도움 • 재산승계 구조 설계 가능 • 사전 설계를 통하여 분쟁, 갈등 방지 • 환수될 가능성이 존재함. (부모 입장)
단점	• 취득세·증여세 신고·납부 • 환수될 가능성이 없음. (부모 입장)	• 수익권을 갖지 못함(자녀 입장). • 환수될 가능성이 존재함. (자녀 입장)

　참고로 자녀의 경우 기본적인 증여공제보다는 상속공제의 액수가 크기 때문에 신탁등기를 통하여 사전에 증여해 준 것과 같은 효과를 누리며, 사후에 상속으로 권리를 실행시키며 증여세를 납부하는 것보다 상속세를 납부하는 것이 세 부담 측면에서 유리할 것이다.

　따라서 신탁등기를 통하여 과세 이연 및 세금을 절감하는데 도움이 될 수 있으므로 전문가와의 상담을 통해 사전에 분석하여 활용할 필요가 있다.

---

111) 유언대용신탁의 자세한 내용은 본서 145~146페이지에서 다루었다.

6

취득세

부동산 관련 세금

부동산·주식을 취득하면서 내야 하는 세금으로는 취득세가 있고, 취득세에 덧붙여 내는 농어촌특별세와 지방교육세가 있으며, 금액은 미미하나 매매계약서를 작성할 때 내야 하는 인지세도 있다.

또한, 부동산·주식을 증여 또는 상속받았을 경우에는 증여세와 상속세를 납부해야 하며, 이 외 부동산·주식 취득에 소요된 자금출처를 소명하지 못할 경우에는 증여세를 추가납부해야 한다.

이하에서는 부동산·주식 취득과 관련된 다양한 세금에 대해 알아보도록 한다.

부동산 등 유상취득의 경우

종전까지는 부동산 등을 취득하게 되면 기본적인 세율로서 취득세(2%)와 등록세(2%)를 신고·납부해야 했으나 2011년부터는 취득세와 등록세가 **취득세(4%)**로 통폐합되었으며, 취득방법에 따른 세율 등은 후술하는 바와 같다.

부동산 등 무상취득의 경우

부동산 등을 상속 또는 증여받는 경우는 무상취득에 해당한다. 이렇게 무상으로 취득하는 경우 **상속세·증여세**를 부담하게 된다.

상속세의 경우 피상속인(부동산 등을 상속해 주는 사람)에게 배우자가 있는 경우 10억 원, 배우자가 없는 경우 5억 원까지는 각종 공제로 상속세의 부담이 없으며, 5억 원(10억 원)의 금액을 초과하는 경우 10~50%의 초과누진세율을 적용하여 계산된 세금을 상속개시일이 속하는 달의 말일부터 6월 이내에 신고·납부하여야 한다.

증여세는 부모 등 직계존속으로부터 받는 경우 5천만 원(수증자가 미성년자인 경우 2천만 원), 직계비속으로부터 받는 경우 5천만 원, 배우자로부터 받는 경우 6억 원, 형제 등 기타 친족으로부터 받는 경우 1천만 원을 공제한 금액에 10~50%

의 초과누진세율112)을 적용한 세금을 증여세로 부담하게 되며, 증여받은 날(일반적으로 등기 접수일)이 속하는 달의 말일부터 3월 이내에 신고·납부하여야 한다.

이렇게 상속·증여 등에 의해 무상으로 부동산 등을 취득하는 경우에도 취득세 등의 지방세를 부담하게 된다.

---

112) 142페이지를 참고하기 바람.

취득세 산정 방법과 신고 절차는?

> 부동산, 주식 등 취득 시 취득세를 신고·납부하여야 하며, 취득세는 자산별 또는 취득 원인에 따라 취득세율이 달라지므로 이를 잘 검토하여야 할 것이다.
>
> 이하에서는 취득세의 세율은 어떻게 규정되어 있는지, 취득가액은 어떻게 산정되는지, 신고·납부기한은 언제까지인지 취득세의 전반에 관하여 구체적으로 살펴보기로 한다.

취득이란?

'취득'이란 매매, 교환, 상속, 증여, 기부, 법인에 대한 현물출자, 건축, 개수, 공유수면의 매립, 간척에 따른 토지의 조성 등과 기타 이와 유사한 취득으로서 원시취득, 승계취득 또는 유상·무상을 불문한 일체의 취득을 말한다.

취득물건의 취득에 있어서는 등기·등록 등을 이행하지 않는 경우라도 사실상 취득한 때에는 각각 취득한 것으로 보고 해당 물건의 소유자 또는 양수인을 취득자로 한다(실질주의). 다만, 차량·기계장비·항공기 및 주문에 의해 건조하는 선박은 승계취득의 경우에 한하여 취득세를 부과한다.

취득세는 부동산, 부동산에 준하는 것 및 각종 권리의 재산권이 생성되거나 재산 가치의 이전 및 그 가치변동이 발생할 경우에 그러한 이전 및 변동의 사실에 대하여 과세하는 유통세로서 취득행위 사실을 과세물건으로 하여 과세한다. 즉, 취득행위에서 발생되는 이익이 아닌 취득행위라는 형식적 요건을 기준으로 과세하는 것이라 할 수 있다.

취득세의 과세대상 [113], [114]

취득세의 과세물건은 '일정한 자산의 취득'이며, 그 납세의무자는 과세 물건의 취득자이다. 그 '일정한 자산'의 범위는 다음과 같다.

---

113) 선박·차량과 기계장비의 종류 변경이나 토지의 지목 변경 등으로 인하여 가액이 증가하는 경우에도 증가분에 대해서 취득세를 납부하여야 한다.

≪과세대상 자산≫

구 분	과세대상 자산
① 부동산	토지, 건축물
② 부동산에 준하는 것	차량, 기계장비, 입목, 항공기, 선박
③ 각종 권리	광업권, 어업권, 골프 회원권, 승마 회원권, 콘도미니엄 회원권, 종합체육시설 회원권

취득의 시기

(1) 무상승계 취득: 그 계약일(상속 또는 유증으로 인한 취득의 경우에는 상속 또는 유증 개시일을 말한다)

(2) 유상승계 취득: 그 사실상의 잔금 지급일로 하되 사실상의 잔금 지급일이 없는 경우 계약상의 잔금 지급일

(3) 차량, 기계장비, 항공기 및 주문을 받아 건조하는 선박: 건조 등이 완성되어 실수요자가 인도받는 날과 계약상 잔금 지급일 중 빠른 날

(4) 수입에 따른 취득: 국내에 반입하는 날(보세구역 경유하는 것은 수입신고필증 교부일을 말한다)

(5) 연부로 취득하는 것: 그 사실상의 연부금 지급일

(6) 건축물을 건축 또는 개수하여 취득: 사용승인서를 내주는 날과 사실상의 사용일 중 빠른 날

(7) 차량, 기계장비 또는 선박의 종류변경에 따른 취득: 사실상 변경한 날과 공부상 변경한 날 중 빠른 날

(8) 토지 지목변경에 따른 취득: 사실상 변경된 날과 공부상 변경된 날 중 빠른 날. 다만, 토지의 지목변경일 이전에 사용하는 부분에 대해서는 그 사실상의 사용일

(9) 재산분할로 인한 취득: 취득물건의 등기일 또는 등록일

---

114) 토지에 정원 또는 부속시설물 등을 설치하는 경우
　(1) 원칙: 토지의 지목을 사실상 변경하는 것으로 보아 토지의 소유자가 취득한 것으로 본다.
　(2) 예외: 건축 시 이에 부수되는 정원 또는 부속시설물 등을 설치하는 경우에는 건축물을 취득하는 자가 취득한 것으로 본다.

취득세의 신고 · 납부와 가산세

유상승계 취득의 경우 부동산을 취득한 날로부터 60일 이내에, 무상승계 취득(증여, 부담부 증여[115])의 경우 취득일이 속하는 달의 말일부터 3개월 이내에 관계 서류를 구비하여 관할 시 · 군 · 구청에 취득세를 자진신고 · 납부해야 하며[116], 기한 내 신고 · 납부하지 않으면 20%의 무신고 가산세와 1일 0.022%의 납부지연 가산세가 있으므로 주의해야 한다.

징수세액 = 산출세액 · 부족세액 + (신고불성실 가산세 + 납부불성실 가산세)

중가산세

취득세 납세의무자가 취득세 과세물건을 사실상 취득한 후 신고 및 납부를 하지 않고 매각하는 경우에는 위의 규정에 불구하고 산출세액에 80%를 가산한 금액을 세액으로 하여 보통 징수의 방법으로 징수당하게 된다.

다만, 과세물건의 등기 · 등록이 필요하지 않은 경우(골프회원권, 승마회원권, 콘도미니엄회원권, 종합체육시설 이용회원권 제외) 및 지목변경, 차량 · 기계장비 · 선박의 종류 변경, 주식 등의 취득인 경우에는 「지방세법 시행령」 제37조에 따라 중가산세를 과세하지 않도록 규정하고 있다.

취득세를 100% 감면받는 경우에도 무신고 시 가산세 부과

신고기한까지 신고하지 않는 경우
- 산출된 세액의 20% 가산세 산출
- **취득세 면제 대상***도 20% 가산세 적용
  * 생애최초 면제 및 기타 100% 감면 대상도 포함

---

115) 증여세의 신고 · 납부기한과 동일하게 개선
116) 취득가액이 50만 원 이하인 때에는 취득세를 부과하지 아니한다(면세점).

취득세의 과세표준은 취득 당시의 가액(연부로 취득하는 경우에는 연부금액)으로 하는 것이 원칙이다. 취득세 과세표준은 무상취득과 유상취득, 원시취득 등 취득 원인별로 취득 당시의 가액을 규정하고 있다.

■ 무상취득의 경우 과세표준
(1) 부동산 등 무상취득
 ㉠ 원칙: 시가 인정액
  "시가 인정액"이란 취득시기 현재 불특정 다수인 사이에 자유롭게 거래가 이루어지는 경우 통상적으로 성립된다고 인정되는 가액으로서 매매사례 가액, 감정 가액, 공매가액 등 대통령령으로 정하는 바에 따라 시가로 인정되는 가액이다.
 ㉡ 예외: 시가 인정액 또는 시가 표준액 중 납세자가 정하는 금액
  대통령령으로 정하는 가액 이하의 부동산 등을 무상취득한 경우 시가 인정액과 시가 표준액 중에서 납세자가 정하는 가액으로 한다.

(2) 상속에 따른 무상취득의 경우: 시가표준액

■ 유상취득의 경우 과세표준
(1) 부동산 등을 유상거래로 승계 취득하는 경우
 ㉠ 원칙: 사실상의 취득가격
  "사실상의 취득가격"이란 취득시기 이전에 해당 물건을 취득하기 위하여 다음 각 호의 자가 거래 상대방이나 제3자에게 지급하였거나 지급하여야 할 일체의 비용으로서 대통령령이 정하는 사실상의 취득가격을 말한다.
  1. 납세 의무자
  2. 「신탁법」에 따른 신탁의 방식으로 해당 물건을 취득하는 경우에는 같은 법에 따른 위탁자
  3. 그 밖에 해당 물건을 취득하기 위하여 비용을 지급하였거나 지급하여야 할 자로서 대통령령으로 정하는 자
 ㉡ 예외: 시가 인정액
  특수관계인 간의 거래로 그 취득에 대한 조세부담을 부당하게 감소시키는 행위를 한 것으로 인정되는 경우를 말한다.

- 원시취득의 경우 과세표준
  - ㉠ 원칙: 사실상의 취득가격
  - ㉡ 예외: 시가표준액

  법인이 아닌 자가 건축물을 건축하여 취득하는 경우로서 사실상 취득가격을 확인할 수 없는 경우를 말한다.

≪ 시가표준액 ≫

구 분	시가표준액
① 「부동산 가격공시 및 감정평가에 관한 법률」에 따라 가격이 공시되는 토지 및 주택	• 토지: 개별공시지가 • 주택: 개별주택가격 또는 공동주택가격
② 위 이외의 건축물과 선박·항공기, 기타 과세대상	거래가격, 신축·제조가격 등을 참작하여 정한 기준가격에 과세대상별 특성을 고려하여 지방자치단체의 장이 결정한 가액

취득세 세율

취득세는 표준세율(4%)을 채택하고 있으며, 도지사는 조례가 정하는 바에 의하여 표준세율의 50% 범위 내에서 가감조정할 수 있다. 또한, 일정 자산을 취득하는 경우 표준세율의 5배(3배)로 취득세를 중과하는 규정이 있다.

(1) 일반부동산 취득세

취득유형 구분		취득세	농특세	지방교육세	합계
유상승계(매매취득)		4.0%	0.2%	0.4%	4.6%
농지	신규영농	3.0%	0.2%	0.2%	3.4%
	2년 이상 자경[117]	1.5%	— [118]	0.1%	1.6%
상속	농지	2.3%	0.2%	0.06%	2.56%
	농지 외	2.8%	0.2%	0.16%	3.16%

---

117) 「지방세특례제한법」 제6조에 의한 자경농민의 농지 등에 대한 취득세 감면(50% 2026.12.31.까지)

118) 「농어촌특별법」 제4조, 제10호에 의한 농지 및 임야에 대한 비과세

(2) 주택 유상거래 취득

가격·면적 구분			취득세	농특세	지방 교육세	합계
'13.8.28. 이후 취득분부터 소급 적용	6억 원 이하	85㎡ 이하	1.0%	비과세	0.1%	1.1%
		85㎡ 초과	1.0%	0.2%	0.1%	1.3%
	6억 원 초과 9억 원 이하	85㎡ 이하	1.01~ 2.99%	비과세	0.1~ 0.29%	1.11~ 3.48%
		85㎡ 초과		0.2%		
	9억 원 초과	85㎡ 이하	3.0%	비과세	0.3%	3.3%
		85㎡ 초과	3.0%	0.2%	0.3%	3.5%
1세대 4주택 이상 해당 주택			4.6% ('20.1.1.~'20.8.11.까지)			

> 🏠 취득가액 6억 원 초과 9억 원 이하 구간의 취득세율
>
> 취득세 적용세율 = (주택 취득당시 가액 × 2/3억 원 − 3) × 1/100
> ※소수점 넷째자리까지 계산(소수점 다섯째자리 반올림)

(2) 다주택자 및 법인 취득세율 강화(2020.08.12. 이후 취득분부터)

	주택 수/시가표준	비조정 지역	조정 지역
개인 (1세대)	1주택	1~3%	1~3%
	2주택	1~3%	8%
	3주택	8%	12%
	4주택 이상	12%	
법인 취득 및 증여로 취득		12%	

1) 단, 일시적 1세대 2주택은 취득세 중과 적용이 배제된다.
2) 취득세 중과 규정 적용시 주택수는 다음과 같이 판단한다.
 – 주택수는 세대단위로 계산하며 동일세대원과 공동소유하는 주택은 1주택으로 보지만, 별도 세대원과 공동소유하는 주택은 지분소유자 각자의 1주택으로 본다.

- 세대원의 판단은 주민등록표상 같은 주소지에 등재되었는지로 판단한다.
- 미혼으로서 30세 미만인 직계비속과 배우자는 주민등록상 주소지가 다르더라도 같은 세대원으로 간주한다.
- 단, 30세 미만의 자녀가 부모와 별도세대를 구성하고 소득이 있으면 별도세대로 간주한다.

3) 취득세 중과 배제 주택 (주택 수 합산 제외)
- 상속개시일로부터 5년 이내의 상속주택
- 공시가격 1억 원 이하의 주택 (단, 도정법상 정비구역, 빈집특례법상 사업시행구역 내 주택은 제외)
- 이 외에도 시가표준액 6,500만 원 이하의 농어촌 주택 등이 해당한다.

(3) 상속을 원인으로 한 취득

구분		취득세	농특세	지방교육세	합계
주택	유주택자 상속취득	2.8%	0.2%	0.16%	3.16%
	무주택자 상속취득	0.8%	비과세	0.16%	0.96%
농지	2년 이상 자경	0.3%	비과세	0.06%	0.36%
	2년 미만 자경, 비자경	2.3%	0.2%	0.06%	2.56%
일반건물(오피스텔, 상가 등), 토지(농지 외)		2.8%	0.2%	0.16%	3.16%

(4) 증여를 원인으로 한 취득

구분			취득세	농특세	지방교육세	합계
구분	취득가액	전용면적				
조정지역	3억 원 미만	85㎡이하	3.5%	0.3%	비과세	3.8%
		85㎡초과			0.2%	4.0%
	3억 원 이상	85㎡이하	12.0%	0.4%	비과세	12.4%
		85㎡초과			1.0%	13.4%
비조정지역		85㎡이하	3.5%	0.3%	비과세	3.8%
		85㎡초과			0.2%	4.0%
주택 외 부동산			3.5%	0.3%	0.2%	4.0%

→예외: 1세대 1주택자가 본인 소유 주택을 배우자, 직계존비속에게 증여한 경우 취득세율 3.5% 적용

(5) 중과세

1) 취득 주체가 법인인 경우

① 과밀 억제권역 내 본점·주사무소 및 공장 신·증설

• 중과세율: 표준세율 + 중과 기준세율(2%)×2

단, ②와 중복되어 중과되는 경우 표준세율×3 으로 적용

구분	설립등기일 기준	취득세	농특세	지방 교육세	합계
본점·주사무소 (신축)	5년 경과	6.8%[1]	0.6%	0.16%	7.56%
	5년 미만	8.4%[2]	0.6%	0.48%	9.48%
비도시형 업종 공장 신·증설		8.4%[3]	0.6%	0.48%	9.48%
도시형 업종 공장 신·증설		2.8%[4]	0.2%	0.16%	3.16%

〈 취득세 산정 근거 〉

1) 2.8% + 2%×2 = 6.8%　　2) 2.8%×3 = 8.4%

3) 2.8%×3 = 8.4%　　4) 도시형업종은 중과세 제외(「지방세법시행규칙」 제7조제1항)

② 대도시 내 본점이나 지점의 설치 또는 전입(5년 이내)

• 중과세율: 표준세율×3 − 중과 기준세율(2%)×2

취득 유형 구분		취득세	농특세	지방 교육세	합계
본점·주사무소· 지점·분사무소	승계취득	8.0%[1]	0.2%	1.20%	9.40%
	신축	8.4%[2]	0.6%	0.48%	9.48%
공장 이외 기타 부동산	승계취득	8.0%[3]	0.2%	1.20%	9.40%
	신축	4.4%[4]	0.2%	0.48%	5.08%

〈 취득세 산정 근거 〉

1) 4%×3 − 2%×2 = 8%　　2) 2.8%×3 = 8.4%

3) 4%×3 − 2%×2 = 8%　　4) 2.8%×3 − 2%×2 = 4.4%

2) 취득 주체가 개인인 경우

① 과밀 억제권역 내 본점·주사무소 및 공장 신·증설

• 중과세율: 표준세율 + 중과 기준세율(2%)×2

단, ②와 중복되어 중과되는 경우 표준세율×3 으로 적용

취득 유형 구분	취득세	농특세	지방 교육세	합계
본점·주사무소 (신축)	2.8%[1]	0.2%	0.16%	3.16%
비도시형업종 공장 신·증설	8.4%[2]	0.6%	0.48%	9.48%
도시형업종 공장 신·증설	2.8%[3]	0.2%	0.16%	3.16%

〈 취득세 산정 근거 〉

1) 개인의 신축은 중과세 대상이 아님.　　　　2) 2.8%×3 = 8.4%
3) 도시형업종은 중과세 제외(「지방세법시행규칙」 제7조제1항)

② 대도시내 본점이나 지점의 설치 또는 전입
 • 중과세율: 표준세율×3 − 중과 기준세율(2%)×2

취득 유형 구분		취득세	농특세	지방 교육세	합계
본점·주사무소·지점·분사무소	승계취득	4.0%[1]	0.2%	0.40%	4.60%
	신축	4.0%	0.2%	0.40%	4.60%
공장의 취득	승계취득	4.0%	0.2%	1.20%	5.40%
	신축	4.4%[2]	0.2%	0.48%	5.08%

〈 취득세 산정 근거 〉

1) 개인사업자의 설립, 설치, 전입은 중과세 대상이 아님.　　2) 2.8%×3 − 2%×2 = 4.4%
* 개인의 공장 취득은 5년의 기간요건을 적용받지 않음.

③ 사치성 재산(별장, 회원제 골프장, 고급오락장, 고급주택, 고급선박)
 • 중과세율: 표준세율 + 중과 기준세율(2%)×4

취득 유형 구분		취득세	농특세	지방 교육세	합계
골프장	임야취득	4.0%	0.2%	0.4%	4.6%
	골프장 건설	8.0%[1]	0.8%	–	8.8%
고급오락장 등	건물·토지취득	4.0%	0.2%	0.4%	4.6%
	오락장 설치	8.0%[2]	0.8%	–	8.8%

〈 취득세 산정근거 〉

1) 4% + 2%×4 − 4% = 8%(임야분 기납부세액 차감)
2) 4% + 2%×4 − 4% = 8%(건물·토지분 기납부세액 차감)

(6) 기타자산

취득 유형 구분		취득세	농특세[1]	지방 교육세[2]	합계
선박	상속	2.5%	0.2%	0.1%	2.8%
	무상취득	3.0%	0.2%	0.2%	3.4%
	원시취득	2.02%	0.2%	0.004%	2.224%
차량	영업용	4%	−	−	4.0%
	비영업용[119]	7%	−	−	7.0%
	이륜자동차	2%	−	−	2.0%
기계장비		3%	0.2%	0.2%	3.4%
항공기		2%	0.2%	−	2.2%
기타 권리		2%	0.2%	−	2.2%

1) 농어촌특별세의 산정: 표준세율을 2%로 하여 산출한 취득세액의 10%

2) 지방교육세의 산정: (표준세율−2%)×20% (단, 주택의 경우 표준세율×50%×20%)

(7) 법인의 등기

구분		세율
상사회사, 그 밖의 영리법인의 설립 또는 합병으로 인한 존속법인	설립과 납입	납입주금, 출자금액의 0.4%
	자본증가 또는 출자증가	납입금액, 현물출자가액의 0.4%
비영리법인의 설립 또는 합병으로 인한 존속법인	설립과 납입	납입한 출자총액, 재산가액의 0.2%
	출자총액 또는 재산총액의 증가	납입한 출자총액, 재산가액의 0.2%
자산재평가적립금에 의한 자본 또는 출자금액의 증가 및 출자총액 또는 자산총액의 증가 (자산재평가법에 따른 자본전입의 경우는 제외)		증가한 금액의 0.1%
본점 또는 주사무소의 이전		건당 112,500원
지점 또는 분사무소의 설치		건당 40,200원
그 밖의 등기		건당 40,200원

---

119) 비영업용 승용차이더라도 경자동차에 해당하는 경우에는 4%를 적용한다.

수도권	수도권 과밀억제 권역
서울특별시, 인천광역시, 경기도	서울특별시, 인천광역시[강화군, 옹진군, 서구 대곡동·불로동·마전동·금곡동·오류동·왕길동·당하동·원당동, 인천경제자유구역(경제자유구역에서 해제된 지역을 포함한다) 및 남동 국가산업단지는 제외한다], 의정부시, 구리시, 남양주시(호평동, 평내동, 금곡동, 일패동, 이패동, 삼패동, 가운동, 수석동, 지금동 및 도농동만 해당한다), 하남시, 고양시, 수원시, 성남시, 안양시, 부천시, 광명시, 과천시, 의왕시, 군포시, 시흥시[반월특수지역(반월특수지역에서 해제된 지역을 포함한다)은 제외한다.]

* 취득세 중과세가 적용되는 지역은 상기의 열거된 지역에서 「산업집적활성화 및 공장설립에 관한 법률」을 적용받는 산업단지, 유치지역 및 「국토의 계획 및 이용에 관한 법률」을 적용받는 공업지역은 제외한 지역을 의미한다.

** 대도시란 상기의 수도권 과밀억제권역(「수도권 정비계획법」 제6조)에서 「산업집적활성화 및 공장설립에 관한 법률」을 적용받는 산업단지를 제외한 지역을 의미한다(「지방세법」 제13조제2항).

🏠 취득세 중과 규정으로 인한 부담부 증여 시 취득세 차이 비교

취득세율 개정으로 인해 취득세 중과세율이 적용되면서 부담부 증여를 통한 절세방법 활용 시 증여 부분에 대한 취득세가 높아져 오히려 부담부 증여 시 총 세액이 늘어나는 경우가 발생한다. 이 경우 양도세 중과세율과 증여 취득세 중과세율을 둘 다 고려하여 판단하여야 한다.

– 사례 1

1세대 1주택자가 아닌 거주자가 조정지역 내 주택을 자녀에게 부담부 증여 시
• 거래가액: 10억 원
• 채무(전세보증금): 2억 원
• 기준시가: 8억 원

증여 취득세 과세표준: 8억×(1 − 2억 원/10억 원) = 6억 4천만 원

취득세	개정 전		개정 후 (증여취득 중과세)	
	증여분	양도분	증여분	양도분
과세표준	6억 4천만 원	2억 원	6억 4천만 원	2억 원
세율	3.5%	1%	12%	1%
취득세액	22.4백만 원	2백만 원	76.8백만 원	2백만 원

🏠 상속주택이 있는 경우 취득세 중과?

상속개시일로부터 5년간 상속주택은 주택수로 보지 않는다.

– 사례 1
무주택자인 자녀가 상속주택을 취득한 후 조정지역 내 새 주택 취득 시
→ 1주택 취득세율(1~3%)

– 사례 2
1주택자인 자녀가 상속주택 취득 후 조정지역 내 새 주택 취득 시
→ 2주택 취득세율 (8%)

🏠 사례 1: 리스의 경우 취득세 납세의무자

「차량·기계장비·선박 또는 항공기」를 시설대여하는 경우, 그 등기 또는 등록 명의에 불구하고 렌탈회사를 납세의무자로 본다.
「외국인 소유의 차량·기계장비·선박 또는 항공기」를 대여하기 위하여 렌탈회사가 임차하여 수입하는 경우에는 수입하는 자(렌탈회사)를 납세의무자로 본다.

🏠 사례 2: 빌트-인(Built-In) 가전제품 등 취득세 부과여부

처분청은 아파트에 부합되어 일체를 이루고 있는 빌트-인(Built-In) 가전제품 등 플러스옵션 품목비용 및 그 설치 비용은 아파트의 효용가치를 증가시키고 있으므로 취득세 등의 과세표준에 포함되어야 한다고 보고 있다.

* 빌트인 가전제품
취득시기 이전에 설계 시공되어 아파트와 일체를 이루고 있어 유상 취득하는 빌트인 가전제품가액은 취득세의 과세표준에 포함한다(감심 2009-73).

취득세의 과세 여부 판단

(1) 대가의 수수가 없는 교환거래의 경우

교환거래의 경우 대가의 수수가 상대방 간 생략된 것일 뿐이므로, 취득세 과세대상 자산을 교환했다면 취득세 납세의무가 있는 것이다.

(2) 연부연납으로 자산을 취득한 경우

연부연납으로 장기간 자산을 취득하는 경우에는 각 대가를 지급하는 때마다 취득세를 납부하여야 한다.

(3) 잔금청산 이전에 매매계약을 해약한 경우

잔금을 지급하지 않은 상태에서 계약이 해약된 경우에는 소유권이 이전된 것이 아니므로 취득세 납세의무가 없다. 단, 증여계약 후에 증여를 해약하여 취소한 경우에는 증여계약일에 이미 증여가 개시된 것으로 보므로 이로부터 60일 이내에 취득세를 납부하여야 한다.

🏠 토지 수용 등으로 인한 대체 취득 비과세

관련법령 규정에 의하여 토지 등을 수용할 수 있는 사업인정을 받은 자에게 부동산 등이 매수·수용되거나 철거된 자가 이에 대체할 부동산 등을 1년 이내에 취득한 경우 종전 부동산의 범위 내에서 취득세를 비과세한다.

🏠 생애 최초 주택 구매 시 취득세 면제

앞으로 생애최초 주택 구입 시 주택 실거래가 12억 원 이하이면 연 소득 제한 없이 누구라도 취득세 100% 감면 혜택을 받게 되어 내 집 마련의 꿈에 한 걸음 다가설 수 있을 전망이다. 감면 한도는 종전 제도 하에서 받을 수 있는 최대 감면액인 200만 원[120]으로 제한된다. 국회는 본회의에서 「지방세특례제한법」 개정안을 가결했다. 생애 최초 주택 구매 시 취득세 감면 조항은 2025년 12월 31일까지 적용된다. 단, 2022년 6월 21일 이후 취득한 생애 첫 주택에 대해서도 소급시켜 적용한다.

---

120) 종전 제도에서 최대 감면액: (수도권) 4억 원 주택 × 1% 세율 × 50% 감면 = 200만 원이다.

🏠 출산·양육을 위한 주택 취득에 대한 취득세 감면

2024년 1월 1일부터 2025년 12월 31일까지 자녀를 출산한 부모(미혼모·미혼부 포함)가 자녀와 상시 거주할 목적으로 출산일로부터 5년 이내에 취득 당시 가액이 12억 원 이하인 1주택을 취득하는 경우(출산일 전 1년 이내에 주택을 취득하는 경우를 포함)에는 취득세 산출세액에서 5백만 원을 공제한다. 다만, 가족관계등록부에서 자녀의 출생 사실이 확인되어야 하고, 취득한 주택이 1가구 1주택에 해당해야 한다.

🏠 절세 TIP

취득세·등록세 신고 시 검인계약서 작성에 유의해야 한다.

검인계약서는 부동산의 투기를 방지하며 건전한 거래질서 확립을 위하여 시행된 제도로서, 계약을 원인으로 소유권 이전등기를 신청하고자 할 때 그 계약서에 실제 거래가격을 기재하여 시, 군, 구청장 등의 검인을 받는 제도이다.

그러나 부동산 실거래 신고를 하는 경우에는 검인을 받은 것으로 간주하여 별도의 검인을 받을 필요가 없다. 보통 신축의 건물을 사용승인 전, 즉 준공 전에 매매할 경우 많이 사용되며 사용승인 이후에 건물주가 보존등기 후에는 부동산 거래신고로 대신하게 된다. 그러나 이러한 경우에도 지방세법상 시가표준액보다 낮은 경우에는 시가표준액에 따라 세금을 부과한다.

원칙적으로는 검인계약서상의 금액과 실제 매가가 일치하여야 한다. 그 기준으로 세금이 정해져 납부해야 하기 때문이다. 실제거래가보다 낮게 기재하여 신고한 사실이 발견되면 가산세가 부과됨을 유의하여야 한다.

🏠 고급주택의 취득세율

 '고급주택'은 시가 9억 원을 초과하는 주택을 가리키는 '고가주택'과는 다른 구분으로 가격기준을 기본요건으로 하여 면적 또는 설치물 요건에 해당하는 경우 일반취득세율에 중과세율을 더하여 최고 13.4%(지방소득세, 농특세 포함)의 세율을 부담한다.

구 분	내용	
가격	공시가격 6억 원 초과	
면적	주택 (건축물가액 9,000만 원 초과)	연면적 331㎡ 초과
		대지면적 662㎡ 초과
	공동주택	연면적 245㎡ 초과 (복층은 274㎡ 초과)
설치물	엘리베이터	적재하중 20kg 초과
	에스컬레이터	
	수영장	67㎡ 이상

계약서 작성 시 내야 하는 인지세

부동산 취득 시 매매계약서 등 증서를 작성하는 경우, 인지세를 내야 하는데 이에 대해 살펴보기로 한다.

인지세란 무엇인가?

국내에서 재산에 관한 권리 등의 창설·이전 또는 변경에 관한 계약서 기타 이를 증명하는 문서를 작성하는 자는 당해 문서를 작성할 때에 당해 문서에 대한 인지세를 납부할 의무가 있다.

인지세를 납부해야 할 문서(계약서 등) 작성 시, 문서별 인지세액에 상당하는 수입인지를 구입하여 증서에 첨부하고, 인장 또는 서명으로 소인하는 방법으로 취득 시 부담하는 세금 중 하나이다.

인지세는 얼마나 부담해야 하는가?

부동산 소유권 이전에 관한 인지세는 다음과 같다.

기재 금액	세액
1천만 원 초과 ～ 3천만 원 이하	2만 원
3천만 원 초과 ～ 5천만 원 이하	4만 원
5천만 원 초과 ～ 1억 원 이하	7만 원
1억 원 초과 ～ 10억 원 이하	15만 원
10억 원 초과	35만 원

단, 주택의 매매계약서의 경우 기재금액이 1억 원 이하이면 인지세가 비과세된다.

4 개발부담금

「개발이익환수에 관한 법률」에 따라 개발부담금 부과대상 사업이 시행되는 지역에서 발생하는 개발이익에 대하여 개발부담금을 징수한다.

개발부담금의 부과대상 개발사업

개발부담금의 부과대상 개발사업은 다음에 해당하는 사업 등으로 한다.[121]
① 택지개발사업
② 산업단지개발사업
③ 관광단지 조성사업(온천개발사업 포함)
④ 도시개발사업, 지역개발사업 및 도시환경 정비사업
⑤ 교통시설 및 물류시설 용지조성사업
⑥ 체육시설 부지조성사업(골프장 건설사업 및 경륜장 설치사업 포함)
⑦ 지목변경이 수반되는 사업으로서 대통령령으로 정하는 사업
⑧ 위 사업과 유사한 사업으로서 대통령령으로 정하는 사업 등

개발부담금의 부과율

납부의무자가 납부하여야 할 개발부담금은 개발이익에 부담률(위 ①~⑥의 개발사업은 20%, 위 ⑦~⑧의 개발사업은 25%)을 곱하여 산정한다.

다만, 「국토의 계획 및 이용에 관한 법률」 제38조에 따른 개발제한구역에서 위 ⑦~⑧의 개발사업을 시행하는 경우로서 납부의무자가 개발제한구역으로 지정될 당시부터 토지 소유자인 경우에는 20%로 한다.

---

121) 부담금의 부과 대상이 되는 개발사업의 규모는 관계 법률에 따라 국가 또는 지방자치단체로부터 인가 · 허가 · 면허 등(신고를 포함)을 받은 사업 대상 토지의 면적이 다음에 해당하는 경우로 한다.
  1. 특별시 · 광역시 또는 특별자치시의 지역 중 도시지역인 지역에서 시행하는 사업(아래 3의 사업은 제외)의 경우 660제곱미터 이상
  2. 1번 외의 도시지역인 지역에서 시행하는 사업(아래 3의 사업은 제외)의 경우 990제곱미터 이상
  3. 도시지역 중 개발제한구역에서 그 구역의 지정 당시부터 토지를 소유한 자가 그 토지에 대하여 시행하는 사업의 경우 1천 650제곱미터 이상
  4. 도시지역 외의 지역에서 시행하는 사업의 경우 1천 650제곱미터 이상

개발부담금 부과 제외와 감면

(1) 국가가 시행하는 개발사업과 지방자치단체가 공공의 목적을 위하여 시행하는 사업으로서 대통령령으로 정하는 다음의 개발사업에는 개발부담금을 부과하지 아니한다.
　① 택지개발사업
　② 산업단지개발사업
　③ 관광단지 조성사업
　④ 물류시설용지 조성사업 등

(2) 다음의 어느 하나에 해당하는 개발사업에 대하여는 개발부담금의 100분의 50을 경감한다.
　① 지방자치단체가 시행하는 일정한 개발사업 (위 (1)제외)
　② 공공기관, 지방공기업 및 특별법에 따른 공기업 등 대통령령으로 정하는 공공기관이 시행하는 사업으로서 대통령령으로 정하는 사업
　③ 중소기업이 시행하는 공장용지조성사업, 대통령령으로 정하는 물류시설용지 소성사업 및 관광단지 조성사업
　④ 국민주택을 건설하기 위하여 시행하는 택지개발사업

개발부담금 납부

　① 개발부담금의 납부의무자는 부과일로부터 6개월 이내에 개발부담금을 납부하여야 한다.
　② 개발부담금은 현금 또는 대통령령으로 정하는 납부대행기관을 통하여 신용카드, 직불카드 등으로 납부할 수 있다. 해당 부과대상 토지 또는 건축물로 하는 납부(물납)를 인정할 수 있다.

7

재산세 · 종합부동산세

부동산 관련 세금

재산세 산정 방법과 신고 절차는?

재산세는 토지·건축물·주택·선박 및 항공기의 보유에 대하여 그 보유자에게 부과하는 시·군세(또는 구세)이다. 종전에는 토지의 보유에 대해서는 종합토지세, 건축물의 보유에 대해서는 재산세를 부과하였으나, 2005년부터 부동산의 보유 과세를 강화하기 위하여 국세인 종합부동산세가 신설됨에 따라 종합토지세를 폐지하고 재산세로 통합하여 과세하고 있다.

재산세의 납세의무자

재산세의 과세기준일인 매년 6월 1일[122]에 현재 재산을 사실상 소유하고 있는 자이며 이를 알 수 없는 경우는 공부상의 소유자를, 소유권 귀속이 불분명하다면 그 사용자를 납세의무자로 본다.[123]

🏠 6월 1일에 재산을 양도한 경우

6월 1일 재산세 과세대상 재산 소유자가 동 재산을 타인에게 이전한 경우, 양도자는 재산세 납세의무가 없으며 재산취득자(양수자)가 재산세 납세의무자가 된다.

재산세의 과세대상 재산

재산세는 동일 시·군·구 안에 소재하는 「토지·건축물·주택·선박·항공기」를 과세대상으로 하며, 사실상 현황에 의하여 재산세를 부과한다.

---

122) 과세기준일이 6월 1일이므로 부동산 양도 또는 취득 시 과세기준일을 고려하여 거래하면 재산세, 종합부동산세의 세 부담을 최소화할 수 있다.

123) 주택의 건물과 부속토지의 소유자가 다른 경우에는 주택에 대한 재산세를 건축물의 시가표준액과 부속토지의 시가표준액의 비율로 안분 계산한 세액에 대하여 납세의무가 있다.

(1) 토지

토지는 정책상 분리, 별도, 종합합산 과세대상으로 분류하여 각각의 과세표준 적용률과 세율을 달리하고 있다.

구분	과 세 대 상
분리과세대상	① **저율분리과세**: 전, 답, 과수원, 목장용지, 임야 중 분리과세기준에 적합한 토지 ② **고율분리과세**: 골프장, 고급오락장용 부수 토지 ③ **기타분리과세**: 입지기준면적[124] 이내의 공장용지, 공급용 토지, (공익법인의 고유목적사업용 토지) 등
별도합산대상	① 특별시, 광역시 및 시지역의 공장용 건축물의 부속토지로서 해당 건축물의 바닥면적에 용도지역별 배율[125]을 곱하여 산정한 범위의 토지(단, 「읍,면지역 산업입지 및 개발에 관한 법률」에 따라 지정된 산업단지, 「국토의 계획 및 이용에 관한 법률」에 따라 지정된 공업지역은 제외한다.) ② 차고용 토지, 보세창고용 토지, 시험 · 연구 · 검사용 토지, 물류단지시설용 토지 등 공지상태나 해당 토지의 이용에 필요한 시설 등을 설치하여 업무 또는 경제활동에 활용되는 토지 ③ 철거 · 멸실된 고급오락장의 부수토지
종합합산대상	① 나대지 ② 분리과세 또는 별도합산과세 대상 토지 중 기준초과 토지 ③ 분리과세, 별도합산과세 대상이 아닌 모든 토지

(2) 건축물

건축법상 건축물과 토지에 정착하거나 지하 다른 구조물에 설치하는 시설물을 말한다.

---

124) 공장입지 기준면적 = 공장건축물 연면적 × 100/(업종별 기준공장 면적률)
　　업종별 기준공장 면적률은 「산업집적활성화 및 공장설립에 관한 법률」에 따라 산업통상자원부장관이 고시한다.
125) 용도지역별 적용배율은 다음과 같다.

용도지역별		적용배율
도시지역	1. 전용주거지역	5배
	2. 준주거지역 · 상업지역	3배
	3. 일반주거지역 · 공업지역	4배
	4. 녹지지역	7배
	5. 미계획지역	4배
도시지역 외의 용도지역		7배

(3) 주택

세대의 구성원이 장기간 독립된 주거생활을 영위할 수 있는 구조로 된 건축물 및 그 부속토지를 말하는 것으로 건물과 그 부속토지를 구분하지 아니하고 하나의 독립된 과세대상으로 본다.

> 주택 = 주거용 건축물 + 그 부속토지

(4) 선박

선박이란 기선, 범선, 전마선 등 명칭 여하를 불문하고 모든 배를 말한다.

(5) 항공기

사람이 탑승·조정하여 항공에 사용하는 비행기, 비행선, 활공기, 회전익 항공기 그 밖에 이와 유사한 비행기구를 말한다.

🏠 **사례 1: 주택 건물이 신축 중이라면?**

주택이 아닌 토지만을 과세대상으로 한다.

🏠 **사례 2: 주택을 철거·멸실한 경우는?**

토지만 과세대상으로 한다. 따라서 〈사례1, 2〉의 경우 종합합산 대상·별도합산 대상·분리과세 대상으로 구분하여 과세한다.

🏠 **사례 3: 주거용인 무허가 건물이라면?**

주택으로 과세하게 된다.

🏠 **주택 재산세에서 다음을 주의하자.**

① 다가구주택은 매 1가구마다 독립된 주택으로 보아 계산한다.
② 여러 개의 주택을 보유한 경우 각각 세액을 산출한다.
③ 아파트, 연립주택, 다세대주택 등 그 부속토지의 경계가 명백하지 아니한 때에는 그 주택건물의 바닥면적의 10배에 해당하는 토지를 주택의 부속토지로 보게 된다.

재산세 과세표준 산정

토지·건축물·주택에 대한 재산세의 과세표준은 시가표준액에 부동산 시장의 동향과 지방재정 여건 등을 고려하여 대통령령이 정하는 공정시장가액 비율을 곱하여 산정한 가액으로 한다. 단, 주택의 과세표준이 다음 계산식에 따른 과세표준 상한액보다 큰 경우에는 해당 주택의 과세표준은 과세표준 상한액으로 한다.

> **과세표준 상한액 =**
> 대통령령으로 정하는 직전 연도 해당 주택의 과세표준 상당액 + (과세 기준일 당시 시가 표준액으로 산정한 과세표준 × 과세표준 상한율)
>
> **과세표준 상한율 =**
> 소비자물가지수, 주택가격 변동률, 지방재정 여건 등을 고려하여 0에서 100분의 5 범위 이내로 대통령령으로 정하는 비율

(1) 주택

> 과세기준일 현재 시가표준액 × 공정시장가액 비율(60%)[126]

(2) 토지·건축물

> 과세기준일 현재 시가표준액 × 공정시장가액 비율(70%)

(3) 항공기·선박

> 과세기준일 현재 시가표준액

> 🏠 **시가표준액**
> ① 주 택: 개별주택가격 또는 공동주택가격
> ② 토 지: 개별공시지가
> ③ 건축물: 과세대상별 특성을 감안하여 지방자치단체의 장이 결정한 가액

---

126) 1세대 1주택인 경우 100분의 30부터 100분의 70 범위에서 대통령령으로 정한다.

재산세 세율

(1) 표준세율

재산세 표준세율은 다음과 같으며, 시장·군수는 특별한 재정수요나 재해 등의 발생으로 재산세의 세율조정이 불가피하다고 인정되는 경우에는 표준세율의 50% 범위 안에서 가감 조정할 수 있다.

다만, 가감 조정한 세율(탄력세율)은 해당 연도에 한하여 적용한다.

구분			표준세율
토 지	1) 분리과세 대상	① 농지·목장용지·임야	0.07%
		② 골프장 및 고급오락장용 토지	4%
		③ 그 밖의 토지	0.2%
	2) 별도합산과세 대상		0.2%, 0.3%, 0.4%의 초과누진세율
	3) 종합합산과세 대상		0.2%, 0.3%, 0.5%의 초과누진세율
건축물	골프장 및 고급오락장용 건축물		4%
	특별시·광역시·시지역 안의 주거지역 및 조례로 정하는 지역 내의 공장용 건축물		0.5%
	그 밖의 건축물		0.25%
주택	일반적인 주택 (건축물과 부속토지)		0.1%, 0.15%, 0.25%, 0.4%의 초과누진세율
선박 항공기	고급 선박		5%
	그 밖의 선박, 항공기		0.3%
* 과밀억제권역 안에서의 일부 공장신설·증설			5년간 5배 중과

(2) 중과세율

과밀억제권역[127] 내에서 공장을 신·증설하는 경우는 당해 건축물에 대해 최초 과세기준일로부터 5년간 0.25%의 5배에 해당하는 세율(1.25%)을 적용한다.

---

127) 산업단지 및 유치지역과 공업지역은 제외한다.

(3) 세율 적용

1) 토지

① 종합합산과세 대상

　납세의무자가 소유하고 있는 당해 시·군·구 관할구역 안에 있는 종합합산과세 대상인 토지가액을 합한 금액에 초과누진세율을 적용한다.

② 별도합산과세 대상

　납세의무자가 소유하고 있는 당해 시·군·구 관할구역 안에 있는 별도합산과세 대상인 토지가액을 합한 금액에 초과누진세율을 적용한다.

③ 분리과세 대상

분리과세 대상이 되는 해당 토지의 가액에 비례세율을 적용한다.

2) 주택

주택별로 그 과세표준액에 초과누진세율을 적용한다.

3) 건축물

해당 재산별로 그 과세표준액에 비례세율을 적용한다.

재산세의 신고 · 납부

재산세의 과세기준일은 매년 6월 1일로 하며 재산세의 납기는 다음과 같다.

구분		납기[128]	비고
① 토지		매년 9.16～9.30 까지	–
② 주택	산출세액의 1/2	매년 7.16～7.31 까지	다만, 산출세액이 20만 원 이하인 경우에는 납기를 7.16～7.31까지로 하여 일시에 부과·징수할 수 있다.
	산출세액의 1/2	매년 9.16～9.30 까지	
③ 건축물 · 선박 · 항공기		매년 7.16～7.31 까지	–

재산세는 관할 시장·군수가 세액을 산정하여 보통징수방법에 의하여 부과징수 한다. 이 경우 납기 개시 5일 전까지 고지서를 발부하여야 한다.

---

128) 납부세액이 250만 원을 초과하는 경우에는 대통령령으로 정하는 바에 따라 납부할 세액의 일부를 납부기한이 지난 날부터 3개월 이내에 분할 납부하게 할 수 있다.

세부담의 상한

당해 연도의 재산세의 산출세액은 다음 금액을 한도로 한다.

세 부담의 상한 = 직전연도 당해 재산에 대한 재산세액 × 150%

재산세의 기타사항

재산세는 이 밖에도 지방교육세, 도시계획세, 공동시설세가 추가로 가산되어 부과된다. 또한, 고지서 1매당 2천 원 미만이면 징수하지 않는 소액 부징수 제도를 규정하고 있다.

재산세는 취득 시 내야 하는 취득세와는 달리 매년 보유재산가액에 따라 세액을 납부하여야 하므로, 재산 취득 시 그 재산의 용도 등을 잘 따져서 이를 고려해야 한다.

종합부동산세 산정 방법과 신고 절차는?

부동산을 보유하게 되면 보유세인 재산세와 종합부동산세를 납부하게 된다. 재산세는 조세저항이 비교적 심하지 않지만 종합부동산세는 고가의 부동산을 다수 소유하고 있는 부동산 과다보유 계층에 대한 높은 금액의 세금 징수를 통해 투기 억제의 효과를 노린 것이기도 해서 조세저항이 심하다.

2008. 11. 13. 헌법재판소 판결로 세대별 합산과세가 위헌 판결을 받음으로 종합부동산세는 대대적인 개편을 하게 되었다.

매년 건물과 토지에 대하여 1차로 시·군(또는 구)에서 재산세를 부과하고, 일정금액을 초과하는 건물과 토지에 대해서는 2차로 국가에서 전국의 부동산을 납세의무자별로 합산하여 기준금액 초과분에 대해서 종합부동산세를 부과한다.

2023년부터 부동산 경기가 침체되는 양상을 띠게 되면서 공정시장가액 비율을 60%로 낮추고, 최고세율도 5.0%로 낮추며, 보유 주택수에 관계없이 세부담 상한율을 150%로 고정하여 과거 부동산 투기수요를 억제하기 위해 증대시켜 놓은 보유세 부담을 완화시켰다.

이하에서는 어떤 경우에 종합부동산세를 납부하게 되는지, 산정 방법은 어떻게 되는지와 납부기한에 대하여 알아보도록 한다.

종합부동산세의 과세 대상

종합부동산세는 재산세 과세대상 부동산 중 주택(일반건축물, 별장은 제외), 종합합산 과세대상 토지, 별도합산 과세대상 토지를 과세 대상으로 한다.

(1) 주택 (주거용 건축물과 그 부속토지)

주택은 국내의 재산세 과세대상 주택의 공시가액을 합산한 금액이 9억 원(1세대 1주택자 12억 원)을 초과하는 경우 종합부동산세를 납부할 의무가 발생한다.

(2) 토지

재산세 과세대상 토지 중 종합합산 과세대상으로 공시가격을 합한 금액이 5억 원을 초과하거나, 별도합산 과세대상으로 공시가격을 합한 금액이 80억 원을 초과하게 되면 종합부동산세를 납부할 의무가 발생한다.

구분	2006~2008년	2009년 이후	2021년 이후	2023년 이후
주택	인별 6억 원 초과	인별 6억 원 초과 (1세대 1주택: 9억 원)	인별 6억 원 초과 (1세대 1주택: 11억 원)	인별 9억 원 초과 (1세대 1주택: 12억 원)
종합합산 토지 (나대지, 잡종지 등)	인별 3억 원 초과	인별 5억 원 초과	인별 5억 원 초과	인별 5억 원 초과
별도합산 토지 (상가, 사무실의 부속토지 등)	인별 40억 원 초과	인별 80억 원 초과	인별 80억 원 초과	인별 80억 원 초과

과세대상 파악 단위

2005년까지 종합부동산세는 개인별로 과세가 되어왔다. 그러나 2006년과 2007년에 들어서는 세대별로 과세되었고, 2008. 11월 세대별 과세는 위헌이라는 헌법재판소 판결이 있은 후 다시 **개인별**로 과세하고 있다.

세대별 과세에서 개인별 과세로 전환된 데는 커다란 의미가 있다. 이유는 과세단위를 개인단위로 하느냐 세대단위로 하느냐에 따라서 부담하는 세금부담이 크게 달라지기 때문이다.

> 🏠 **부부공동명의인 1주택의 기준시가가 10억 원인 경우**
>
> 종전(세대별 과세)에는 10억 원에서 9억 원을 제외한 1억 원에 대해 종합부동산세를 부과하였으나, 개정 이후 개인별로 과세됨에 따라 부부는 자신의 지분에 대하여 각각 9억 원씩 총 18억 원을 차감하게 되므로 종합부동산세는 비과세된다.

따라서 부동산을 분산하여 소유한 경우에는 종합부동산세를 낮추는 효과가 나타나게 된다. 개인별 과세로 인해 다음에 해당하는 자들은 감세 혜택을 볼 수 있게 된 것이다.

① 부부공동명의로 등기를 한 경우
② 2주택을 2인이 각각 보유한 경우

🏠 과세대상 물건 명세 확인

다음에 따라 홈택스에서 직접 조회가능하다.

홈택스(www.hometax.go.kr) ⇒ 공인인증서 로그인 ⇒ 조회/발급 ⇒ 세금 신고납부 ⇒ 종합부동산세 정기고지분 과세물건 조회

단, 과세대상 명세에는 실제 과세되는 물건만 기재되므로 과세대상에 포함되지 않는 합산배제(과세 제외) 주택 및 토지 등은 조회되지 않으며, 홈택스 이용이 어려운 경우 고지서 하단에 기재된 담당직원에 요청하면 과세대상 물건 명세를 제공받을 수 있다.

과세기준일과 납세의무자, 납부기한

종합부동산세의 과세기준일은 매년 6월 1일로 재산세 과세기준일과 동일하다. 6월 1일 현재 종합부동산세 과세대상 재산을 보유하고 있는 개인 또는 법인[129]으로서 과세기준금액을 초과하여 보유하는 경우 고지된 종합부동산세를 납부할 의무가 있으며, 납부기한은 매년 12월 1일~15일이다.

신고납부 선택 가능

종합부동산세는 정기분 고지서와 상관없이 자진 신고하여 납부 가능하며 이 경우 당초에 고지된 세액은 취소된다.

이때 자진신고의 방법은 다음과 같다.

---

129) 종중이나 동창회 같은 단체의 재산이 개인 명의로 등재된 경우 과세기준일부터 10일 이내에 부동산 소재지 관할 시장 또는 군수에게 증빙을 갖추어 신고하여야 종중이 납세의무자가 된다.

(1) 인터넷 이용하는 경우(과세대상 물건 미리채움 서비스 이용)

홈택스를 통해 다음과 같이 신고한다.

> 홈택스 ⇒ 공인인증서 로그인 ⇒ 신고/납부 ⇒ 세금신고
> ⇒ 종합부동산세 ⇒ (12월) 정기신고

(2) 서면신고하는 경우

서면으로 제출하고자 하는 경우에는 신고서식을 국세청 누리집130)에서 내려 받아 작성한 후 세무서에 우편 또는 방문하여 신고한다.

과세표준

종합부동산세 과세표준은 '공시가격의 60%~100%까지의 범위에서 대통령령이 정하는 공정시장가액 비율'에 의하여 산정한다.

그러므로 기준시가가 상승하면 세 부담이 증가하나 기준시가가 하락하면 세 부담이 감소하게 된다. 일반적으로 경기 호황기에는 기준시가가 상승하며 쇠퇴기에는 기준시가가 하락한다.

(1) 주택

주택에 대한 과세표준은 납세의무자별로 주택의 공시가격을 합산한 금액에서 9억 원(1세대 1주택자 12억 원)을 공제한 금액에 부동산 시장의 동향과 재정여건 등을 고려하여 100분의 60부터 100분의 100까지 범위에서 대통령령으로 정하는 공정시장가액 비율(현행 60%)을 곱한 금액으로 한다.

> 과세표준 = [주택의 공시가격 인별 합계액 − 기본공제 9억 원(1세대 1주택자 12억 원)]
> × 공정시장가액 비율 (60%)

 − 부부 공동명의 1주택자에 대하여는 1주택자로 보고 신고가 가능하다. 따라서 각각 소유로 보아 "18억 원(9억 원+9억 원)"을 공제받을지, 1세대 1주택자로 보아 "12억 원 기본공제 + 고령자 및 장기보유공제"를 적용받을지 선택 가능하다.
 − 법인에 대하여는 기본공제를 적용하지 않는다.

---

130) www.nts.go.kr ⇒ 성실신고 지원 ⇒ 종합부동산세 ⇒ 신고 서식 및 첨부 서류

(2) 토지

해당 과세대상토지에 대한 종합부동산세 과세표준은 다음과 같다.

구분	과세표준
① 종합합산과세 대상	(토지의 공시가격 인별 합계액 − 5억 원) × 공정시장가액 비율100%)
② 별도합산과세 대상	(토지의 공시가격 인별 합계액 − 80억 원) × 공정시장가액 비율(100%)

> **기준시가 발표**
>
> 주택의 경우 매년 4월 30일이나 기타 수시로 발표되며 토지는 매년 5월 31일 경 발표된다.

종합부동산세 과세구조

산출 세액 = [과세대상 재산 − 과세기준 금액] × 공정가액 비율 × 세율 − 재산세 중복분 − 세 부담 상한 초과 금액

납부할 세액 = 산출세액 − 세액공제 + 가산세

세율

(1) 주택 세율

1) 납세의무자가 2주택 이하 소유한 경우

과세표준	세율
3억 원 이하	0.5%
3억 원 초과 6억 원 이하	150만 원 + (3억 원 초과액 * 0.7%)
6억 원 초과 12억 원 이하	360만 원 + (6억 원 초과액 * 1.0%)
12억 원 초과 50억 원 이하	960만 원 + (12억 원 초과액 * 1.3%)

과세표준	세율
25억 원 초과 50억 원 이하	2,650만 원 + (25억 원 초과액 * 1.5%)
50억 원 초과 94억 원 이하	6,400만 원 + (50억 원 초과액 * 2.0%)
94억 원 초과	1억 5,200만 원 + (94억 원 초과액 * 2.7%)
법인	2.7%

2) 납세의무자가 3주택 이상 소유한 경우

과세표준	세율
3억 원 이하	0.5%
3억 원 초과 6억 원 이하	150만 원 + (3억 원 초과액 * 0.7%)
6억 원 초과 12억 원 이하	360만 원 + (6억 원 초과액 * 1.0%)
12억 원 초과 25억 원 이하	960만 원 + (12억 원 초과액 * 2.0%)
25억 원 초과 50억 원 이하	3,560만 원 + (25억 원 초과액 * 3.0%)
50억 원 초과 94억 원 이하	1억1,060만 원 + (50억 원 초과액 * 4.0%)
94억 원 초과	2억 8,660만 원 + (94억 원 초과액 * 5.0%)
법인	5.0%

(2) 종합합산과세 대상 토지

과세표준	세율
15억 원 이하	1%
15억 원 초과 45억 원 이하	1,500만 원 + (15억 원 초과액의 2%)
45억 원 초과	7,500만 원 + (45억 원 초과액의 3%)

(3) 별도합산과세 대상인 토지

과세표준	세율
200억 원 이하	0.5%
200억 원 초과 400억 원 이하	1억 원 + (200억 원 초과액의 0.6%)
400억 원 초과	2억 2천만 원 + (400억 원 초과액의 0.7%)

재산세 중복 분

1차적으로 재산세 과세 후 종합부동산세가 추가로 과세되므로, 같은 재산에 대해 이중과세되는 것을 방지하는 차원에서 다음 계산에 따른 재산세를 종합부동산세에서 공제하고 있다.

(1) 주택

부과된 재산세 × [{ (주택공시가격 − 9억 원) × 60% × 60% × 재산세 표준세율 } / 재산세 표준세율로 계산한 재산세 상당액]

(2) 종합합산과세 대상 토지

부과된 재산세 × [{ (토지공시가격 − 5억 원) × 100% × 70% × 재산세 표준세율 } / 재산세 표준세율로 계산한 재산세 상당액]

(3) 별도합산과세 대상 토지

부과된 재산세 × [{ (토지공시가격 − 80억 원) × 100% × 70% × 재산세 표준세율 } / 재산세 표준세율로 계산한 재산세 상당액

(4) 단일 최고세율 적용되는 주택 보유 법인의 경우

부과된 재산세 × [{주택 공시가격 × 60% × 60% × 재산세 표준세율 } / 재산세 표준세율로 계산한 재산세 상당액]

세액공제

납세의무자가 1세대 1주택자에 해당하는 경우 산출된 세액에서 다음 (1)과 (2)를 공제한 금액으로 한다. (1)과 (2)의 공제율 합계는 100분의 80의 범위에서 중복하여 적용할 수 있다.

(1) 보유기간별 공제율

보유기간	공제율
5년 이상 10년 미만	100분의 20
10년 이상 15년 미만	100분의 40
15년 이상	100분의 50

(2) 연령별 공제율

연령	공제율
만 60세 이상 만 65세 미만	100분의 20
만 65세 이상 만 70세 미만	100분의 30
만 70세 이상	100분의 40

세 부담 상한액

(1) 종합합산과세 대상인 토지와 별도합산과세 대상인 토지

직전연도에 부과된 총세액 상당액(재산세와 종합부동산세 합계)의 150%를 초과하는 경우에는 그 초과하는 세액에 대하여는 이를 없는 것으로 본다.

(2) 주택

당해 연도에 납부해야 할 총세액 상당액(재산세와 종합부동산세의 합계액) 중 직전년도에 부과된 총세액 상당액의 150%를 초과하는 세액에 대해서는 이를 없는 것으로 본다.

단, 중과세율이 적용되는 법인은 세부담 상한이 적용되지 아니한다.

　누진세율이 적용되는 종합부동산세는 소득이나 재산을 분산시키면 과세표준이 줄어들므로 세금이 감소한다. 즉, 개인별로 재산을 소유하거나 공동으로 소유하는 것이 유리하다. 추가로 부동산을 취득하는 경우에는 재산이 없는 배우자 등의 명의로 취득하는 것이 바람직할 수도 있다.

　다만, 부동산 취득자금 출처조사 등이 강화되는 방향이므로 자금출처에 대한 소명을 대비하여야 한다. 단독명의의 재산을 공동명의로 바꾸는 경우 역시 증여세와 취·등록세가 부과될 수 있으므로, 전문가와의 상담을 통해 사전에 분석할 필요가 있다.

　종합부동산세가 얼마나 나올지 간편하게 계산해보고 싶다면 국세동우회 홈페이지(www.ntfamily.co.kr) 공지사항에서 '종부세 간편 계산' 엑셀파일을 이용하면 된다.

　다만, 추후 세법이 개정될 경우를 대비해 정확한 계산은 전문가인 세무사에게 별도로 상담하기를 바란다.

종합부동산세 분납

　납부하여야 할 세액이 250만 원[131]을 초과하는 경우 납부기간(12월 1일~12월 15일) 경과한 날부터 6개월 이내에 분납할 수 있다.

구분	분납할 수 있는 금액
① 납부할 세액이 250만 원 초과 500만 원 이하인 때	250만 원 초과 금액
② 납부할 세액이 500만 원을 초과하는 때	해당 세액의 50% 이하

---

131) 500만 원 초과의 경우에 적용하던 분할납부를 250만 원 초과 시 적용받을 수 있도록 개정되었다. 2019.1.1. 이후 신고 또는 부과 결정하는 분부터 적용된다.

분납 신청은 국세청 홈페이지에 게재된 '종합부동산세 분납신청서'[132]를 작성한 후 고시서 하단의 담당직원에게 제출하면 된다.

종합부동산세 물납

종합부동산세의 물납 규정은 개정되어 2016.3.2. 이후 납세의무 성립분부터는 물납이 불가하다. 다만, 경과규정에 의해 2016.3.2. 이전 납세의무 성립분에 대해서는 물납이 가능하다.

🏠 **물납에 충당 가능한 재산**

 - 국내 소재 부동산
 * 종합부동산세 과세 대상인 주택 및 토지 포함

🏠 **종합부동산세의 납부 방법**

 ① 고시서에 표기된 가상 계좌
 ② 인터넷(인터넷뱅킹, 인터넷지로, 홈택스)
 ③ 텔레뱅킹(ARS)
 ④ 스마트폰(앱) – 국세청 홈택스
 ⑤ 세무서 방문

---

132) www.nts.go.kr ⇒ 성실신고 지원 ⇒ 종합부동산세 ⇒ 신고 서식 및 첨부 서류

🏠 공시가격의 인상과 보유세

보유세(재산세 + 종합부동산세)는 공시가격을 기준으로 하기 때문에 공시가격의 인상은 보유세의 인상으로 이어지게 된다.

정부는 2030년까지 아파트 등 공동주택 공시가격을 시세의 80%로 올리는 방안을 추진하는 공시가격 현실화 방안을 발표했다. 공시가격이 상향되면 보유세 등 각종 세금부담이 증가한다. 현재 부동산 공시가격 반영률은 시세 대비 69% 수준이다.

올해 공시가격이 14년만에 최대 폭인 평균 19.08%로 오르면서 세부담이 급증하게 되었다. 전문가들은 정부의 공시가격 과속 인상이 코로나로 침체된 부동산 시장 등 실물 경제를 더 악화 시킬수 있다고 우려한다.

🏠 공시가격의 인상과 재건축 초과이익 부담금

(1) 재건축 초과이익 부담금 산정: 초과이익 × 부과율

> 1) 초과이익
>   (재건축 준공 후 공시가격 + 분양가) – 재건축 시작 시의 공시가격(개시시점)
>   – 개발에 들어간 비용 – 해당 지역 평균 집값 상승분
>
> 2) 부과율: 조합원 1인당 평균 이익 기준 10% (1억 1,000만 원 초과 시 50%)

(2) 사례: 반포 센트레빌

반포 센트레빌 아파트는 2018년 부활한 재건축 초과이익환수제가 처음으로 적용되는 곳으로 2018년 5월 서초구에서 통보한 예정 부담금은 1억 3,500만 원이었다.

그러나 정부에서 공시가격 현실화율(시세반영 비율)을 최대 80%(집값 30억 원 이상)까지 상승시키면서 부담금 또한 1억 8,000만 원 정도로 증가될 것으로 추산된다.

8

주식 관련 세금

주식을 양도하는 경우에도 양도소득세와 증권거래세를 납부하여야 한다. 주식에는 상장주식, 비상장주식 등이 있으며 구분에 따라 납세의무와 세율이 다르므로 세액도 달라진다.

주식 양도소득세 과세대상

주식에는 상장 주식, 비상장 주식, 코스닥상장 주식, 비등록 주식이 있다.

① 이 중 **비상장 주식, 비등록 주식이 양도소득세 과세대상**이며,

②「자본시장과 금융투자업에 관한 법률」에 의한 주권상장 주식(상장 주식, 코스닥상장 주식)은 주식거래의 활성화를 위해서 **대주주 양도분과 장외 양도분에 대하여만 과세대상**으로 규정하고 있다.

※ 대주주라 함은 직전사업연도 종료일을 기준으로 다음 지분율과 시가총액의 두 가지 요건 중 하나를 충족하는 경우를 말한다.

구 분	양도일	보유주식의 시가총액	지분율
유가증권시장 상장주식	2024. 1. 1.~	50억 원 이상	1% 이상
코스닥시장 상장주식	2024. 1. 1. ~	50억 원 이상	2% 이상
비상장법인의 주식	2020. 4. 1. ~	10억 원 이상	4% 이상
코넥스시장 상장주식	2024. 1. 1. ~	50억 원 이상	4% 이상

대주주 판단기준

대주주 요건은 직전사업연도 주주명부 폐쇄일 기준 법정 지분율 및 시가총액을 기준으로 산정한다.

(1) 지분율 요건
- 주식 양도일이 속하는 사업연도의 직전 사업연도 종료일(주식 양도일이 속하는

사업연도에 새로 설립된 법인의 경우에는 해당 법인의 설립등기일) 현재 주주 1인과 그 특수관계인의 지분율 합계가 상기 표의 지분율 이상인 경우 대주주에 해당한다.

- 다만, 직전 사업연도 종료일 현재 상기 표의 지분율에 미달했으나 그 후 주식을 취득함으로써 상기 표의 지분율 이상이 되는 경우 그 취득일 이후부터 대주주의 범위에 포함된다.

(2) 시가총액 요건

- 주식 양도일이 속하는 사업연도의 직전 사업연도 종료일 현재 주주 1인과 그 특수관계인이 소유하고 있는 해당 법인의 주식 시가총액이 상기 표의 시가총액 금액 이상인 경우 대주주에 해당한다.

🏠 대주주 판정시 특수관계인의 범위

지분율 및 시가총액 기준에 따라 대주주 판정시 주주 1인과 주식 등을 합산하는 특수관계인의 범위

구분		특수관계인 범위
최대 주주	친족[133]	① 4촌 이내 혈족 ② 3촌 이내 인척 ③ 배우자 ④ 친생자로서 입양된 자 및 그 배우자와 직계비속 ⑤ 혼외출생자의 생부·생모
	경영지배 관계	① 본인이 직접 또는 그와 친족관계 또는 경제적 연관관계에 있는 자를 통하여 법인의 경영에 대하여 지배적인 영향력을 행사하고 있는 경우 그 법인 ② 본인이 직접 또는 그와 친족관계, 경제적 연관관계 또는 상기 ①의 관계에 있는 자를 통하여 법인의 경영에 대하여 지배적인 영향력을 행사하고 있는 경우 그 법인
최대 주주가 아닌자		합산 대상에서 제외

---

133) 비상장주식 대주주 판정시 친족 범위도 동일하게 변경됨.

　주권 비상장법인의 주식 및 출자지분의 양도로 발생하는 소득은 대주주 여부 등에 관계없이 양도소득세가 과세된다.
　다만, 비상장법인의 대주주에 해당하지 아니하는 자가 K-OTC를 통해 양도하는 중소·중견기업 주식은 과세대상에서 제외한다.

주식 평가방법

시가 산정이 어려울 경우 주식의 평가 방법은 다음과 같다.
1. 상장 주식: 평가기준일 전후 2개월간의 종가 평균액
2. 비상장 주식: 순자산가치와 순손익가치를 가중평균한 금액
　① 1주당 가액(순손익 가치)=1주당 최근 3년간 순손익액의 가중평균액/3년 만기 회사채의 유통수익률을 감안하여 기획재정부령으로 정하는 이자율(10%)
　② 1주당 가액(순자산가치)=당해 법인의 순자산가액 ÷ 발행주식 총수
　③ 1주당 가액=(1주당 순손익가치 × 3 + 1주당 순자산가치 × 2)/5
　　(단, 부동산 과다보유 법인의 경우 1주당 순손익가치와 순자산가치의 비율을 각각 2와 3으로 함)

🏠 최대주주 주식 할증평가

- 원칙: 최대주주 주식은 상속·증여세법에 따라 평가한 가액에 20% 가산 (최대주주 또는 최대출자자 및 특수관계인의 주식 등)
- 할증평가 제외 대상
　중소기업 및 대통령령으로 정하는 중견기업이 발행한 주식 및 일정기준에 해당하는 결손인 경우 등

※ 상속증여에 의해 주식을 이전하는 경우 과세표준 30억 원 초과시 최고세율 50%, 할증 20% 감안하면 60%의 세율이 적용되므로 과도한 세금으로 인해 기업 가업승계상속이 어려울 것으로 보이므로 대책이 필요할 것이다.

국세청 홈택스 초기화면에서 조회/발급 → 세금신고 납부 → 상속증여재산 평가하기 평가재산 종류를 상장주식으로 선택 증여한 후 종목코드와 증여일을 기입하면 전·후 종가평균액이 산출된다. 다만, 증여의 경우 증여일로부터 2개월이 경과한 후에야 확정되기 때문에 증여일로부터 최소한 2개월이 경과 되어야 조회 가능하다.

양도자산별 비과세

양도자산	비과세 관련 규정	혜택
주택	1세대 1주택 및 대통령령이 정하는 1세대 1주택	비과세
농지	농지의 교환·분합	
과세대상 자산	파산선고에 의한 처분	
주식	중소기업창업투자회사, 벤처기업 등에 출자한 주식	

주식 양도소득세의 세율

구 분			세율
대주주[134]가 양도하는 주식 등	ⓐ 1년 미만 보유한 주식 등으로서 중소기업 외의 법인의 주식 등		30%
	ⓑ ⓐ에 해당하지 않는 주식 등	과표 3억 원 이하분	20%
		과표 3억 원 초과분	25%
대주주 아닌 자가 양도하는 주식 등	ⓐ 중소기업의 주식 등		10%
	ⓑ ⓐ에 해당하지 않는 주식 등		20%
외국법인 또는 국외 상장주식 등	ⓐ 중소기업의 주식 등		10%
	ⓑ ⓐ에 해당하지 않는 주식 등		20%

---

134) 대주주의 기준은 본서 p.246을 참고하기 바란다.

🏠 주식양도에 대한 지방소득세

거주자의 양도소득에 대한 개인지방소득세는 해당 과세기간의 양도소득 과세표준에 표준세율을 적용한다. 표준세율은 원칙적으로 소득세법에 의한 소득세율의 10%에 해당된다. 단, 적용세율은 각 지방자치단체의 장이 조례로 표준세율의 50% 범위 내에서 가감조정하여 정할 수 있다.

🏠 주요국 자본이득 세율

국가	자본이득 세율
미국	15~20%
일본	10~20%
독일	25%
프랑스	30%

주식 양도소득세 신고기한

양도소득세 대상 주식의 양도 시 그 신고기한은 2018년부터 6개월 단위로 신고하도록 개정되었다. 양도일이 속하는 반기의 말일로부터 2개월 이내이므로 상반기 양도분은 8월 말일까지, 하반기 양도분은 다음연도 2월 말일까지 신고하면 된다.

단, 국외주식, 파생상품은 예정신고 의무가 없으므로 다음 해 5월 확정신고 기간에 신고하면 된다.

🏠 양도소득세 신고하는 경우, 지방소득세의 신고 및 납부의무

양도소득세 과세표준 예정신고를 하는 경우에는 해당 신고기한에 2개월을 더한 날(확정신고 기한)까지 양도소득에 대한 개인지방소득세 과세표준과 세액을 대통령령으로 정하는 바에 따라 납세지 관할 지방자치단체의 장에게 신고[135]·납부해야 한다.

---

135) 거주자가 양도소득에 대한 개인지방소득세 과세표준과 세액을 납세지 관할지방자치단체의 장 외의 지방자치단체의 장에게 신고한 경우에도 그 신고의 효력에는 영향이 없다.

단, 지방자치단체의 장이 거주자에게 지방소득세 과세표준과 세액을 기재한 납부서를 발송하여 받은 자가 기재된 세액을 확정신고 기한까지 납부한 경우에는 확정신고를 하고 납부한 것으로 본다.

주식 양도차익 산정

주식도 마찬가지로 양도가액과 취득가액을 모두 실거래가를 적용하는 것이 원칙이나, 실지거래 가액을 확인할 수 없는 경우에는 다음과 같이 양도차익을 산정할 수 있다.

(1) 양도가액

주식은 감정가액을 적용할 수 없으며, 상장주식과 코스닥 상장주식의 경우에는 매매사례 가액도 적용할 수 없으므로 비상장주식에 한하여만 매매사례 가액을 적용할 수 있다.

① 상장주식 · 코스닥 상장주식의 실지거래 가액이 확인되지 않는 경우: 기준시가(양도일 이전 1개월간의 종가 평균액)를 적용
② 비상장주식의 실지거래 가액과 매매사례 가액이 확인되지 않는 경우: 기준시가(상속 · 증여세법에 따른 비상장주식 평가액)를 적용

(2) 취득가액

비상장주식에 한하여 매매사례 가액을 적용할 수 있으며 매매사례 가액이 없는 경우에는 환산가액을 적용할 수 있다.

(3) 환산가액

양도가액 또는 취득가액 중 어느 하나만의 실지거래 가액을 확인할 수 있는 때에는 실지거래 가액을 확인할 수 있는 것은 실지거래 가액에 의하여야 하고, 실지거래 가액을 확인할 수 없는 다른 하나는 기준시가를 이용하여 산출한 환산가액을 적용한다.

주식의 양도소득세 계산시 인정되는 필요경비는 다음과 같다.

(1) 자본적 지출액

취득후 쟁송비용 등

(2) 양도비

신고서 작성비용 및 계약서 작성비용, 공증비용, 인지대, 소개비, 증권거래세, <u>위탁매매수수료, 농어촌특별세</u>[136] 등

---

136) 2019년 3월 「소득세법 시행규칙」 개정에 따라 위탁매매수수료와 농어촌특별세가 필요경비 대상에 추가되었다.

기본공제 적용

주식을 양도하는 경우에도 기본공제가 가능하며, 국내주식과 국외주식을 합산하여 계산한 양도소득금액에서 양도소득 기본공제 250만 원을 공제해준다.

상속·증여세 관련 주식내용

상속 증여재산의 평가방법 p.181 참조
저가양수·고가양도에 따른 이익의 증여 p.174 참조
가업상속공제 p.159 참조
가업승계에 대한 증여세 과세특례 p.162 참조
가업승계 시 증여세 납부유예 제도 p.165 참조
고액의 상속·증여세의 다양한 납부방법 p.185 참조

🏠 주식 증권거래세

증권거래세는 주식의 양도에 대하여 부과되는 세금이다.

증권시장을 통해 거래되는 상장주식의 경우 한국예탁결제원이 증권거래세를 거래징수하여 납부하는 것이나, 비상장주식의 경우 양도자가 직접 신고납부하여야 한다. 이때 신고기한은 비상장주식의 양도소득세 신고기한과 동일하다. 따라서 상반기 양도분은 8월 말일까지, 하반기 양도분은 다음연도 2월 말일까지 신고하면 된다.

(1) 과세표준

과세표준은 해당 양도가액으로 하는 것이 원칙이나 저가양도에 해당하는 경우 다음에 따른다.

① 주권 등이 시가보다 낮은 가액으로 양도된 것으로 인정되는 경우에는 그 시가액[137]

② 주권 등이 정상가격보다 낮은 가액으로 양도된 것으로 인정되는 경우에는 그 정상가격[138]

---

[137] 「소득세법 시행령」 제167조, 「법인세법 시행령」 제89조 또는 상속세 및 증여세법 시행령 제26조에 따라 시가로 인정된 해당 주권 등의 가액

[138] 「소득세법 시행령」 제183조의 2, 「법인세법 시행령」 제131조 또는 「국제조세조정에 관한 법률」 제5조 및 동법 시행령 제4조에 따라 정상가격으로 인정된 해당 주권 등의 가액

(2) 세율

증권거래세율은 자본시장 육성 목적상 증권시장에서 거래되는 주권에 한정하여 탄력세율을 적용하고 있으며, 그 세율은 다음과 같다.

구 분	2022년	2023년	2024년	2025년~
코스피	0.08%	0.05%	0.03%	0%
코스닥	0.23%	0.20%	0.18%	0.15%
코넥스	0.1%	0.1%	0.1%	0.1%
비상장주식	0.43%	0.35%	0.35%	0.35%

🏠 2025년부터 시행될 금융투자소득세

신종 금융상품의 출현으로 과세대상인 금융상품과 과세대상에 포함되지 않은 유사 금융상품 간의 과세형평 문제가 꾸준히 제기되어 왔으며, 금융투자상품 간의 손익통산 및 이월공제에 대한 요구가 증대됨에 따라 금융투자소득세가 도입되었다.

금융투자소득세는 증권, 파생상품 이외에 이와 유사한 자산에서 발생하는 소득까지 포괄적으로 규정하여 금융투자상품으로부터 발생하는 모든 소득을 과세대상에 포함하였다. 다만, 금융투자소득의 손익통산과 결손금의 이월공제를 허용하여 과세기간(1.1.~12.31.)별로 발생한 금융투자상품의 소득금액 및 손실금액을 합산하여 소득금액을 계산하도록 하였다. 만약, 합산한 금융투자 소득금액이 음수일 경우 그 금액을 결손금이라고 하고 이후 5년 이내의 기간에 걸쳐 이월공제가 가능하도록 한 것이다.

한편, 금융투자소득에 적용되는 세율은 다음과 같다. 다만, 상장주식 등을 증권시장에서 양도하여 발생한 소득금액의 경우 5천만 원을 공제하기 때문에 5천만 원까지의 소득에 대해서는 사실상 비과세를 적용받는 것이다.

금융투자소득 과세표준	세율
3억 원 이하	20%
3억 원 초과	6천만 원 + (3억 원 초과액 × 25%)

2024년 현재 국회에서 금융투자소득세 폐지에 대한 논의가 진행 중이다. 2025년 금융투자소득세의 시행 여부는 불분명한 상황이다.

2 특정주식의 양도소득세

> 부동산 비율이 높은 법인의 주식을 양도하는 경우 주식의 양도로서 부동산을 양도하는 것과 유사하므로 일반주식의 양도와는 달리 구분하여 과세대상의 요건과 세율을 취급하고 있다.
>
> 따라서 아래 특정주식이 되는 요건에 해당하는 경우 주식의 일반세율이 아닌 기본세율이 우선하여 적용되므로 이를 주의하여야 한다.

과점주주 소유 부동산 과다보유법인 주식

다음 요건을 모두 충족한 법인의 주식을 주주 1인 및 기타주주가 법인 주식합계액의 50% 이상을 양도하는 경우[139]

① 법인의 부동산 등 비율: 다음의 금액의 합계가 자산의 **50% 이상**인 법인의 주식일 것

　㉠ 부동산 등 권리가액 합계액[140]

　㉡ 법인이 경영지배하는 법인의 주식가액×경영지배하는 법인의 부동산 등 보유비율

② 주주의 소유 지분비율: 주주 1인과 특수관계자의 소유비율이 **50% 초과**일 것

③ 주식 등의 양도비율: 주식 등 양도비율이 **50% 이상**일 것

　(단, 분할양도의 경우에는 과거 3년간 양도비율 통산함.)

특정업종 영위 부동산 과다보유법인 주식

① 법인의 자산총액 중 토지, 건물, 부동산에 관한 권리가액 합계액이 **80% 이상**일 것[141]

② 골프장, 스키장, 휴양콘도미니엄, 전문휴양시설을 건설 또는 취득하여 직접 경영하거나 분양 또는 임대하는 법인일 것

③ 주식을 1주 이상 양도한 경우

---

139) 부동산비율 계산 시 당해 법인이 보유한 타 부동산 과다보유법인 주식가액(부동산보유비율 상당액)을 합산한다.
140) ① 자산가액 및 자산총액은 해당 법인의 장부가액에 의함(기준시가가 장부가액보다 큰 경우에는 기준시가에 의한다).
　　② 무형고정자산 중 개발비, 사용수익 기부자산은 포함하지 아니함.
　　③ 양도일부터 소급하여 1년 이내에 차입 또는 증자에 의하여 증가한 현금, 금융재산 등은 장부가액에서 제외함.
141) 부동산비율 계산 시 당해 법인이 보유한 타 부동산 과다보유법인 주식가액(부동산보유비율 상당액)을 합산한다.

특정주식의 세율

(1) 일반적인 특정주식

과세표준	세 율
1,400만 원 이하	과세표준의 6%
1,400만 원 초과 5,000만 원 이하	84만 원 + (1,400만 원을 초과하는 금액의 15%)
5,000만 원 초과 8,800만 원 이하	624만 원 + (5,000만 원을 초과하는 금액의 24%)
8,800만 원 초과 1.5억 원 이하	1,536만 원 + (8,800만 원을 초과하는 금액의 35%)
1.5억 원 초과 3억 원 이하	3,706만 원 + (1억 5천만 원을 초과하는 금액의 38%)
3억 원 초과 5억 원 이하	9,406만 원 + (3억 원을 초과하는 금액의 40%)
5억 원 초과 10억 원 이하	1억 7,406만 원 + (5억 원을 초과하는 금액의 42%)
10억 원 초과	3억 8,406만 원 + (10억 원을 초과하는 금액의 45%)

(2) 특정주식 중 비사업용 토지가액이 자산가액의 50% 이상인 법인의 주식

과세표준	세 율
1,400만 원 이하	과세표준의 16%
1,400만 원 초과 5,000만 원 이하	224만 원 + (1,400만 원을 초과하는 금액의 25%)
5,000만 원 초과 8,800만 원 이하	1,124만 원 + (5,000만 원을 초과하는 금액의 34%)
8,800만 원 초과 1.5억 원 이하	2,416만 원 + (8,800만 원을 초과하는 금액의 45%)
1.5억 원 초과 3억 원 이하	5,206만 원 + (1억 5천만 원을 초과하는 금액의 48%)
3억 원 초과 5억 원 이하	1억 2,406만 원 + (3억 원을 초과하는 금액의 50%)
5억 원 초과 10억 원 이하	2억 2,406만 원 + (5억 원을 초과하는 금액의 52%)
10억 원 초과	4억 8,406만 원 + (10억 원을 초과하는 금액의 55%)

대주주에 해당하는 자가 이민 등의 사유로 국외에 전출하는 경우 국외전출일 현재 국내주식을 양도한 것으로 보아 양도소득세를 과세한다.

2016년 12월 20일 신설된 법으로서 이민 등을 통한 역외탈세행위를 방지하고 국내재산에 대한 과세권을 확보하는데 그 목적이 있다.

납세의무자와 과세대상

(1) 납세의무자

다음의 요건을 모두 갖추어 출국하는 거주자인 국외전출자는 출국 당시 소유한 국내주식 등을 출국일에 양도한 것으로 보아 양도소득에 대하여 소득세를 납부할 의무가 있다.

① 출국일 10년 전부터 출국일까지의 기간 중 국내에 주소나 거소를 둔 기간의 합계가 5년 이상일 것

② 출국일이 속하는 연도의 직전연도 종료일 현재 대주주에 해당할 것

(2) 과세대상

국외전출자의 출국 당시 소유한 다음의 국내주식 등의 출국일 당시 해당 주식 등의 거래가액으로 한다.

① 주권 상장법인의 주식 등으로서 대주주가 양도하는 주식[142] 또는 대주주에 해당하지 아니하는 자가 증권시장에서의 거래에 의하지 아니하고 양도하는 주식 등

② 주권 비상장법인의 주식 등

국외전출세의 계산

출국일 당시 시가를 양도가액으로 하여 취득가액과 기타 필요경비를 차감하여 양도소득 금액을 계산하며, 양도소득 기본공제 연 250만 원을 적용한다.

---

142) 2018.12.31. 개정으로 대주주 보유 주식에 부동산주식(부동산자산 비율 50% 이상인 법인 주식, 스키장과 골프장 업등은 80%)이 포함되었다.

세율은 과세표준 3억 원 이하 20%, 3억 원 초과분부터 25% 적용하며 실제 양도시 조정공제, 외국납부 세액공제, 비거주자의 국내원천소득 세액공제 등을 적용한다.

(1) 조정공제

국외전출자가 출국 후 국내주식 등을 실제 양도한 경우 실제 양도가액이 출국당시 시가보다 낮은 때에는 다음 조정공제액을 산출세액에서 공제한다.

조정공제액 = [출국당시 시가(양도가액) − 실제 양도가액] × 세율

(2) 외국납부 세액의 공제

국외전출자가 출국 후 국내주식 등을 실제로 양도하여 해당 자산의 양도소득에 대하여 외국납부 세액이 있는 때에는 산출세액에서 조정공제액을 공제한 금액을 한도로 외국납부 세액을 공제한다.

단, 외국정부가 산출세액에 대하여 외국납부 세액공제를 허용하거나 외국정부가 국외전출자 국내주식 등의 취득가액을 간주 양도가액으로 조정하여 주는 경우 적용하지 않는다.

(3) 비거주자의 국내원천소득 세액공제

국외전출자가 출국 후 국내주식 등을 실제로 양도하여 비거주자의 국내원천소득으로 국내에서 과세된 경우 산출세액에서 조정공제액을 공제한 금액을 한도로 세액공제한다. 외국납부 세액공제와는 중복 적용하지 않는다.

납세절차

국외전출자는 국외전출자 국내주식 등의 양도소득에 대한 납세관리인과 국외전출자 국내주식 등의 보유 현황을 출국일 전날까지 납세지 관할 세무서장에게 신고하여야 하며, 양도소득 과세표준을 출국일이 속하는 달의 말일부터 3개월 이내에 납세지 관할 세무서장에게 신고하여야 한다.

납세담보를 제공하고 납세관리인을 관할 세무서장에게 신고한 경우 출국일부터 국내주식 등의 실제 양도일까지 납부유예를 받을 수 있으며(이자상당액은 가산됨.) 국외전출자가 재입국으로 다시 거주자가 되거나, 5년 이내 거주자에게 증여 또는 상속되는 경우 납부한 세액의 환급을 신청하거나 납부유예 중인 세액의 취소를 신청하여야 한다.

4 과점주주의 취득세

성진 씨는 비상장법인인 A법인의 주식을 40% 소유하고 있었는데, 올해 초 비상장 A법인의 주식을 20% 추가 취득하였다. 그런데 성진 씨는 A법인이 소유하고 있는 취득세 과세대상 자산에 대하여 취득세를 부담해야 한다고 통보를 받았다.

성진 씨는 주식은 취득세 과세대상이 아니기 때문에 취득세를 내지 않아도 된다고 주장하고 있는데, 세무사에게 문의해 본 결과 과점주주에 해당하여 당해법인 취득세 과세대상 자산에 대해 보유주식 비율 만큼에 해당하는 취득세를 납부하여야 한다는 답변을 받았다.

과점주주란 무엇이며, 취득세 과세대상이 아닌 경우인데도 왜 취득세를 내야 하는지 알아보기로 한다.

과점주주의 취득세 과세는 어떤 규정인가?

비상장법인의 주식(지분)을 취득함으로써 과점주주(지분 50% 초과)가 된 때에는 그 과점주주는 당해 법인의 과세대상자산을 지분만큼 취득한 것으로 보아 취득세를 부과한다. 신고기한은 간주취득에 해당하는 날부터 60일 이내이다.

과점주주의 과세는 당해 법인의 재산을 임의로 처분하거나 관리·운용할 수 있는 지위에 있기 때문에 사실상 법인의 자산을 소유한 것과 다름없다고 보는 견해에 근거를 두고 있다.

> 취득세 = 당해 법인의 취득세 과세대상자산 총 가액 × 과점주주 지분율 × 취득세율

과점주주의 취득세 과세 유형

(1) 법인설립 당시 과점주주

법인설립 당시 발행하는 주식 등을 취득함으로써 과점주주가 된 경우에는 취득세 납세의무가 없다.

(2) 최초 과점주주가 된 경우

최초로 과점주주가 된 경우에는 최초로 과점주주가 된 날 현재 과점주주가 소유하는 주식 등을 모두 취득한 것으로 보아 취득세를 부과한다.

(3) 과점주주가 주식을 추가 취득한 경우

이미 과점주주에 해당하는 주주가 주식을 추가 취득한 경우 증가된 지분만을 취득으로 보아 취득세를 과세한다.

(4) 중도에 과점주주 아니었다가 다시 과점주주가 된 경우

당초 과점주주였던 자가 지분양도, 기타 사유로 인하여 과점주주가 아닌 일반주주가 되었다가 다시 주식을 취득하여 과점주주가 된 경우, 이전에 과점주주였을 때의 지분율보다 증가된 경우에 한하여 취득세를 부과한다.

※사례 1

취득시기	주식취득	총 보유지분	취득세
2020.1.1. 법인설립	40%	40%	-
2022.1.1.	(+) 15%	55%	과세대상자산×55%×세율

※사례 2

취득시기	주식취득	총 보유지분	취득세
2020.1.1. 법인설립	55%	55%	-
2022.1.1.	(+) 15%	70%	과세대상자산×15%×세율

5 ▷ 자기주식

2014년 상법개정으로 배당가능 이익의 범위 내에서 자기주식 매입이 가능해졌다.

그동안 많은 사람들이 자기주식을 활용하여 가지급금을 상환하는 방법을 사용해 왔으나 이는 법인세, 소득세의 추징 가능성이 높다. 일반적으로 자기주식을 매입하기 위해서는 주식매수선택권 부여 목적 또는 경영권 방어 목적을 소명하여야 하지만 실질적으로 소각 목적으로 자기주식을 취득하기 때문이다. 가지급금을 상환하기 위한 것이 아니더라도 회사가 자기주식을 취득하는 것은 경영목적상 유용하게 사용될 수 있다. 예를 들어 최대주주 및 특수관계자 간 원활한 지분조정이 가능하며, 가업승계를 준비하고 있는 상황이라면 상속인에게 유리하게 지분을 구성할 수 있기 때문이다.

하지만 자기주식 취득은 향후 양도인지 배당인지의 문제가 제기되는 등의 세금문제가 발생할 수 있기 때문에 전문가의 충분한 자문을 얻어 진행하는 것이 안전하다. 더 나아가 상법이 정한 취득절차 규정을 준수하지 않는다면 향후 무효로 처리될 가능성이 있다. 이 경우 주주에게 지급한 대금은 업무무관 가지급금으로 간주되어 막대한 세금추징의 위험이 발생하게 된다.

자기주식 취득 절차

(1) 주주총회 결의

자기주식 취득에 대한 주주총회 결의로 다음 각 사항을 결정하여야 한다. 단, 정관에서 이사회 결의로 이익배당을 할 수 있다고 정하고 있는 경우에는 이사회 결의로써 주주총회 결의를 갈음할 수 있다. 그러나 이사회결의로 이익배당을 하려면 외부감사인으로부터 적정의견을 받아야 하므로 외부감사 대상만이 자기주식 취득 결의를 이사회에서 할 수 있다.

① 취득할 수 있는 주식의 종류 및 수
② 취득가액의 총액의 한도
③ 1년을 초과하지 아니하는 범위에서 자기주식을 취득할 수 있는 기간

(2) 이사회 결의

주주총회 의결에 따라 자기주식 취득 내용이 정해졌으면 이사회(이사회 없으면 주주총회)에서 세부적 내용을 결의한다.

① 주식 취득 목적
② 취득 주식 종류 및 수
③ 1주당 교부할 금전 등 내용 및 산정방법
④ 주식 취득의 대가로 교부할 금전 등의 총액
⑤ 20일 이상 60일 내의 범위에서 주식양도 신청기간
⑥ 양도 신청기간이 끝나는 날부터 1개월의 범위에서 양도의 대가로 금전 등을 교부하는 시기와 그 밖에 주식 취득의 조건

(3) 주주에게 통지

회사는 양도 신청기간 시작일 2주 전까지 각 주주에게 회사 채무 현황, 자기주식 보유현황, 위 이사회 결의사항을 서면 또는 각 주주의 동의를 받아 전자문서로 통지한다.

(4) 취득내역서 보관

자기주식을 취득한 회사는 지체 없이 취득 내용을 적은 자기주식 취득내역서를 본점에 6개월간 갖추어 두어야 한다.

자본감소 절차

(1) 임시주주총회 소집 결의

이사회에서 감자주식의 종류와 수, 감자 방법, 감자 사유, 감자 비율, 단수주 처리 방법 등 자본감소의 방법과 자본감소 승인 결의를 위한 임시주주총회 소집을 결의한다.

(2) 소집통지

기준일 현재로 권리주주를 확정하고 주주총회 2주전까지 소집통지한다.

(3) 특별결의

주주총회의 특별결의(출석한 주주의 의결권의 3분의 2 이상과 발행주식총수의 3분의 1 이상의 동의)에 의한다.

이익소각 절차

이익소각은 정관규정에 의한 이익소각, 주주총회 특별결의에 의한 이익소각, 이사회 결의에 의한 이익소각, 상환주식의 상환으로 나뉜다.

(1) 정관규정에 의한 이익소각
1) 정관이 정한 절차 및 방법에 따라 이익소각을 실행한다.
2) 소각 후 본점 소재지에서 2주내, 지점 소재지에서 3주내 다음의 항목을 변경등기한다.

(2) 정기주주총회의 특별결의에 의한 이익소각
정기주주총회 결의에서 다음의 사항을 정한다.
① 매수할 주식의 종류, 총 수
② 취득가액의 총액
③ 주식을 매수할 수 있는 기간

(3) 이사회 결의에 의한 이익소각
1) 정관에 이익소각의 규정이 있어야 한다.
2) 이사회가 이익소각을 결정하는 경우 다음의 항목을 결의하여야 한다.
　① 소각할 주식의 종류와 총 수
　② 소각하기 위하여 취득할 주식가액의 총액
　③ 주식을 취득하고자 하는 기간
　　(이사회 결의 후 최초로 도래하는 정기 주주총회일 이전)

우리는 일상생활 중에서 본인도 모르는 사이에 수많은 세금을 부담하고 있다.

하루 중에 나도 모르게 내고 있는 세금이 얼마나 되는지 알아보도록 하겠다.

🏠 술 1병을 마실 때 우리는 얼마의 세금을 낼까?

우리가 즐겨 마시는 소주는 공장 출고가의 72%가 주세로 붙는다. 출고가는 제조업체마다 차이가 있지만 대략 1,000원 안팎인데, 여기에 적용되는 주세는 720원이다.

여기에 주세액의 30%가 교육세로 부과되며 최종소비자 가격에 10%의 세율로 징수되는 부가가치세까지 고려한다면, 우리가 술 1병을 마실 때 내는 세금은 상상을 초월한다. 만약 우리가 술집에서 4,000원 짜리 소주를 마신다면 우리가 지불하는 4,000원 중에 대략 1,299원 세금으로 지불하는 것이다.

맥주의 경우도 별반 다르지 않다. 2023년 초부터 종량세가 시행됨에 따라 리터당 855.7원[143]의 주세가 부과되고 30%의 교육세와 10%의 부가가치세가 추가로 징수된다.

양주의 경우는 더하다. 수입된 양주에 부과되는 세금의 종류는 총 4가지인데, 관세와 주세, 교육세 및 부가가치세이다. 세금 종류만 많은 것이 아니라 세율도 만만치 않게 높다. 각 세목의 세율은 관세 20%, 주세 72%, 교육세 30%, 부가가치세 10%이다. 이렇게 엄청난 세금이 붙기 때문에 양주 가격이 비싸질 수밖에 없는 것이다.

---

143) 단, 별도의 추출 장치를 사용하는 8리터 이상의 용기에 담아 판매되는 맥주로서 2026년 12월 31일 이전에 주류 제조장에서 반출하거나 수입 신고하는 맥주에 대한 세율은 리터당 708.56원으로 100원 미만은 버린다.

🏠 세법 개정에 따라 비회원제 고가 골프장에 대해서도 개별소비세를 부과

2023년 세법 시행령 개정을 통하여 기존에 면세되던 대중형 골프장에 대해서도 이용료가 주중 18만 8천원, 주말 24만 7천 원 이상인 경우에는 1명당 1만 2천 원의 개별소비세가 부과된다.

이를 통하여 골프 열풍으로 인한 대중형 골프장의 과도한 가격 인상을 방지하려는 정책적 의도가 들어 있다.

🏠 우리나의 휘발유 가격이 비싼 이유는 왜일까?

휘발유에 붙는 세금의 종류는 크게 교통세, 주행세, 교육세, 부가가치세이며, 휘발유 가격에서 세금이 차지하는 비중은 40%에 가깝다. 운전자가 주유소에 들러 휘발유 1L를 넣고 1,500원을 냈다면 여기에는 세금이 700원 가량 붙어 있다.

휘발유는 1L당 교통세 529원[144], 주행세 137.54원, 교육세 84.35원 등 약 820원의 세금이 붙는다. 여기에 최종소비자 가격의 10%에 해당하는 부가가치세가 붙게 된다.

이러한 다양한 세금들로 인하여 우리나라의 휘발유 가격은 비쌀 수밖에 없는 것이다.

---

144) 교통 에너지 세율은 탄력세율로 리터당 475원에서 2024년 말까지는 50% 범위 내에서 올리고 내릴 수 있다.

2024년 부동산·주식

개정 세법 **핵심 요약**

【소득세법 §25】

🏠 소형 주택에 대한 간주임대료 과세 배제 기한 연장

'26년 12월 31일까지는 전용면적 40㎡이하로서 기준시가 2억 원 이하의 소형 주택에 대한 전세보증금이 과세에서 제외됨.

【소득세법 §25】

🏠 주택임대소득 과세 범위 확대

'26년부터 기준시가 12억 원을 초과하는 고가주택 2 주택자의 보증금 등이 일정 금액을 초과하는 경우 과세

【소득세법 §167의3】

🏠 다주택자 양도소득세 중과 배제 주택 추가

'24.1.10.~'25.12.31. 중 취득한 주택으로 일정 기준을 충족한 소형 신축 주택과 준공 후 미분양 주택에 해당하는 주택으로 주택 수에서도 제외

【소득세법시행령 §167의3① 12의2】

🏠 다주택자 양도세 중과 한시 배제 기한을 1년 연장

다주택자가 조정대상지역 내 주택을 양도하는 경우 양도소득세 중과를 배제하는 기한을 '24.5.9.에서 '25.5.9.까지로 1년 연장

【부가가치세법 시행령 §41③】

🏠 토지임대료 부가가치세 면제 대상 확대

주택법 제2조 제9호의 토지 임대부 분양주택(국민주택규모이하 한정)을 분양받은 자에게 제공하는 토지임대료 부가가치세를 면제함.

【상속세 및 증여세법 §53의2】

🏠 혼인·출산에 따른 증여재산 공제 신설

혼인 전후 2년 이내 또는 자녀 출생일로부터 2년 이내 직계존속으로부터 증여받은 재산은 최대 1억 원까지 증여세 과세가액에서 공제함.

【상속세 및 증여세법 §53의2⑤】

🏠 혼인 증여재산 공제 반환 특례 신설

공제를 받은 후 약혼자의 사망 등 시행령으로 정하는 부득이한 사유가 발생한 달의 말일부터 3개월 이내에 증여자에게 반환하는 경우 처음부터 증여가 없던 것으로 보아 증여세 면제

【상속세 및 증여세법 §53의2⑤】

🏠 혼인 증여재산 공제 가산세 면제 등 신설

아래 기한 이내에 수정 신고 또는 기한 후 신고하는 경우 시행령으로 정하는 바에 따라 가산세 면제 및 이자 상당액 부과
① 혼인 전 공제를 받았으나 증여일로부터 2년 이내 혼인하지 않은 경우: 증여일로부터 2년이 되는 날이 속하는 달의 말일부터 3개월이 되는 날까지 수정 신고 또는 기한 후 신고
② 혼인 이후 공제를 받았으나 혼인이 무효가 된 경우: 혼인 무효의 소 판결이 확정된 날이 속하는 달의 말일부터 3개월이 되는 날까지 수정 신고 또는 기한 후 신고

【상속세 및 증여세법 §71, 조세특례제한법 §30의6】

🏠 가업승계 증여세 과세 특례 혜택 확대

저율 과세 구간 및 연부연납 기간 조정

【상속세 및 증여세법 §18의2, 조세특례제한법 §30의6】

🔍🏠 **가업상속 공제·가업승계 증여세 과세 특례 사후관리 요건 완화**

　가업상속 공제 및 가업승계 증여세 과세특례시 업종 변경 제한범위를 표준 산업분류표상 '중분류 내'에서 '대분류 내'로 완화

【조세특례제한법 §30의6】

🔍🏠 **조세범에 대한 증여세 과세 특례 적용 배제 신설**

　거주자 또는 부모가 가업의 경영과 관련하여 증여일 전 10년 이내 또는 증여 일로부터 5년 이내의 기간 중 조세 포탈 또는 회계부정 행위로 징역형 또는 벌금형을 선고받고 그 형이 확정된 경우에는 과세 특례를 적용받을 수 없고, 과세 특례를 이미 적용받은 경우에는 증여세를 부과함.

【지방세특례제한법 §36의 5】

🔍🏠 **출산·양육을 위한 주택 취득에 대한 취득세 감면**

　2024년 1월 1일부터 2025년 12월 31일까지 자녀를 출산한 부모가 출산일로 부터 5년 이내에 취득당시 가액이 12억 원 이하인 1주택을 취득하는 경우에는 취득세 산출세액에서 5백만 원을 공제함.

【주택법 §57의2】

🔍🏠 **분양가 상한제 적용 주택 등의 입주자의 거주 의무 변경**

　분양가 상한제 아파트에 대한 실거주 의무 시작 시점을 '최초 입주 가능일'에 서 '최초 입주 후 3년 이내'로 변경

2024년 개정판 부동산 · 주식 생활 세법

2024년 4월 24일 2024년 개정판 발행

글쓴이 | 세무사 남 상 현
펴낸이 | 양진오
펴낸곳 | ㈜교학사
편집인 | 김덕영, 세무사 공소현, 세무사 조영오
관리인 | 세무사 곽경희

등록 | 제18-7호(1962년 6월 26일)
주소 | 서울특별시 금천구 가산디지털1로 42(공장)
　　　 서울특별시 마포구 마포대로14길 4 (사무소)
전화 | 편집부 (02)707-5311, 영업부 (02)707-5155
FAX | (02)707-5250
홈페이지 | www.kyohak.co.kr

ISBN 978-89-09-55141-0 13320